AKADEMIE FÜR LEHRERFORTBILDUNG UND
PERSONALFÜHRUNG DILLINGEN

FEUER WASSER ERDE LUFT

DIE VIER ELEMENTE IM KUNSTUNTERRICHT

Ein Fortbildungsmodell der Akademie für Lehrerfortbildung und Personalführung Dillingen

Projektleitung und Redaktion: H. C. Rainer Büchner

Auer Verlag GmbH

FEUER WASSER ERDE LUFT
DIE VIER ELEMENTE IM KUNSTUNTERRICHT

Ein Fortbildungsmodell der Akademie für Lehrerfortbildung und Personalführung, Dillingen
Projektleitung, Redaktion und Layout: H. C. Rainer Büchner

2. Auflage. 2001
Nach der Neuregelung der deutschen Rechtschreibung

Gesamtherstellung: Ludwig Auer GmbH, Donauwörth
ISBN 3-403-0**3025**-3

Vorwort

Der Erfahrungsraum unserer Kinder hat sich durch unsere hochtechnisierte Lebensumwelt und durch den Einfluss der Medien erheblich verändert, deshalb müssen wir diese Entwicklungen in der Schule berücksichtigen. Und dies geschieht auch in vielfältiger Weise in den verschiedenen Schularten und Unterrichtsfächern. Der Grundschule kommt dabei eine Schlüsselstellung zu, weil sich bei den Kindern im Alter bis zu etwa 10 Jahren ein grundlegendes Bild von der Welt entwickelt. Gravierende Einschränkungen und Defizite an Erfahrungen in dieser Zeit dürften sich für ihre zukünftige Entwicklung negativ auswirken.

Als Konsequenz ergibt sich für die Grundschule neben der Vermittlung der klassischen Kulturtechniken Lesen, Schreiben, Rechnen, des altersgemäßen Sachwissens und der Einübung des Sozialverhaltens als zusätzliche, begleitende Aufgabe das "Lernen mit allen Sinnen". Diese Dokumentation macht den Vorschlag, diese Art der Erfahrungsgewinnung "Elementares Lernen" zu nennen. Insofern weist dieser Begriff weit über die Assoziation zu den "Vier Elementen" hinaus.

Kunsterziehung oder Ästhetische Bildung enthält schon immer viele Aspekte des Lernens und Arbeitens mit allen Sinnen und ist auch in besonderer Weise handlungsorientiert. In der Praxis bleibt es aber doch in der Regel bei der "Zeichenaufgabe" in der 45-Minutenstunde. Damit soll der entwicklungspsychologische Wert des Zeichnens und Malens nicht geschmälert werden, aber angesichts der oben angedeuteten Erfahrungsdefizite unserer Kinder müssen andere Potentiale und Wege des kreativen, individuellen Gestaltens in den Mittelpunkt nicht nur der

Kunsterziehung gerückt werden. Das Thema der vier Elemente "Feuer, Wasser, Erde, Luft" hat sich in diesem Fortbildungsmodell als sehr fruchtbar und vielfältig ausbaubar erwiesen, weil das offene Konzept große Freiräume zulässt für Ideen, Aktionen und Erlebnisse der Kinder.

Die große affektive Beteiligung, die Freude und das Engagement der Schülerinnen und Schüler, wie sie in vielen Abbildungen in diesem Buch deutlich werden, betrachten wir allerdings nur in zweiter Linie als einen Beitrag zum Schulklima, als Motivierung und schon gar nicht als "musische Kompensation" von Schulstress. Wir meinen vielmehr, mit unserer Dokumentation zeigen zu können, dass mit diesen vielfältigen Projekten ganz konkrete Lehrplanziele aus verschiedenen Fächern, neben Kunsterziehung insbesondere in Deutsch und Heimat- und Sachkunde, erfüllt und besonders erfolgreich abgedeckt werden. Dennoch haben wir auf Hinweise zum Lehrplan verzichtet, die Bezüge sind auch so deutlich erkennbar.

Die Gestaltung des Buches hat erheblichen Aufwand mit sich gebracht. Wir hoffen, dass der eher erzählende Stil und die außerordentliche Menge von farbigen und schwarz-weißen Bildern alle interessierten Kolleginnen und Kollegen anspricht und ihnen Mut macht, die Anregungen aufzugreifen, um auch in ihrer Klasse dem "Elementaren Lernen" einen festen Platz zu geben.

Unser Dank gilt allen, die zum Gelingen des Fortbildungsmodells und der Dokumentation beigetragen haben:
den Referent(inn)en und den Teilnehmer(inne)n für ihre kreative und engagierte Mitarbeit im Rahmen des Fortbildungsmodells und bei der Dokumentation; R.Hoyer und E.-M. Wirth für technische Hilfe und Korrekturlesen.

Ludwig Häring
Direktor der Akademie
für Lehrerfortbildung

H.C.Rainer Büchner
Projektleiter

Inhaltsverzeichnis

Die vier Elemente im Kunstunterricht

H.C.Rainer Büchner

Kunsterziehung oder Bildende Kunst ist ein kleines Fach; es wäre unrealistisch, das zu vergessen. In der Ausbildung spielt es deshalb aus der Sicht der Studierenden in der Regel eine geringe Rolle, zu groß ist der Druck der anderen Fächer.

Aus der Fortbildung wissen wir allerdings, dass sich der Stellenwert dieses Faches nach einigen Jahren der Berufspraxis deutlich erhöht. Das zeigt sich an den hohen Anmeldungszahlen zu Kunst-Fortbildungen für die Grundschule, es drückt sich aber auch aus im Interesse der Lehrer an Büchern zu diesem Thema. Bei diesen Verlagsangeboten gibt es große Niveauunterschiede, aber im Großen und Ganzen folgen sie doch alle gewissen Mustern, die ich hier andeuten möchte, um auf diesem Hintergrund den doch in vieler Hinsicht anderen Charakter dieser Dokumentation aufzeigen zu können.

Bücher zum Kunstunterricht

Bücher für den Kunstunterricht (nicht nur der Grundschule) sind meist wie ein Kochbuch aufgebaut. In einer Abbildung wird das fertige Gericht vorgestellt, im Text folgt das Rezept, wie man dahin kommt. Die Leistung der Lehrerin, des Lehrers und der Kinder bemisst sich also nach dem erreichten Grad der Annä-

Der Autor:
H.C.Rainer Büchner ist Kunsterzieher am Gymnasium gewesen und ist seit 1989 Leiter des Referates Kunsterziehung/Werken an der Akademie für Lehrerfortbildung, Dillingen.

herung an das vorgegebene „Musterbild". Sicherlich kann man in dieser Art Kunstunterricht betreiben, und die Praxis sieht wohl auch überwiegend so aus.

Rezeptbücher für kreativen Kunstunterricht?

Fragwürdig wird es, wenn solche Rezeptbücher nicht nur versprechen, dass das alles ohne große Vorbereitung geht, sondern auch zu einem „kreativen" Kunstunterricht führen soll. Spätestens hier wird der häufig missbrauchte Begriff Kreativität endgültig ad absurdum geführt, wenn suggeriert wird, dass man Kreativität einfach in Buchform kaufen kann und dass Kochrezepte für den Kunstunterricht zu etwas anderem führen als zu 25 oder 30 vorprogrammierten Auftragsarbeiten der Schüler. Irgendwie können die Kinder dem vielleicht trotzdem etwas Positives abgewinnen, und auch ein solcher Kunstunterricht mag noch eine Berechtigung im Kanon der Allgemeinbildung haben, weil er immerhin ein kleines Gegengewicht zum alphanumerischen Code der Sprache und des Rechnens darstellt.

Ausbildung an der Universität

Die Universität sollte die angehenden Grundschullehrer(innen) nicht wie Kunsterzieher oder gar wie Künstler ausbilden. Der Gesamtkontext des Unterrichts in der Grundschule gibt dem Lehrer die Rolle eines Generalisten, der – weithin unterschätzt – eine breitgefächerte Aufgabe der grundlegenden Einführung und Einübung in die wesentlichen Kulturtechniken und in soziale Kompetenzen erfüllt. Diese übergeordnete Aufgabe macht Einzeldisziplinen und Fächer zu etwas Zweitrangigem, eine Perspektive, die für viele Gymnasial- oder Hochschullehrer manchmal schwer nachzuvollziehen ist.

Kunstunterricht im Gesamtkontext der Grundschule

Aus dieser realistischen Einschätzung der Grundschule heraus gilt es, Folgerungen für einen schülerzentrierten und aus dem Gesamtkontext der Grundschule entwickelten Kunstunterricht zu ziehen. Deshalb haben wir uns in unserem Fortbildungsmodell auf bestimmte Schwerpunkte und Ziele konzentriert, die im üblichen Kunstunterricht wenig zum Tragen kommen oder vernachlässigt werden. Wir behaupten allerdings nicht, dass die in dieser Dokumentation vorgestellten Projekte grundsätzlich neuartig sind. Wir sehen unsere Arbeit vielmehr eingebettet in allgemeine, aktuelle Grundströmungen der Unterrichtspraxis und der kulturellen Jugendarbeit, zum Beispiel projektorientierte und fachübergreifende Unterrichtsformen.

Allgemeine Grundströmungen der Unterrichtspraxis

Die in dieser Dokumentation vorgestellten Arbeiten sind während und nach Abschluss des Fortbildungsmodells "Kunsterziehung in der Grundschule" der Akademie für Lehrerfortbildung Dillingen entstanden. In fünf über etwa anderthalb Jahre verteilten Lehrgangswochen nahmen die 26 Teilnehmerinnen und Teilnehmer von verschiedenen Referenten gestalterische, inhaltliche und didaktische Anregungen zum Thema der "vier Elemente" auf und realisierten diese Ideen praktisch.

Fortbildungsmodell "Kunsterziehung in der Grundschule"

Die in Dillingen erworbenen Erfahrungen bildeten die Grundlage für die eigenen Projekte der beteiligten Lehrkräfte an ihrer jeweiligen Schule. In der Mehrzahl arbeiteten sie mit ihren Schülern im regulären Unterricht, in Einzelfällen auch mit einer "Arbeitsgruppe Kunst". Einige größere Projekte entstanden mit engagierter Beteiligung der Eltern oder mit Unterstützung der Gemeinde und einzelner örtlicher Betriebe.

Unser Thema, die vier Elemente Feuer, Wasser, Erde, Luft, erwies sich als vielfältig kompatibel mit den Lehrplänen nicht nur des Kunstunterrichts, sondern auch besonders des Deutsch- und Heimat- und Sachkundeunterrichts. Außerdem konnten viele Aspekte der Umwelt- und nicht zuletzt der Medienerziehung integriert werden.

Feuer, Wasser, Erde, Luft in den Lehrplänen

In der Praxis zeigte sich, dass die "Elemente" Erde und Wasser leichter gestalterisch umzusetzen waren als Feuer oder Luft. Das schlägt sich auch im Umfang der dokumentierten Beispiele nieder. Gelegentlich gibt es Ähnlichkeiten oder Parallelen zwischen den Beiträgen, etwa bei der wiederholten Verwendung von Erdpigmenten, die uns aber durch die unterschiedliche Einbettung in den jeweiligen Projektzusammenhang trotzdem beschreibenswert erschienen.

In zwei Fällen haben wir im Anschluss an ein Beipiel aus der Schulpraxis auch das in Dillingen mit den Teilnehmern realisierte Projekt vorgestellt, um eine Variationsmöglichkeit aufzuzeigen.

Layout und Aufbau des Buches

Diese Dokumentation bemüht sich, den heutigen Lesegewohnheiten in Layout und Aufbau entgegenzukommen. Das war uns wichtig, denn wir wollen ja, dass die Anregungen aus unserem Fortbildungsmodell möglichst viel Wirkung erzielen. Insofern ist das großzügige Layout kein Luxus, sondern ausgesprochen sinnvoll und effektiv.

Farbigkeit der Abbildungen

Die Farbigkeit von ungefähr der Hälfte der Abbildungen ist ebenfalls mehr als eine ästhetische Dreingabe. In einer Vielzahl von Fällen wäre das Dargestellte in Schwarz-Weiß gar nicht erkennbar gewesen. Überhaupt spielt in vielen der hier vorgestellten Projekte die Farbe eine so zentrale Rolle, dass der Verzicht auf sie geradezu absurd gewesen wäre. Bei der wunderbaren Aktion, die sich hinter dem Titel "Wasserflaschen mit Farbtönen" (Seite 108ff) verbirgt, kann der Leser den Unterschied sehen, weil aus technischen Gründen die erste Seite schwarzweiß und die folgenden farbig sind.

Unsere Entscheidung für farbige Abbildungen hatte allerdings eine Reihe von Konsequenzen. Sie bedeutete für die Erstellung des Buches am Computer einen heute immer noch erheblichen "Speicherbedarf" von etwa 3 Gigabyte. Die Einbindung von Farbfotos auf ungefähr der Hälfte der Seiten beeinflusste auch die Gliederung des Buches, weil die Seiten nicht einzeln, sondern jeweils 12 Seiten auf einem Bogen gedruckt werden, wobei jeder Bogen entweder schwarz-weiß oder farbig sein kann.

Ein Charakteristikum des Buches ist auch die Knappheit vieler Artikel, die manchmal nur zwei Seiten umfassen. Wir wollen hier möglichst viele Ideen, Impulse, und Anregungen geben. Nur gelegentlich erschien es sinnvoll, ein längerfristiges Projekt im Ganzen vorzustellen. Es wäre zum Beispiel lohnenswert gewesen, die Bachaktion von W. Claßen im Ganzen darzustellen. Andererseits erlaubt die Aufteilung in Einzeschritte, dass der Leser ein Projekt nicht geschlossen übernimmt, sondern unter der Vielzahl der integrierten Einfälle eine individuelle Auswahl für sich treffen kann.

Aktivität der Schüler
Persönlichkeit des Lehrers

Beim Durchblättern und Lesen dieses Buches sollte etwas Wesentliches nicht übersehen werden, das in den Bildern und den Texten immer wieder zum Tragen kommt: Es waren die Kinder, die Schüler, die diese Ideen angenommen, erweitert, ergänzt und die diese Ergebnisse realisiert haben. Und alles, was in dieser Dokumentation dargestellt ist, war auch nicht möglich ohne die besondere Persönlichkeit des Lehrers, der Lehrerin, die mit ihren Kindern dieses jeweilige Abenteuer eingegangen sind.

"Kinder zeichnen und malen", Lehrerfortbildung audiovisuell, Akademie, Dillingen

Siehe: Bildnerisches Verhalten und Synästhesie, Seite 319

Das traditionelle Zeichnen und Malen nimmt bei unseren Projekten nur geringen Raum ein. Damit soll keineswegs eine Geringschätzung ausgedrückt werden. In einer Videoproduktion der Akademie ("Kinder zeichnen und malen") wird die Bedeutung des kindlichen Zeichnens ausführlich gewürdigt. Hier geht es uns schwerpunktmäßig um Unterrichtsformen und Gestaltungskonzepte jenseits der zeichnerischen Einzelarbeiten des Schülers.

Siehe: Gedanken zum elementaren Lernen, Seite 295

Bei vielen Projektbeschreibungen dieser Dokumentation wird deutlich, dass hinter unserem konkreten Thema der "vier Elemente" übergreifende Prinzipien eines elementaren Lernens stehen, dessen Notwendigkeit für die Entwicklung der Schüler in diesem Alter wir insbesondere aus der mehr und mehr medial bestimmten Umwelt der Kinder ableiten. Ohne deswegen die Medien zu verteufeln, wollen wir mit diesem Buch Beipiele für ein "Lernen mit allen Sinnen" aufzeigen, das sich grundsätzlich von medialer Information unterscheidet.

Feuer - Wasser
Erde - Luft
Elementare ästhetische Erfahrungen

Günther Köppel

1. Elemente - elementar erlebt

Erde und Feuer: Vulkanismus

Ein Vulkanausbruch: Glühende Lavaströme und kilometerhohe Aschenwolken dokumentieren die immense Kraft des Erdinneren, das hier explosionsartig zutagetritt, in kürzester Zeit läßt sich ein Stück Erdgeschichte beobachten. Diese zutiefst sinnliche, weil visuell so eindrucksvolle Begegnung mit den Urkräften unseres Planeten spricht vehement unsere Gefühle an. Kein anderes geologisches Geschehen kann uns die vernichtende und zugleich segensreiche Kraft von Erde und Feuer so vor Augen führen.

Hug-Fleck, Christof: Vulkanismus. Faszination eines geowissenschaftlichen Schlüsselthemas, in: Geographie heute, Heft 98, 1992

Vgl. dazu Scholz, Eberhard: Der Ätna, in: Geographie heute, a.a.O., S. 23-29.

Christof J. Hug-Fleck spricht davon, daß hier die Zeitachse auf ein"menschliches Maß" zusammenschrumpft, dass eine "archaische" Faszination vom Thema Vulkanismus ausgeht. Der Ätna auf Sizilien bietet ein wunderbares Beispiel für Gefahr und Segen durch die Verknüpfung von Erde und Feuer. Trotz der permanenten Möglichkeit eines Ausbruchs ist er auch Quelle für Arbeit und Erwerb. Vulkanische Ascheböden sind hervorragend für den Ackerbau und verwitterte Lavaströme sind bereits nach wenigen Jahren für den ersten Anbau geeignet. Vulkanische Festgesteine dienen als Schottermaterial, verfestigte Asche als Baustoff. Die Region um Catania ist geprägt von der Nähe zur "Schmiede des Vulcanus", wie die Römer ihren Gott des Feuers nannten.

Luft und Wasser - ein Wolkenschauspiel

Es gibt kaum ein aufregenderes Naturschauspiel als eine Wolkeninszenierung, als das Erleben elementarer Kräfte und ihres Zusammenspiels aus Luft und Wasser. J.W.v. Goethe notiert in seinen Aufzeichnungen in Marienbad am 27. April 1820:

„Wir sahen auf dem ganzen Halbkreis der entferntesten böhmischen Gebirge ein übergetürmtes Amphitheater von Kumulus liegen, davon die einzelnen wolligen Massen durch kräftigen Sonnenschein in Licht und Schatten gesetzt wurden."

Zitiert nach: Kursbuch 96. Elemente 2: Luft, S. 138.

Goethe scheute keine Mühe, um den „Konflikt der oberen und untern Luftregion, der Trockne und Feuchte" besser sehen zu können. Er erstieg dafür sogar am 5. Mai 1820, immerhin im Alter von 71 Jahren, den Schlossberg zu Karlsbad, „um die Phänomene des Wettstreits der oberen und unteren Luft in größerer Breite zu sehen, als die Karlsbader Himmelsenge erlaubt."

Ebd., S. 139.

Ebd.

Und Goethe bekam diesen Wettstreit an den folgenden Tagen zu sehen, so dass er am 11. Mai zufrieden feststellen konnte: „Mit einem so anhaltenden, aufmerksamen Beschauen des Himmels war auch bisher das Vergnügen an dem Zustand der Erde verbunden (...) Mit jedem Tag öffnen sich neue Knospen, und die eröffneten entwickeln sich weiter."

Ebd., S. 140.

Soweit Goethe, vom Frühlingshimmel zurück zur Erde.

Naturschauspiele sind Begegnungen mit den Elementen, mit den elementaren Kräften, wie sie Menschen von jeher erlebten und erfuhren. So mächtig, so gewaltig zeigten sich die Elemente Erde, Wasser, Feuer und Luft, dass der Mensch sich als klein und nichtig, als ohnmächtig erfährt. Was wunder, dass die Elemente in Religionen mystifiziert, vergöttlicht wurden, wohnen ihnen doch Kraft und Unberechenbarkeit, Segen und Vernichtung gleichermaßen inne: Erde, Wasser, Feuer und Luft als Götter oder doch zumindest dienstbare Werkzeuge derselben.

2. Elemente und Mythos

Elemente als göttliches Instrumentarium : Wird nicht Prometheus vom Göttervater Zeus bestraft, weil er den Menschen das Feuer bringt und ihnen damit einen Teil der göttlichen Macht zukommen lässt? Die Götter als Sachwalter der Elemente: Diese bekannte Vorstellung aus der griechischen oder ägyptischen Mythologie ist auch dem jüdisch-christlichen Kulturkreis vertraut. Dazu ein Zitat aus dem ersten Schöpfungsbericht:

„Im Anfang schuf Gott Himmel und Erde, die Erde aber war wüst und wirr, Finsternis lag über der Urflut, und Gottes Geist schwebte über dem Wasser“ (vgl. Gen 1,1).

Auffallend ist, dass sowohl Wasser als auch Erde Substanzbegriffe sind, die Elemente Feuer und Luft expressis verbis aber nicht erscheinen, sondern nur in Form von Himmelsgewölbe und Lichtern an demselben. Die Luft scheint sogar identisch mit dem Geist Gottes zu sein, der über dem Wasser schwebt. Im zweiten Schöpfungsbericht wird die Symbolik der Luft als Geist Gottes erneut aufgenommen, da Gott dem von ihm geschaffenen Menschen den Lebensatem einhaucht:

„Da formte Gott, der Herr, den Menschen aus der Erde, vom Ackerboden und blies in seine Nase den Lebensatem.“
(Gen 2, 7) .

So entsteht der Mensch aus einer Verbindung aus Erde und Luft, oder anders ausgedrückt: aus Ackerboden und göttlichem Odem. Im Paradies regnet es noch nicht, sondern die „Feuchtigkeit stieg aus der Erde auf und tränkte die ganze Fläche des Ackerbodens“ (Gen 2, 6). Wasser in größeren Mengen liefert ein Strom, der in

Eden entspringt und den Garten bewässert. Noch ist das Wasser heilvolles und lebensspendendes Element, das sich jedoch gegen den Erdenbewohner wenden kann, wenn dieser sich gegen den Geist Gottes wendet. Im dramatischen Ereignis der Sintflut wird das Wasser gegen die luftbedürftigen Wesen eingesetzt; wir finden erneut die Verbindung zwischen Luft und Lebensgeist: denn „alles, was auf der Erde durch die Nase Lebensgeist atmete, kam um" (Gen 7,22).

Der Gott der Bibel beherrscht das Spiel der Elemente. Er setzt Wasser gegen Erde und schließlich Luft gegen das Wasser ein: „Gott ließ einen Wind über die Erde wehen, und das Wasser sank" (Gen 8,2). Er ist Herr über die Elemente, doch scheint er darüber hinaus in einem engeren Verhältnis zur Luft zu stehen als zum Wasser oder zur Erde. Denn sein Geist ruht über dem Wasser, sein Lebensatem wird Adam eingehaucht. Adam (hebr.: Mensch aus Erde) steht der substanzlose Geist Gottes gegenüber. Die Luft erscheint als göttliches Element , während Wasser und Erde irdisch sind.

Himmel als Aufenthaltsort Gottes wird volkstümlich und im Kinderglauben nicht umsonst über der Luft, über der Atmosphäre angesiedelt. Ein zweites Element erhält göttliche Prädikation: das Feuer. Der Gott des Alten Testaments offenbart sich seinem Propheten Mose im brennenden Dornbusch (vgl. Ex 3, 2ff).

Diese Tradition setzt sich auch im christlichen Neuen Testament fort. Gott bleibt der Gebieter der Elemente: Jesus als Gottes Sohn, beruhigt das tosende Wasser beim Seesturm, der Heilige Geist als dritte göttliche Person zeigt sich beim Pfingstfest in Sturm und Feuerzungen, das Ende der Zeiten wird durch einen Feuersturm prophezeit:

„Der erste Engel blies seine Posaune. Da fielen Hagel und Feuer, die mit Blut vermischt waren, auf das Land. Es verbrannte ein Drittel des Landes, ein Drittel der Bäume und alles grüne Gras. Der zweite Engel blies seine Posaune. Da wurde etwas, das einem großen brennenden Berg glich, ins Meer geworfen. (...) Der dritte Engel blies seine Posaune. Da fiel ein großer Stern vom Himmel; er loderte wie eine Fackel und fiel auf ein Drittel der Flüsse und auf die Quellen.“ (Offenbarung des Johannes, 8, 7ff.).7

Man beachte auch hier das Zusammenspiel der vier Elemente!

Auch in vielen anderen Religionen findet man den engen Zusammenhang von Elementen und dem Göttlichen. Fruchtbarkeitskult oder die Sichtweise der Erde als Muttergottheit sind vielen Kulturen vertraut. Die Urkraft der Elemente, ihre Unberechenbarkeit und Fülle haben sich menschlichem Zugriff über die Jahrhunderte entzogen. Die Menschen waren dem Erleben der Elemente ausgesetzt, positiv wie negativ.

3. Was bedeuten uns die Elemente heute noch?

Dank unserer naturwissenschaftlich geprägten Zeit sind wir nicht mehr gezwungen, die Elemente Erde, Wasser, Feuer und Luft zu vergöttlichen oder zu mystifizieren. Andere „Elemente“, wie etwa die Kraft des Atoms, sind es, die uns in Angst und Schrecken versetzen. Nur hin und wieder, wenn ein Vulkanausbruch ganze Dörfer vernichtet und Menschenleben fordert, wenn unheilvolle Überschwemmungen Wassermassen über uns ergießen, wenn ein Flugzeugabsturz uns auf drastische Weise die Unzuverlässigkeit der Luft demonstriert, wenn ein Erdbeben den sonst so verlässlichen Boden unter den Füßen erschüttert, spüren wir Menschen Grenzen und elementare Kräfte. Was vom elementaren Wahrnehmen, außer in Katastrophensituationen, ist uns geblieben? Spüren wir unsere elementaren Wurzeln noch?

Diese und folgende Collagen stammen von Sandra Baumeister

Feuer

Wir haben das „gute, alte Feuer“, wie wir es vom Lager- oder vom Herdfeuer kennen, in seine Bestandteile zerlegt, d.h. als Energie verstanden und seine Wirkungen für uns nutzbar gemacht. Der nächtliche flackernde Schein des Feuers wurde zur stufenlos gedimmten regulierbaren Zimmerbeleuchtung degradiert, und statt der knisternden, behaglichen Wärme des Kaminfeuers verströmt ein seelenloser Heizkörper oder noch dezenter der Fußboden eine anonyme Energie.

Wasser

Vergl.: Woldeck, Rudolf von, in: Kursbuch 92, Elemente 1: Wasser, 2.

Wir haben die Hitze des Feuers eingefangen in Hochöfen, Dampfmaschinen und Motoren, und werden nur dann noch seiner tatsächlichen Kraft gewärtig, wenn wirklich einmal etwas im wahrsten Sinne des Wortes „Feuer fängt". Dann vernichtet dieses Feuer auf drastische Weise Leben und Werk; drastisch, weil Verbrennung und Verkohlung irreversiblen Schaden anrichten. Das Unheilbare, Unheilvolle des Feuers macht uns dann besonders nachdenklich. Dieses Ultimative des Feuers führte nicht nur zum Ritual der Feuerbestattung, sondern gehört auch mit Hexenverbrennung und Spurenbeseitigung nach Massenvernichtung zu den dunkelsten Kapiteln der Menschheit.

Wasser ist „der Stoff, durch den wir sind." Ohne die Bedeutung der Elemente gegeneinander ausspielen zu wollen, da sie in unmittelbarem Zusammenhang stehen, ist unbestritten, daß dem Wasser als dem Ausgangsort des Lebens auf dieser Welt eine besondere Bedeutung zukommt.

Wasser prägt die Oberfläche der Erde (1,384 Millionen qkm). Nur etwa 2,5 % davon sind Süßwasser. Durch dieses Süßwasservorkommen wird dem Menschen sein Siedlungs- und Lebensraum zuwiesen. Er fährt auf dem Wasser, produziert mit Wasser und entledigt sich eines Großteils seiner Abfälle im Wasser.

Wasser wäre eine idealer Rohstoff, denn eingebunden in einen Kreislauf und richtig gebraucht, würde er sich nie verbrauchen. Immer größere verdorbene Abwassermengen jedoch machen einen wachsenden Teil des Wassers ungenießbar oder zumindest gefährlich. 80 % der Krankheiten der sog. Dritten Welt haben ihren Ursprung im Wasser. Unser Verhältnis zum Wasser zu überdenken, scheint eine Schlüsselfrage für die Zukunft zu sein. Zu Beginn der 80er Jahre verfügte nur ein Drittel der Menschheit über genügend Wasser, und täglich starben etwa 30.000 Menschen aufgrund unzureichender Wasserversorgung. Gerade die Industrieländer sind es, die für die Produktion ihrer Güter unverhältnismäßig viel Wasser verbrauchen.

Vgl. Noll, Evelyn und Manfred: Rohstoff Wasser, in: Geographie heute, Heft 16, Seelze 1983, 3ff.

Ein Beispiel: Für die Produktion eines Autos werden 380.000 Liter Wasser benötigt. Wasser als Urelement des Lebens ist gefährdet. Wir sind herausgefordert, den richtigen Umgang mit Wasser zu lernen. Es darf nicht länger gedankenlose Selbstverständlichkeit bleiben, Wasser zu haben und zu verbrauchen. Wasser muss in seiner Kostbarkeit erkannt, vielmehr sinnlich erlebt und erfahren werden.

Erde

Erde: im weitesten Sinne ist es die Erdenwelt, die Kugel, auf der wir leben, im engeren Sinne ist es die dünne Krume, im Schnitt 20 bis 30 cm tief, die in Millionen von Jahren durch Temperaturschwankungen, durch Wind und Wasser, also durch Erosion, aber auch durch unterschiedlichste biologisch-chemische und physikalische Vorgänge entstanden ist. In und auf diesem Humus tummeln sich zahllose Organismen, leben von und miteinander. Wie häufig vergessen wir Menschen, was wir der Erde verdanken, wenn wir sie seit Jahrzehnten oder Jahrhunderten vergiften, zubetonieren, austrocknen, verwüsten, zur Nutzungsfläche degradieren oder städteplanerisch zwangsumranden.

Früher war Mutter Erde im Wort Muttererde respektvoll und anerkennend in den Sprachgebrauch einbezogen. Man muß keiner "braunen Ideologie" anhängen, um festzustellen, daß wir den Kontakt zur Erde verloren haben. Es ist die maschinelle Distanz, mit der wir die Erde behandeln, vom hohen Traktorross aus bepflügen und beernten. Keine Schulklassen rücken mehr aus, um "Erdäpfel" zu klauben, und schon gar nicht erspüren nackte Kinderfüße den "Letten" zwischen den Zehen.

bayerisch für Lehm

Erde liegt entkeimt und betorft im 10 l -Plastikbeutel im Supermarkt und wartet darauf, balkonvertopft die Alibi-Melisse zu nähren, die unsere "grüne Seele" beruhigen soll...

Dabei könnte gerade im Garten das Zusammenspiel der Elemente idealtypisch erfahren werden. Nehmen wir das Element Feuer als Licht und Wärme, so ergeben sich aus der Kombination Erde, Wasser, Luft, Licht und Wärme alle Komponenten des Gartenbaus.

Vgl. dazu Dietel, Günther: Kinder-Gärten-Natur. Anregungen zum Gärtnern mit Kindern, Berlin 1991. Dieses Buch gibt wertvolle praktische Anleitungen zum Gärtnern mit Kindern für Erzieherinnen und Eltern.

Diese nunmehr fünf Elemente stellen die fünf Wachstumsbedingungen für das Gedeihen von Pflanzen dar. Wird einer dieser Faktoren vernachlässigt oder falsch eingesetzt, entstehen Schäden an der Pflanze, das Wachstum wird erschwert oder gar verhindert. Die Beschaffenheit der Erde, ob Sand-, Lehm-, Ton-, Kalk- oder Moorboden, beeinflusst grundlegend die Möglichkeit des Anbaus bestimmter Pflanzen. Die Wassermenge insgesamt, ihre Qualität und die Regelmäßigkeit der Zufuhr bestimmen das Wachstum. Dass Luft in die Erde kommt, ist wichtig für die Bodenorganismen, die Sauerstoff benötigen und dabei Kohlendioxid erzeugen. Dieses wiederum verbrauchen die grünen Pflanzen, die ihrerseits Sauerstoff produzieren. Bodenatmung nennt man diesen Vorgang. Das „Sonnenfeuer" Licht schickt uns die Energie auf die Erde, mit deren Hilfe der für uns lebenswichtige Atemstoff entsteht: „Rund 200 qm Rasenfläche erzeugen soviel Sauerstoff, wie eine vierköpfige Familie zum Atmen braucht." Ebd., S. 7.

Luft

„Luft!", ein vielgehörter Lehrerausruf zu Beginn der Stunde, Kurzformel der Aufforderung, die Fenster zu öffnen und den Klassenmief hinauszulassen. Dabei ist es vielerorts nicht sicher, daß die abgasgeschwängerte Stadtatmosphäre wesentlich besser „schmeckt" als die transpirierte Zimmerluft. Mit dem Blick auf die Luft der Erde, die Atmosphäre, werden aber derzeit grundsätzliche Probleme aufgeworfen, die keine Geschmacksfragen mehr sind, sondern unsere menschliche Existenz zutiefst berühren.

Klimaveränderungen gab es im Lauf der Erdgeschichte viele, heute kann das Klima von etwa 160.000 Jahren lückenlos rekonstruiert werden. Begriffe wie Treibhauseffekt und Ozonloch sind in Mode gekommen und gehen heute schon Grundschü-

Vgl. Huber, Max: "Arbeitskreis Schutz der Erdatmosphäre". Eine Handreichung wird vorbereitet, in: schulreport 4/5 1995, S. 23.

lern altklug über die Lippen. An politischem Bekennertum und konferenzgestütztem Besserungswillen (vgl. Rio 1992/ Berlin 1995) fehlt es nicht, aber werden wir rechtzeitig auf einen Teil unseres Wohlstands verzichten, um die Luft zu retten? Wir gehen zu selbstverständlich mit Luft um.

Vgl. Woldeck von, Rudolf: Die Ordnung der Atmosphäre, in: Kursbuch 96, Elemente 2: Luft, s.1 1.

Erst wenn ein Mangel eintritt, wie etwa bei einem Herz- oder Asthmakranken oder einem Bergsteiger über 4000 Meter, bemerken wir schmerzhaft, wie wichtig sie für uns ist. Die seltenen Bilder von sauerstoffmaskierten Menschen im Großstadtsmog schieben wir noch gerne in Science-fiction-Regionen. Als Radfahrer oder Fußgänger im Stau der rush hour rückt uns die Zukunft jedoch merklich näher, bekommt Atemlosigkeit eine neue Bedeutung. Gehen wir einer atemlosen Gesellschaft entgegen, geht der Erde die Luft aus?

4. Die Ästhetik der Elemente

Was hat das Erleben, Spüren, Wahrnehmen der Elemente mit Ästhetik zu tun? Die ästhetische Erfahrung ist ein Grundmuster unserer Weltaneignung. Was aber ist ästhetische Erfahrung bzw. Ästhetik nach unserem heutigen Verständnis? Ästhetik kann zunächst einmal als aisthesis aufgefasst werden.

zur Lippe, Rudolf: Sinnenbewußtsein. Grundlegung einer anthropologischen Ästhetik, Reinbek 1987, S. 17.

„Aus ihrer altgriechischen Bedeutungsgeschichte ist ästhetisch alles, was unsere Sinne beschäftigt, in uns Empfindungen und Gefühle entstehen läßt und auf solchen Wegen unser Bewusstsein prägt.“ Nach Rudolf zur Lippe hat Ästhetik (noch) nicht zwingend mit Kunst zu tun, sondern ganz basal mit den Sinnen. Was wir hören, schmecken, sehen, riechen, all diese Sinneswahrnehmungen in ihrem Reichtum und ihrer Vielschichtigkeit lösen in uns Empfindungen und Gefühle aus, die unser Bewusstsein prägen und damit offenbar auch Lernvorgänge initiieren.

Ästhetik kann also grundlegend als sinnliche Wahrnehmung verstanden werden. Das ist keineswegs eine neue pädagogische Erkenntnis im Gefolge der aktuellen Ästhetikdebatte. Der Altmeister der Pädagogik, Comenius, gab im Jahre 1654 in seiner"Didactica Magna" als goldene Regel für alle Lehrende folgendes zu bedenken: „Alles soll, wo immer möglich, den Sinnen vorgeführt werden, was sichtbar dem Gesicht, was hörbar dem Gehör, was riechbar dem Geruch, was schmeckbar dem Geschmack, was fühlbar dem Tastsinn." Kann man, was Comenius als goldene Regel des Lehrens formulierte, bereits als frühe Wertschätzung dessen sehen, was wir heute als ästhetische Erfahrung bezeichnen? Was ist aus unserer Sicht heute Erfahrung, ist es mehr oder anderes als Wahrnehmung?

Comenius, zitiert nach Flitner, 1982.

Um dem Erfahrungsbegriff auf die Spur zu kommen, greife ich, stellvertretend für viele, zwei Beispiele heraus: Zunächst einen der neuen Meister des 20. Jahrhunderts, Hartmut von Hentig: Für ihn ist Erfahrung die Ver- und Bearbeitung einer Wahrnehmung, die den Erfahrenden verändert. Hentig steht hier in der Tradition des klassischen griechischen aishthesis-Begriffs. Eine pädagogische Akzentuierung erfährt dieser Erfahrungsbegriff bei Ingo Scheller: „Erfahrungen werden in Kontexten sozialer Interaktion gewonnen, in die die Betroffenen körperlich, emotional, denkend und handelnd eingebunden sind." Ich möchte hier vorläufig die pädagogische Akzentuierung der sozialen Interaktion vernachlässigen und bei Schellers Betonung der Ganzheitlichkeit bleiben. Unternehmen wir den Versuch, eine Schnittmenge zwischen Ästhetik und Erfahrung zu bilden, so stellt sich folgendes Ergebis dar:

Vgl. Hentig, Hartmut von, Schule als Erfahrungsraum, Stuttgart 1973.

Scheller, Ingo: zitiert nach Gunther Otto; Pädagogik Heft 9 ,1992, S. 42.

Demnach ist ästhetische Erfahrung Lernen durch Verarbeitung einer sinnlichen Wahrnehmung in einem ganzheitlichen Kontext, in den die Betroffenen körperlich, emotional, denkend und handelnd eingebunden sind. So zielt ästhetische Erfahrung in diesem weitesten Sinne auf einen bestimmten Modus der Weltbegegnung und -aneignung. Ich erinnere hier an Pestalozzis Motto vom Lernen mit Kopf, Herz und Hand. Machen wir die Gegenprobe: Gibt es eine nicht-ästhetische Erfahrung? Entziehen wir unserer Definition der ästhetischen Erfahrung eine der Komponenten, so erhalten wir zwangsläufig eine reduzierte Palette des Erfahrungsspektrums.

Was ist Erfahrung ohne damit verbundene oder vorausgegangene sinnliche Wahrnehmung? Es ist Lernen am Abstraktum. Man sitzt in einem Klassenzimmer, in dem sich keine einzige Pflanze befindet, und lernt die Formel für die Photosynthese als chemische Formel an der Tafel.

Erfahrung ohne Denken und Reflektieren? Es wäre der Verzicht, sich selbst als denkender Mensch ins Verhältnis zur Welt zu setzen, sich kritisch und wertend mit der Welt auseinanderzusetzen. Was ist Erfahrung ohne ganzheitlichen Kontext? Ästhetische Erfahrung ohne emotionale Komponente wäre Erfahrung ohne innere Beteiligung, ohne Lust und Frust, letztlich wohl ohne Wirkung oder Einfluß dauerhafter Art. Was wäre Erfahrung ohne Verhaltensänderung, ohne Lernen? Sie würde zum bloßen Erlebnis verkommen, zu sinnloser Beschäftigungstherapie. Was bewirkt ein Projekttag zum Thema Umweltschutz in der Schule, bei dem Statistiken und Gewässerproben ausgewertet werden, aber der Schulhof nach der Pause trotzdem einer Müllhalde gleicht?

Was ist Erfahrung ohne körperliches Eingebundensein? Sie ist im schlimmsten Falle Hypnose durch den Fernseher, Faszination des virtuellen Bildes, Dabeisein ohne körperliche Beteiligung. Wenn ich von ästhetischer Erfahrung spreche, meine ich damit diese Volllform der Erfahrung, und ich halte jeden genannten Bestandteil für ein integratives und nichtverzichtbares Element dessen, was ästhetische Erfahrung ist.

Einseitige, reduzierte Erfahrungen bestimmen unser tägliches Leben und müssen es auch oft, denn man kann nicht immer gleichzeitig mit allen Sinnen lernen. Was ich meine: Keine Komponente der ästhetischen Erfahrung darf auf Dauer vernachlässigt werden. Ästhetisch ist für mich ein Qualitätsbegriff. Ästhetische Erfahrung ist die höchste, weil vollständigste und umfassendste Form der Erfahrung. Von solchen Erfahrungen ist in diesem Buch die Rede.

Der Autor:
Günther Köppel ist Professor für Kunsterziehung an der Katholischen Universität Eichstädt. Sein Arbeits- und Forschungsschwerpunkt ist die elementare ästhetische Erziehung.

Am Anfang war das Feuer

Rita Maria Mayer:

Feuer, Erde, Wasser und Luft waren in der antiken Naturphilosophie die Urstoffe aller Dinge. Der griechische Philosoph Empedokles (490 - 430 v. Chr.) lehrte den Aufbau der Welt aus diesen vier Elementen, und seine Theorie vom „Werden und Vergehen" hatte starken Einfluss auf die sich entwickelnden Naturwissenschaften der Neuzeit. Er vertrat die Meinung, es gäbe kein Entstehen und Vergehen, sondern nur Mischung und Entmischung der vier Elemente Feuer, Erde, Wasser, Luft.

Die historische Elementenlehre

Liebe und Haß (zeitgemäß ausgedrückt: Anziehung und Abstoßung) bewirkten die Verbindung und Trennung dieser Elemente. Heute spielt diese Elementenlehre nur noch eine historische Rolle. Interessant ist dabei die offensichtliche Parallelität der vier antiken Elemente Erde, Wasser, Luft und Feuer (in dieser Reihenfolge) mit den vier Aggregatzuständen der Materie in der heutigen Physik: Feststoff, Flüssigkeit, Gas und Plasma.

Naturwissenschaftlich betrachtet ist Feuer eine unter Freiwerden von Licht und Wärme stattfindende Verbrennung, dabei wird der Brennstoff oxidiert. Die wesentlichen Bestandteile einer heißen Flamme befinden sich im vierten Zustand der Materie, dem sogenannten Plasma.

Die Autorin:
Rita Maria Mayer ist Künstlerin und freiberufliche Kunstpädagogin mit Schwerpunkt Keramik, interkulturelles Lernen und Umwelterziehung.

Die Beherrschung des Feuers: seit 1,5 Millionen Jahren

Die Beherrschung des Feuers und seine Nutzung bedeutete einen enormen Schritt in der Kulturentwicklung der Menschheit. Die ältesten Belege dafür liegen uns aus dem Altpaläolithikum (Ältere Altsteinzeit) vor: eine auf 1,5 Millionen Jahre datierte Feuerstelle in Ostafrika. Früheste Belege für eine Nutzung des Feuers in Europa stammen von dem altsteinzeitlichen Fundplatz Vérteszöllos in Ungarn, wo Feuerstellenreste zusammen mit menschlichen Knochen (homo erectus) aus der Zeit von vor etwa 400 000 Jahren gefunden wurden.

Nutzung natürlicher Feuerquellen

Wie der Mensch zum ersten Mal auf die Idee kam, das Feuer zu nutzen, bleibt Spekulationen überlassen. Auch sind die Nutzung des Feuers und die Fertigkeit, es selbst zu erzeugen, nicht zwingend aneinander gekoppelt. Fehlte die Kenntnis der Feuererzeugung noch, waren die Menschen auf natürlich entstandene Brände angewiesen, die durch Vulkanausbrüche, Blitzschläge oder intensive Sonneneinstrahlung auf leicht entzündbare Materialien verursacht wurden. Das einmal gefundene Feuer musste sorgfältig gehütet werden.

Feuererzeugung

Siehe "Feuermachen wie in der Steinzeit", S. 45

Bald jedoch hatten die Menschen Kenntnis davon, dass leicht brennbares Zundermaterial (z.B. Birkenrinde, getrocknete Baumpilze) durch Einwirkung von Reibungshitze zum Brennen gebracht werden kann. Als Geräte zur Erzeugung von Reibungshitze dienten dabei Quirl- und Feuerbohrer, Schlagfeuerzeug (Funkenschlag mit Pyrit und Feuerstein), Feuersäge, Feuerpflug und Feuerpumpe. All diese Techniken erfordern viel Geschicklichkeit und Erfahrung. Später kam die Feuererzeugung mit Brennglas und Spiegel dazu, bei der der Zunder durch Fokussierung des Sonnenlichts entflammt wird.

Feuer als Motor der Kulturentwicklung

Die Beherrschung des Feuers war jedoch nicht nur eine technische Errungenschaft, sondern auch eine kulturstiftende Leistung. Mit dem Gebrauch des Feuers begann die bewußte Veränderung des alltäglichen Lebensablaufes. Durch derart veränderte Lebensbedingungen wurde nicht zuletzt auch das soziale Gefüge der Menschheit nachhaltig umgestaltet.

Feuer wurde eingesetzt als Waffe und Werkzeug, als Licht- und Wärmequelle. Die Menschen besaßen damit ein Mittel, sich der vielen Gefahren ihrer Umwelt zu erwehren: Mit Hilfe eines Lagerfeuers konnten Raubtiere ferngehalten werden, mit Fakkeln konnte die Nacht lokal zum Tage gemacht werden, konnten Kälte und Frost abgewiesen werden. Mit der kontrollierten Handhabung des Feuers, die die gefährliche Hitze des Steppenbrandes in eine angenehme Wärme verwandelte, konnte das Bewusstsein einer neuen Macht über die Natur in diesen Menschen aufkeimen.

Feuer als Licht- und Wärmequelle

Durch die gezielte Nutzung des Feuers zum Braten und Kochen von Fleisch wurde die Nahrungsgrundlage des Menschen erheblich erweitert. Die Verdaubarkeit und damit Nährstoffaufnahme wurde verbessert, es konnten auch Fleischteile von Großtierkörpern verwendet werden, die sonst ungenießbar gewesen wären. Die Gefahr von Fleischvergiftungen wurde beträchtlich verringert. Auch andere Nahrungsmittel (z. B. Getreide), die mittels Wärmezufuhr aufbereitet wurden, eröffneten neue Dimensionen in der Ernährung.

Erweiterung der Nahrungsgrundlagen

Die Menschen der Steinzeit erkannten, dass unter Hitzeeinwirkung des Feuers Steine zerbarsten und somit scharfkantige Werkzeuge lieferten. Ebenso konnte die Qualität der Holzspeere verbessert werden, indem die Spitzen im Feuer gehärtet wurden. Das Feuer ermöglichte die Verwandlung der Tonerde in ein hartes, wasserfestes Material mit neuen Eigenschaften. Bereits vor 20 000 Jahren brannten die Menschen kleine Figuren aus Ton im offenen Feuer. Die ältesten gefundenen Tongefäße sind auf ca. 8000 v. Chr. datiert und stammen vom Euphrat.

Verbesserung von Werkzeugen

Mit der Beherrschung und Nutzung des Feuers ging die Entwicklung der einfachen Feuerstelle zu immer zweckmäßigeren Kochstellen, Öfen und Herden einher, die sowohl dem Schutz des Feuers als auch dem Schutz vor dem Feuer diente. In der Differenzierung der verschiedenen Bauformen spiegelte sich auch die Ausweitung der Anwendungsgebiete wieder: Herdstellen zum Kochen, Öfen zum Brotbak-

Von der Feuerstelle zum Herd

Metallgewinnung

ken und zum Brennen von Keramik.Ohne das Feuer hätte der Mensch die Steinzeit nie verlassen können. Mit seiner Hilfe gelang es ihm ab dem 6. Jahrtausend v. Chr. Metalle (Kupfer, Zinn) zu gewinnen und zu bearbeiten. Lange zuvor hatten die Menschen das Feuer auch anderweitig schon technisch genutzt. Ungefähr 35 000 Jahre v. Chr. wurde eisenhaltiger Ocker ausgeglüht. Die so gewonnenen Farbtöne wurden bei Toten- und Fruchtbarkeitsritualen sowie bei der Wandmalereien in Höhlen eingesetzt.

Glüh- und Schwelprozesse

Nicht unerwähnt bleiben dürfen auch Glühprozesse zur Gewinnung von Kalk und Gips oder Schwelprozesse zur Herstellung von Holzkohle (zur Erzverhüttung) oder z.B. Birkenteer, dem steinzeitlichen Alleskleber. Für das Gelingen all dieser „Brände" war eine sichere Beherrschung des Feuers unumgänglich. So entwickelte sich im Laufe der Zeit eine ganze Reihe von „Feuerhandwerks"-Traditionen zur Gewinnung oder Bearbeitung von Keramik, Glas , Metall, Bau- und Brennstoffen, Farbstoffen sowie Binde- und Klebemitteln, deren Technologien oft zueinander in Bezug standen oder sich gegenseitig bedingten.

Feuer und Mythos

Mit der uralten Frage nach dem Woher des Menschen aufs engste verbunden finden wir oft die Frage nach den Umständen des ersten Feuergebrauchs. Sie schlägt sich in den mannigfaltigen mythischen Vorstellungen der verschiedenen Kulturen nieder. Beispielhaft sei auf die Tat des Prometheus verwiesen, dem den Menschen freundlich gesinnten Titanen der griechischen Mythologie. Er stahl das Feuer von den Göttern, um es den Menschen zu bringen und wurde dafür bestraft.

Feuer und Gott

In nahezu allen Kulturkreisen gibt es eine Gottheit, die mit dem Feuer als Erscheinungsbild oder als Symbol verknüpft ist. In der jüdischen und christlichen Religion z. B. spricht Gott Jahwe aus dem brennenden Dornbusch zu Moses und wird das Feuer zum Symbol für geistige Erleuchtung. Oft wird dem Feuer eine reinigende und rettende Kraft zugesprochen oder es steht im

Dienst der Sühne. Das christliche Fegefeuer gehört hierher und der ägyptischen Mythos vom Vogel Phoenix, der sich selbst verbrannte und aus der Asche neu und wiedererstarkt auferstand.

Tradition der Symbolischen Flamme

Heute werden bestimmte Ereignisse oft in Anlehnung an alte Traditionen mit der Entzündung eines Feuers ge feiert: das Oster- und Sonnwendfeuer, die Geburtstags- und Weihnachtskerzen sowie spektakuläre Feuerwerke zum Jahreswechsel sind nur einige Beispiele. Seit Jahrhunderten taucht das Motiv Feuer und Flamme auch in der bildenden Kunst auf, eingebaut in die verschiedensten Bildthemen. Erst in den letzten Jahrzehnten wurde Feuer als autonomes Mittel für den künstlerisch-kreativen Ausdruck entdeckt: Fumages mit Rauch, Ruß- und Brandspuren, Feuerskulpturen und Installationen werden von Künstler erstellt, die das Feuer als faszinierendes und sinnliches Element des Kultes für die Kunst neu entdeckten.

Feuer in der Kunst

Feuer und Kultur

Viele Jahrtausende war die menschliche Kultur mit dem Feuer als lebensnotwendigem Element aufs engste tagtäglich verbunden. Heute ist es dem direkten Sinneserleben der meisten Menschen unseres Kulturkreises in einer hochtechnisierten Alltagsumwelt nur noch selten zugänglich. Glühbirnen, Zentralheizung, Elektroherd, Mikrowelle usw. ermöglichen keinen Zugang mehr zu elementaren Erfahrungen mit dem Feuer. Menschheitsalte Kenntnisse und Fertigkeiten, auch das Wissen um Gefahren, werden nicht mehr als alltägliches Gut tradiert. Spezielle Lehrgänge für Lehrer und „Abenteuer“-Projekte in Schulen sollen an der Schwelle zum dritten Jahrtausend n. Chr. dafür sorgen, daß Kinder diesem ältesten „Kulturmotor“ der Menschheit direkt und sinnlich begegnen können.

Beispiel eines Feuer-Mythos

Indianisches Märchen

Indianisches Märchen: “Wie das Feuer auf die Erde kam”
Im Anfang war die Welt kalt, und die Tiere und Vögel hatten ihre Pelze und Federn sehr nötig, um sich warm zu halten. Da schaute der Donnergott hinab auf die kalte, unfreundliche Erde,

und er sah, dass es so nicht gut war. Er schickte also einen Blitzstrahl hinab, der setzte einen Sykomoren-Baum auf einer kleinen Insel in Brand.
Der Stamm loderte wie eine Fackel, und alle Tiere sahen zu und freuten sich über die helle Wärme. Aber wie sollten sie das Feuer von der Insel zum Festland bringen? Sie hielten Rat, und ein jedes von ihnen wollte helfen. Als erster sprach der Rabe:
„Das beste wird sein, ich fliege hinüber zur Insel und bringe etwas von dem Feuer mit."
Gesagt, getan. Er flog hin zu der Insel und versuchte, das Feuer zu holen, aber zurück kam er verbrannt und verängstigt und ohne Feuer. Seit diesem Tag ist der Rabe schwarz.
Als nächstes Tier versuchte es die kleine Eule. Sie kam wohlbehalten bis zu dem Baum, aber als sie in den brennenden, hohlen Stamm hinabschaute, schlug ihr die Lohe ins Gesicht und verbrannte ihr beinahe die Augen. Seither sind ihre Augen rot und blinzeln bei grellem Licht.
Die schwarze Schlange wollte besonders schlau sein. Sie schwamm zu der Insel, kroch vorsichtig durch das Gras und fand ein kleines Loch am Fuß des Stammes. Dort schlüpfte sie hinein und hoffte, sie werde ein wenig Glut davontragen können. Aber im Inneren des brennenden Baumes war es schrecklich heiß. Die Schlange fürchtete zu ersticken. Rasch schnellte sie wieder zu dem kleinen Loch zurück und schlüpfte hinaus ins Freie.
Nachdem es auch der Schlange nicht gelungen war, das Feuer zu holen, waren die Tiere verzweifelt. Keines wagte sich in die Nähe des glühenden Baumes, und immer noch war die Welt kalt und unfreundlich. Da meldete sich die kleine schwarz-rot-gestreifte Wasserspinne und bat, einen Versuch wagen zu dürfen. Sie webte eine kleine Schüssel und befestigte sie auf ihrem Rükken. Sie lief über das Wasser zur Insel, zog ein winzig kleines Stück glühender Holzkohle aus dem Baum, glitt eilig wieder über das Wasser zurück zum Festland und brachte den Tieren das Feuer.
Und wer sich heute die Wasserspinne anschaut, der wird auf ihrem Rücken immer noch die Schüssel entdecken, in der sie die Wärme in eine kalte Welt trug.
(Quelle derzeit nicht belegbar)

Literatur:

Brandspuren. Das Element Feuer in der neueren Skulptur. Ausstellungskatalog. Museum Folkwang Essen 1991.
Hirschberg, Walter (Hg.): Neues Wörterbuch der Völkerkunde. Reimer, Berlin 1988.
Leroi-Gourhan, André: Hand und Wort. Suhrkamp, Frankfurt/M. 1980.
Müller-Karpe, Hermann: Geschichte der Steinzeit. Beck, München 1976.
Probst, Ernst: Deutschland in der Steinzeit. Bertelsmann, München 1991.
Reichholf, Josef H.: Das Rätsel der Menschwerdung. dtv, München 1990.
Rieckhoff, Sabine: Faszination der Archäologie. Pustet, Regensburg 1990.
Sagan, Carl u. Druyan, Ann: Schöpfung auf Raten. Knaur, München 1995.

Der Räucherbrand

Rita Maria Mayer

Schwarzglänzende Keramik übt auf viele Betrachter eine starke ästhetische Wirkung aus, besonders in Verbindung mit einer vollendeten Form. In vielen Kulturen ist solche „Schwarzkeramik" vorzufinden - seit Jahrtausenden bis in die heutige Zeit. Diese Schwärzungen werden durch eine breite Palette verschiedener Techniken hervorgerufen, denen recht unterschiedliche chemisch-physikalische Wirkmechanismen zugrundeliegen.

Eine einfache Erdgrube genügt

Eine dieser Techniken ist der Räucherbrand, den ich bei dem westafrikanischen Stamm der Ewe am Voltastausee in Ghana kennenlernte. Die Töpferinnen der Ewe stellen sehr feine und formvollendete Gebrauchs- und Kultgegenstände mit meist polierter Oberfläche her, die im offenen Feldbrand geschrüht werden. Bestimmte Gefäßtypen, zum Beispiel Servierschalen und Gefäße zur Speisenzubereitung, werden zusätzlich einem speziellen zweiten Brand in einer Grube unterzogen. Durch diesen Räucherbrand erhalten die Stücke eine in-

Die Tonobjekte werden auf den Rost gelegt...

tensive und glänzende Schwarzfärbung; der vorher poröse Scherben wird durch eine porenver-schließende Versiegelung wasserundurchlässig. Unter technologischem Aspekt handelt es sich um einen Schwelbrand, bei dem die geschrühte Töpferware mit Niederschlagsprodukten aus einer Trockendestillation pflanzlich-holziger Materialien überzogen wird.

Die Dillinger Räuchergrube ist ein zylindrisches Erdloch mit ca.. 80 cm Tiefe und ca. 100 cm Durchmesser. Am Grund der Grube wird als Simulation afrikanischer Originalmaterialien leicht feuchtes, morsches Holz angehäuft, dazu mehrere Stücke vorher bereiteter Glut eingebaut.

und mit feuchten Tüchern bedeckt

Über der Räuchergrube werden auf einem Gitterrost die geschrühten Tonwaren mit der Öffnung nach unten aufgeschichtet und alles mit feuchten Papiersäcken und Tüchern abgedichtet. Eineminimale Rauchentwicklung zeigt einen optimalen Verlauf des „Räucherns“ an.

Nach etwa vier Stunden ist der Brennvorgang beendet. Die Keramikwaren zeigen dann meist keine einheitliche tiefschwarze Färbung, sondern durch eine unterschiedliche

Niederschlagsdichte ästhetisch reizvolle Nuancen von leicht bräunlicher Transparenz bis zu massivem Schwarz. Hochglänzende Oberflächen werden nur erzielt, wenn die Keramik bei der Herstellung sorgfältig poliert wurde. Das Polieren bedeutet: Oberflächenbehandlung der rohen Ware im lederharten Zustand. Die afrikanischen Töpferinnen wiederholen den Brennvorgang bis zu dreimal, um eine einheitlich deckende Schwärzung zu erzielen.

Ein Räucherbrand läßt sich mit einfachsten Mitteln und Handhabungen realisieren. Trotzdem wird ein nachhaltiges Beherrschen des Verfahrens Erfahrung und kritische Beobachtung erfordern; gilt es doch - um nur die wichtigsten Variablen zu nennen - Grubengröße, Holzfüllung, Feuchtigkeit, Glutanteil, Schichtung der Keramik und Abdichtung zu einem Optimum zu kombinieren.

Das Ergebnis: schwarzglänzend wie Ebenholz

Der Papierofen

Rita Maria Mayer

Vorbereitung der Schürkammer

Die Hozstangen werden zusammengebunden

Ähnlich der „verlorenen Form“ beim Metallguß ist der Papierofen ein „verlorener Brennofen“; während in ihm Keramik geschrüht wird, verbrennt er letztlich sich selbst. Er ist ein Holzbrandofen, und in ihm gebrannte Stücke zeigen oft die für die direkte Berührung mit dem Feuer typischen Flammenzeichnungen. Obwohl er alle Funktionsbereiche eines entwickelten Brennofens aufweist (Schürkammer, Brennraum, Kamin), ist er doch ein Primitivofen, der im wesentlichen aus einer schlickerarmierten Papierhülle über einem Tipi (= Indianerzelt)-förmigen Holzskelett besteht. Seine Größe kann je nach Menge, Form und Größe des Brennguts variiert werden.

In dem hier gezeigten Papierofen wurden ca. 15 Tonobjekte aus stark schamottiertem Ton gebrannt. Die Größe der Objekte betrug je ca.15 cm Durchmesser, mit Engoben bemalt, poliert und luftgetrocknet.

Die Wände der quadratischen Schürkammer werden durch 4 mal 2 Ziegelsteine gebildet, so dass sich ein Außenmaß von ca. 50 x 50 cm ergibt.

Darüber werden zwei stabile Eisenstäbe und ein alter Grillrost gelegt. Um den Rost werden trockene, etwa 1,50 m lange Holzstangen kreisförmig in die Erde gesteckt und mit Draht und Schnüren oben zusammengebunden.

Die Öffnung für das Schürloch wird ausgespart.Der Ofen erhält eine Hülle aus Papier und Tonschlicker. Verwendet wird Illustriertenpapier, das mit Tonschlicker eingestrichen auf die Holzstangen aufgelegt wird.

Ungefähr zehn Schichten müssen aufeinandergeklebt werden, um dem Ganzen Stabilät zu geben und genügend Brennstoff zu haben. Oben wird eine Öffnung für den Rauchabzug freigelassen.

Zur Verstärkung dieser Öffnung werden weitere Papierschichten angebracht. Am Ende erhält der Ofen noch eine zusätzliche Schlickerhaut.

Die Papier-Lehm-Schichten werden aufgetragen

Der Papierofen brennt

Auf den Rost wird das Brenngut eingesetzt, das man in einem Aschebett während des Ofenbaus vorwärmt. Anschliessend kann die Ofenöffnung noch etwas geschlossen werden und der Brennvorgang beginnen.In den ersten Stunden wird der Ofen nur mit einem kleinen Feuer beheizt. Die Temperatur soll kontinuierlich steigen, das Feuer allmählich die Holzstangen erfassen und die Flammen bis oben durchschlagen.

Der Brand war nach fünf Stunden erfolgreich beendet. Die Tonobjekte kamen unversehrt aus dem Feuer, waren gut durchgebrannt und zeigten schöne Farbeffekte.

Der Bau eines Papierofens erfordert relativ viel Zeit und sorgfältiges Arbeiten beim Auftragen der Papierschichten . Die Faszination des Feuers und das unmittelbare Erleben der Verwandlung von Ton in gebrannte Keramik entschädigen dafür in jedem Fall.

Der Dillinger Backofen

Der offene Feldbrand

Die einfachste Art, Ton zu brennen

Lothar und Ulla Breinl

Keramik im Unterricht herzustellen und dann brennen zu lassen, ist für Schüler nichts Unbekanntes. Dabei findet der Keramikbrand selbst außerhalb der Unterrichtszeit in einem professionellen Töpferofen statt. Den Kindern wird das fertige Ergebnis präsentiert, ausgekühlt und in der Regel ohne Bruch. Das Phänomen, wie aus weichemTon ein harter, widerstandsfähiger Gegenstand entsteht, lernen sie dabei nicht kennen.

Eine flache Mulde mit Kieselsteinen

Zu zeigen, wie man mit Hilfe von Feuer und Hitze haltbare Keramik herstellt, war das Ziel unseres Projektes. Auf dem Schulgelände sollte Keramik auf die einfachste und älteste Art gebrannt werden, die uns bekannt ist, dem sogenannten

„Offenen Feldbrand". Diese Technik ermöglichte schon in der Steinzeit eine Keramikproduktion großen Umfanges und guter Qualität. In dieser Zeit kannte man noch keine Töpferöfen. Sämtliche Keramik wurde in offenen Feuerstellen, wohl in flachen Mulden, gebrannt.

In einer geeigneten Ecke des Schugeländes hoben die Kinder eine seichte Mulde mit etwa 1 m Durchmesser aus und drückten dann Kieselsteine in das feuchte Erdreich, um die Feuerstelle nach unten gut zu isolieren. Dieser Schritt war sehr wichtig, weil wir dadurch die Brenntemperatur deutlich erhöhen konnten.

Anwärmen und Brennen

Nun entzündeten wir ein kleines Feuer in der Brandgrube, um sie vorzuheizen. Gleichzeitig wurden dadurch unsere Tonwaren, die wir zunächst an den Rand der Grube stellten, nachgetrocknet. Das ist bei dieser Brenntechnik sehr wichtig, da hierbei die Hitzeeinwirkung auf die Gefäße unterschiedlich stark ist und jede Restfeuchte schnell zum Bruch der Keramik oder zum Abplatzen von Teilen der Oberfläche führen kann.So wurde die Keramik auf etwa 40 - 50 Grad erhitzt, bevor wir sie in die Grube gaben. Langsam begannen wir jetzt mit dem eigentlichen Brand, indem wir zunächst kleinere Hölzer in die Feuerstelle legten, um unsere Keramik nicht zu gefährden. Später nahmen wir immer größere Holzstücke. Mit großen Holscheiten erreichten wir nach einer zweistündigen Brenndauer etwa 800 Grad.

Wir hatten uns vorgenommen, keine roten Gefäße zu produzieren, sondern schwarze Keramik, wie sie aus der Steinzeit bekannt ist. Dazu mussten wir ein reduzierendes Milieu schaffen. Dies gelang, indem wir mit dem für die Mulde ausgehobenem Erdreich die Feuerstelle überdeckten und so die Sauerstoffzufuhr unterdrückten. Danach ließen wir die Feuerstelle etwa 24 Stunden auskühlen.

Ein reduzierendes Milieu führt zu Schwarzfärbung

Am nächsten Tag stellte sich beim vorsichtigen Öffnen der Töpfergrube heraus, dass die Keramik immer noch so heiß war, dass man sie nicht mit bloßen Händen herausnehmen konnte. Alle Gefäße waren tatsächlich schwarz gebrannt. Diese Färbung war nicht nur oberflächlich, sondern war auch in das Innere der Keramik eingedrungen, wie wir bei zerbrochenen Gefäßen feststellen konnten.

Die Autoren:

Lothar Breinl ist Grabungstechniker beim Bayerischen Landesamt für Denkmalpflege, Regensburg. Er beschäftigt sich seit Jahren mit experimenteller Archäologie und gibt sein Wissen an Schüler, Lehrer und in Museen weiter.
Ulla Breinl nutzt als Grundschullehrerin in Niederbayern die Möglichkeiten der experimentellen Archäologie im Unterricht und veranstaltet ebenfalls Fortbildungen.

Resumée

Die Möglichkeit, den gesamten Verlauf des Keramikbrandes mitzuverfolgen, schaffte bei den Schülern ein ganz neues Verhältnis zu dieser Technik. Es war eine neue Erfahrung, dass Unachtsamkeit im Umgang mit dem Feuer leicht zum Verlust der Keramik führen konnte und zu geringe Hitze die Keramik nicht haltbar werden ließ. Auch wurde ihnen klar, welche Menge an Energie nötig ist, um aus Ton Keramik entstehen zu lassen. Die Kinder lernten noch dazu ein Experiment kennen, das sie ohne große Probleme zuhause im Kachelofen oder in einem Lagerfeuer nachvollziehen können. .

Die fertig gebrannten Gefäße

Scherbengericht

Erfahrungen mit dem Feldbrand

Marlies Wöhl

Nachdem meine Schüler (siehe „Ton aus der Grube", S. 216) spielerisch elementare Materialerfahrungen mit Ton gemacht hatten, überlegten wir in der nächsten Stunde, was man aus Ton alles herstellen kann. Im Gespräch kamen die Schüler darauf, dass Ton seit jeher zur Herstellung von Baumaterialien, z.B. Ziegeln, Fliesen, von Gefäßen bzw. Geschirr und von Schmuck- und Zierobjekten verwendet wurde.

Ein Feuer im Freien

Als nächstes untersuchten wir verschiedene Tongefäße, gebrannte und ungebrannte. Wir testeten sie auf Durchlässigkeit und füllten Wasser hinein. Es war erstaunlich, wie schnell das nur luftgetrocknete Gefäß aufweichte und Wasser durchließ. Das gebrannte Gefäß aber war wasserfest. Nun stellte sich die Frage: Wo und wie können wir Tonsachen brennen? Für die Schüler war das kein Problem. Ihre einhellige Antwort lautete: In einem elektrischen Brennofen.

Mein Einwand, dass wir an der Schule keinen solchen Ofen hätten, und daß früher die Menschen keinen Strom und somit auch keinen elektrischen Brennofen hatten, brachte sie gleich auf die Idee, die Tonsachen im offenen Feuer zu brennen. Sie waren zwar skeptisch, aber nachdem ich ihnen Bilder aus Afrika gezeigt hatte, wo Feldbrand heute noch üblich ist, trauten sie der Sache eher.

Es brennt wunderbar, ...

aber das Ergebnis ist deprimierend

So machten wir uns daran, einfache Gefäße herzustellen. Die Schüler arbeiteten in verschiedenen, ihnen aus dem Werkunterricht bekannten Techniken. Die fertigen Tonsachen ließen wir zwei Wochen lufttrocknen.

Um einen Feldbrand durchzuführen, braucht man eine geeignete Stelle, wo es vor allem erlaubt ist, ein Feuer zu entzünden. Wir hatten das Glück, dass uns für dieses Vorhaben eine Keramikerin ihr Grundstück zur Verfügung stellte. Zuerst sammelten einige Schüler Brennmaterial und entfachten ein Feuer. Die Tonsachen legten wir dann an den äußersten Rand der Feuerstelle, um sie noch ein wenig vorzutrocknen.

Nachdem der erste Stoß heruntergebrannt war, legten wir vorsichtig die Gefäße in die Glut. Damit der Brand auf jeden Fall gelingt, tanzten wir ums Feuer und sangen dazu. Zum Schluss spuckten wir nach altem Töpferbrauch ins Feuer.

Dann schichteten wir einen ordentlichen Scheiterhaufen über den Tonsachen auf, und bald brannte es lichterloh. Voller Spannung blickten wir in die Flammen - und dann ging´s los. Es krachte, knackte und tobte aus dem Feuer heraus, Teile wurden herausgeschleudert - ein „Scherbengericht“ schien sich in der Urgewalt der Flammen anzubahnen. Entsetzt blickten die Kinder ins Feuer.

Sie mußten aber bis zum nächsten Tag warten, denn die Tonsachen, oder was davon übrig geblieben war, waren zu heiß, um sie aus der Asche zu holen. So war die Spannung groß, als wir tags darauf anfingen, die Gefäße in der Asche zu suchen. Aber wir fanden nur Scherben. Kein einziges Gefäß war ganz geblieben! Ratlos standen wir da.

Einer zweiter Versuch

Als sich die Enttäuschung etwas gelegt hatte, setzten wir uns zur Beratung zusammen. Die Keramikerin erklärte uns, woran es gelegen haben könnte, dass der erste Brennversuch schiefgegangen war. Wahrscheinlich waren die Tonsachen nicht gleichmäßig durchgetrocknet. Sie hatten nämlich verschieden dicke Teile, z.B. war der Boden meist viel dicker als die Seitenwände. Sie erklärte uns, dass sich am besten solche Gefäße für den Feldbrand eignen, die keine Nahtstellen haben, z. B. Daumenschälchen. So machte sie uns Mut, und wir starteten gleich zum zweiten Versuch.

Wir fertigten unter ihrer Anleitung Schälchen an und achteten besonders daruf, dass der Ton überall gleich dick war. Dann entzündeten die Kinder wiederum ein kleines Feuer. Darüber legten wir einen Gitterrost, um die Schälchen vortrocknen zu können. Damit der Ton gleichmäßig und von allen Seiten Hitze bekam, mussten die Gefäße immer wieder gedreht werden.

Nachdem sie lederhart waren, gingen wir daran, sie zu polie-

ren. Da die Kinder keinen Polierstein hatten, nahmen sie Kaffeelöffel zu Hilfe. Manche verzierten ihr Schälchen noch mit Mustern.

Jetzt konnte es wieder losgehen. Wir legten die Tonsachen erst an den Rand des Feuers. Nach ungefähr einer Stunde wagten wir es, sie in die Glut zu legen. Der Ablauf war wie beim ersten Brand. Natürlich durften der Tanz und das Spuken nicht fehlen. Dieses Mal sprachen wir auch noch Wünsche ins Feuer. Nachdem das Feuer heruntergebrannt war, deckten wir die Glut mit feuchtem Material (Schafsmist, Rasenschnitt, feuchte Tücher) ab. Durch diesen Räucherbrand erreicht man, daß die Gefäße stabiler und dichter werden. Zudem erzielten wir so eine intensive schwarze Tönung.

Diesmal gelingt der Brand, alles bleibt ganz und sieht aus wie steinzeitliche Töpferware

Anderntags hatten wir Grund zur Freude: unsere Beschwörung hatte geholfen! Bis auf ein Gefäß waren alle heil geblieben!

Feuermachen wie in der Steinzeit

Lothar und Ulla Breinl

Feuer selbst erzeugen zu können, faszinierte von jeher Erwachsene wie Kinder gleichermaßen. Mit welcher Ausdauer und Begeisterung versuchten wir als Kinder auf verschiedene Art und Weise, Feuer zu entfachen. Aus Büchern und Filmen wussten wir ungefähr, wie es gelingen könnte. Wir rieben Hölzer aneinander oder schlugen Steine gegeneinander. Mit viel Glück konnten wir kleine Funken auslösen, viel zu schwach, um unser Ziel erreichen zu können.

Feuermachen mit den Mitteln der Natur

Der große Wunsch, diese Technik zu beherrschen, schlummerte in manchen Kinderherzen jedoch weiter. Dies war bei Projekttagen in Schulen immer wieder festzustellen. Daher bot es sich an, das Thema „Feuermachen wie in der Steinzeit" mit Kindern gemeinsam zu erarbeiten.
Die Technik des „Feuerbohrens", bei der ein Hartholzstab in einem weicheren Holzstück gerieben wird, kennen die Kinder. Das ist aber in

der Praxis für sie nicht durchführbar, weil sie dem Körper größte Ausdauerleistung abverlangt. Hingegen ist die „Feuerschlagtechnik“ einfacher zu erlernen. Hier sind Experimentierfreude und Geschick gefragt.

1. Station: Feuerschlagen mit zwei Feuersteinen

Beinahe alle Kinder wollten die Funken mit zwei Feuersteinen schlagen. Also probierten wir es zunächst damit. Das Ergebnis war unbefriedigend, als hierbei die Funken nur am Stein blieben, nicht wegsprangen und zu kurzlebig waren. Die Menge der Funken konnte das nicht aufwiegen.

Feuerschlagen und die Glut anfachen

2. Station: Feuerschlagen mit Feuerstein und Pyrit

Schnell wurde den Kindern klar, dass man eine Kombination zweier Gesteinsarten ausprobieren sollte, dass also zum Feuerstein ein Stein mit anderen Eigenschaften gefunden werden müsse. Da es experimentell schwer zu erarbeiten wäre, den geeigneten Stein zu finden, war hier das Wissen des Archäologen nötig. Aufschluss lieferten Funde, Grabbeigaben, die den Weg zum Pyrit wiesen. Dieser Stein ist den Kindern durchaus bekannt unter Namen wie Narrengold oder Katzengold. Ein hoher Schwefelanteil bewirkt die Goldfärbung des Gesteins.

Beim Zusammenschlagen des Feuersteins mit der Pyritknolle war die Verblüffung bei den Schülern groß. Jetzt sprangen helle, langlebige Funken von den Steinen weg. Mit ihnen konnte man leicht entflammbares Material zum Glimmen bringen.

3. Station: Funke und Zunder

Glut und Zunder

Nun galt es, solche leicht entflammbaren Stoffe zu finden. Die Schüler boten Heu, Stroh oder Rinde als Möglichkeiten an, durchaus brauchbare Materialien, wie man aus Erfahrung weiß. Unbekannter, jedoch besser geeignet sind Rohrkolbenwolle, Distelwolle oder das Fruchtfleisch des Zunderschwammes, der an absterbenden Buchen wächst.

Auch der Gletschermann „Ötzi" trug zwei dieser Feuerschwämme bei sich. Mit einer Feuersteinklinge schabten die Schüler nun das harte Fruchtfleisch des Zunderschwammes ab, bis eine ausreichende Menge an Zunderwolle vorhanden war, eine leichte, flockige, sehr leicht entflammbare Substanz. Jetzt wurde es spannend. Nach nur wenigen Fehlversuchen gelang es fast allen Kindern, einen kräftigen Funken in die Zunderwolle zu schlagen, der diese zum Glimmen brachte. Niemand schaffte es aber, aus der Glut eine offene Flamme entstehen zu lassen. Dazu war ein weiterer Schritt nötig.

4. Station: Glut und Flamme

Zuerst einmal musste der Glutstock durch Zugabe von weiterem Zunder und durch behutsames Anblasen etwa auf die Größe eines Markstükkes gebracht werden. Dieser wurde nun mit einer Flussmuschelhälfte in eine Zunderfackel aus Heu und Stroh gegeben. Schnelles Bewegen bewirkte eine erhöhte Sauerstoffzufuhr, wodurch nach kurzer Zeit aus der Fackel offene Flammen schlugen.

5. Station: Erfolgserlebnis und seine Auswirkungen

Angespornt durch den sichtbaren Erfolg und die Einfachheit der Mittel wollte nun jeder der Schüler selbst ein solches „Feuerzeug“ besitzen. Damit stellten sich die Fragen nach
- den Fundplätzen der Steine
- der Art der Baumpilze
- der Qualität des Materials
- dem Wissen unserer Vorfahren über die Eigenschaften der Dinge in ihrer Umwelt und den dadurch vorhandenen Möglichkeiten zum Gebrauch.

Das Projekt hatte damit nicht nur sein Ziel erreicht, eine alte Technik weitergegeben zu haben, sondern darüber hinaus den Kindern unserer Zeit eine Welt eröffnet, die scheinbar so fern, aber doch so nah liegt. Der Reiz, auszuprobieren, was man mit so einfachen Materialien wie Steinen, Pflanzen und Tierresten machen kann, packte auch diejenigen, die ansonsten konsumorientiert und medienabhängig die Natur schon aus den Augen verloren zu haben scheinen.

Das trockene Gras fängt Feuer

Experimentelle Archäologie in der Schule kann auf diesem Weg ihren Beitrag leisten, eine aktive Form von Umweltbewußtsein zu vermitteln. Sie kann den Wert der Materialien, der Lebewesen und Pflanzen, die unsere Erde besitzt, in einem neuen Licht erscheinen lassen, genauso wie die Leistungen der Menschen, die vor uns gelebt haben.

Feuerwandertag

Gerhild Wortmann

Wenn es die örtlichen Gegebenheiten erlauben, sollte man an einem Wandertag durchaus auch einmal ein Lagerfeuer einplanen. Wenn dazu noch aufgespießte Würstchen im Teigmantel gebraten werden, sind die Kinder sicher „Feuer und Flamme“.

Ich unternahm im Sommer mit meiner dritten Klasse und mit Unterstützung einer tatkräftigen Lehramtsanwärterin einen Ausflug in die Münchner Isarauen. Das Kiesbett der Isar bietet viele völlig ungefährliche Möglichkeiten, ein kleines Feuer anzulegen, zumal Wasser zum Löschen ja reichlich vorhanden ist.

Schon auf dem Weg zur Feuerstelle sammelten die Kinder Holz, und sie belehrten die Unerfahrenen darüber, wie Brennholz beschaffen sein muss. Also wurden junges Holz und riesige Stämme ohne Murren wieder zurückgelegt. Beim Anlegen der Feuerstelle zeigte sich, wie unterschiedlich groß die Vorerfahrungen der Kinder auf diesem Gebiet sind, und so konnte ich mich weitgehend zurückhalten und die erfahrenen Schüler und Schülerinnen agieren lassen.

Anspitzen der Spieße
Unten: Der Brotteig

Während das Feuer entfacht wurde, konnten die umstehenden Kinder vielerlei ästhetische und sinnliche Eindrücke auf sich wirken lassen, ohne dass ich direkt darauf hinweisen mußte: Die Farben und die Leuchtkraft des Feuers und der Funken, das Flakkern und die wechselnde Größe der Flammen; die unterschiedliche Rauch- und Rußentwicklung, abhängig von der Trockenheit des Holzes; die Zustandsveränderung von Holz zu Holzkohle; das Knistern des verbrennenden Holzes; der Geruch des Feuers; die Wärme oder sogar die Hitze, die von der Feuerstelle ausströmt.

Eindrücke, die in späteren Unterrichtsvorhaben, z.B. bei der Besprechung des Gedichts „Das Feuer“ von James Krüss, aber auch bei der sachkundlichen Erarbeitung zum Thema „Verbrennung“, wieder aktiviert werden sollten.

Beim Schnitzen unserer Spieße für die Würstchen achtete ich auf die vorher besprochenen Verhaltensregeln: Alle Kinder suchen sich einen sicheren Platz, das Messer wird immer vom Körper weg bewegt! Wir benötigten nur ein Pflaster.

Den Teig, einen einfachen Brotteig, hatten wir schon zu Hause vorbereitet. Jetzt konnten die Kinder ihre Würstchen einwickeln und auf den Spieß stecken. Auch beim Braten zeigte sich, wer schon Erfahrungen mit Feuer gemacht hat: Soll ich den Spieß direkt ins Feuer oder über die Glut halten? Ist mein Spieß lang genug, so daß es mir nicht zu heiß wird? Wohin stelle ich mich am besten? Was mache ich, wenn der Wind dreht? Wie gehe ich mit Rauch um?

Solche und ähnliche Fragen werden sich viele Kinder beim nächsten Mal stellen, damit sie keine unangenehmen Erfahrungen machen müssen. Das ge-

meinsame Essen und Genießen ließ jedoch schnell alle Unbill vergessen und rundete unseren Wandertag zu einem gelungenen Ereignis im Schulleben ab.

Die gemeinsame Erlebnisgrundlage wirkte über den Wandertag hinaus: Nicht nur, dass einige Kinder mit deutlich sichtbaren Rußspuren im Gesicht und an den Händen in der U-Bahn Aufsehen erregten, andere Kinder sammelten die verkohlten Holzstücke in ihren Hosentaschen und erfreuten damit auch noch die zuhause Gebliebenen oder bemalten unterwegs die Pflastersteine.

Über das Feuer halten, in der Hitze braten und genießen

Schmelzwerkstatt

Experimente mit Hitze

Silvia Reitz

Geschmolzenes Glas in einem Tonteller

„Was stinkt denn hier so?" „Irgend etwas scheint angebrannt zu sein!" „Macht schnell die Fenster auf! Ihr wollt uns wohl vergiften!" Das ganze Schulhaus rümpfte die Nase!

Vergiften aber wollte die Klasse 4b niemanden, sondern eher herausfinden, warum man bestimmte Stoffe nicht verbrennen darf. Und dazu musste sie erst einmal möglichst viel verbrennen bzw. schmelzen. Ausgangspunkt unserer Arbeit war ein Thema aus dem Sachkundeunterricht: „Müll", rund drei Wochen drehte sich alles nur um diese vier Buchstaben.

Da konnte es nicht ausbleiben, dass auch die Kunststunden „vermüllt" wurden. Ästhetische Erziehung und Müll! Die Verbindung der beiden Begriffe fiel mir nicht schwer, wie aber sollte ich den Zusammenhang meinen Schülern verdeutlichen?

Die Wiederverwertung von Müll als Schachtelpuppen, Dosenroboter, Jogurtdrachen und Papprröhrenschlangen wollte ich den Handarbeitslehrerinnen überlassen. Mir schwebte etwas „Ursprünglicheres" vor. Zunächst wurde der Müll nur sortiert, und hier kamen wir endlich zu einer neuen Idee! Verschiedene Stoffe werden wiederverwertet, indem sie eingeschmolzen und neu gegossen werden.

Das war einen Versuch wert! Als erstes nahmen wir uns das Schmelzen von Glas vor. Wir besorgten uns Altglas und zerschlugen es in viele Scherben. Am besten geht dies in einem eingewickelten Handtuch. Dann sortierten wir unsere Scherben nach

der Größe und vor allem nach den verschiedenen Farben.
Als Schmelzofen wählten wir unseren Töpferofen, aber worin konnten wir unser Glas schmelzen? Die enorme Hitze von 1000 Grad würde auch die anderen Stoffe zum Schmelzen bringen. Die Handarbeitslehrerin hatte dann den richtigen Einfall: „Legt doch eure Scherben in ein Tonschälchen. Das flüssige Glas kann nicht auslaufen, und der Ton hält diesen hohen Temperaturen stand.“ Gesagt, getan! Jedes Kind formte sich eine Tonschale mit einem ca. 1 cm hohen Rand.
Dann legte es seine Glasscherben auf dem Boden aus. Die etwas größeren Scherben klebten wir zu kleinen Objekten zusammen und legten sie auf die Schamottplatten. Vorsorglich hatten wir diese besonders dick mit Trennmittel eingestrichen. Der Ofen wurde eingeschaltet.

Experimente mit dem Schmelzen

1000 Grad Hitze ist für die Kinder unvorstellbar heiß. Wir hatten zunächst versucht, das Glas über einer Kerzenflamme zu schmelzen, natürlich ohne Erfolg, obwohl auch diese Wärme an unseren Fingern ganz schön weh tat. Dann stellten wir eine Blechdose mit Glasstückchen in ein offenes Feuer. Und obwohl diese Wärme schon viel heißer war als die Kerzenflamme, reichte es immer noch nicht aus, um das Glas zum Schmelzen zu bringen.

Jetzt setzten wir unsere ganze Hoffnung auf den Brennofen. Am nächsten Schultag war es dann soweit, der Ofen wurde geöffnet, und unsere Arbeiten wurden begutachtet. Es war gelungen. Das Glas war sowohl in den Schälchen als auch auf der

Die Wirkungen von Hitze

Schamottplatte geschmolzen. Jetzt war es natürlich leicht, den Weg vom Altglas zum neuen Glas nachzuvollziehen.

Nachdem dieses Experiment so gut gelungen war, gingen wir zum nächsten wiederverwertbaren Stoff über. Diesmal wählten wir Kunststoff aus. Mir war sehr wohl bewußt, daß diese Versuche gesundheitsschädlich sein können, wenn man nicht für gute Entlüftung sorgt. Ich wollte aber damit den Kindern die Problematik der Müllverbrennung vor Augen führen.

Der gelbe Sack wurde ausgeleert, der Plastikmüll aussortiert. Dann erhielt jedes Kind ein Teelicht und einen alten Eßlöffel. Kleine Stückchen wurden ausgeschnitten und vorsichtig im Teelöffel über die Flamme gehalten. Anders als beim Glas gelang dieser Versuch schon mit relativ geringer Hitze. Leider hatten wir in sehr kurzer Zeit einen fürchterlichen Gestank im Klassenzimmer! Was so stechend roch, konnte nicht gesund sein. Das war allen klar geworden. Die verschmorten Teile klebten wir zunächst auf Plakatkarton. Diese Schmelzversuche hatten jedoch die Lust nach weiteren Experimenten geweckt.

Rasch wurden die Löffel ausgetauscht und die Versuche mit Kerzenwachs, Schokolade, Zucker, Kaugummi und ähnlichem fortgesetzt. „Habt ihr schon einmal einen lebendigen Kaugummi gesehen?“ „Hilfe, mein Zucker brennt!“ Stefan hatte schon von zu Hause Erfahrung im Kochen und wußte, wie man Karamelbonbons herstellt. Auch dies war mit der Kerzenflamme möglich.

Jeder versuchte, noch bessere, noch ausgefallenere Mixturen zu finden. Was nicht gegessen wurde, schmierten wir auf Papierbögen. „Müllverbrennung im Klassenzimmer", vermerkte ich anschließend in meinem Wochenplan.

Erhitzte Wachsmalstifte

Nachdem diese Experimente so gut aufgenommen wurden, griff ich das Thema Schmelzen noch einmal in den nächsten Kunststunden auf. Ich ließ die Kinder Wachsreste schmelzen und in Wasserbecher und auf Zeichenpapier tropfen. Zunächst waren die Schüler begeistert von den Klecksbildern und -figuren. Die Motivation ließ jedoch rasch nach. Unser Kerzenwachs ergab in der Hauptsache weiße bzw. nur leicht getönte Tropfen. Die Kinder wünschten sich größere Farbigkeit.

Julia erinnerte sich an eine Bastelarbeit aus dem Kindergarten. Damals hatten sie Wachsmalstifte angespitzt und die Krümel zwischen Papierbögen mit einem Bügeleisen geschmolzen. Sofort packten alle die Farbstifte aus. Die Kerzenflamme ließ die bunten Wachskrümel rasch zerlaufen. Die klebrige Masse floß nur etwas schwer aus dem heißen Löffel. Deshalb hielten die meisten Schüler ihre Stifte gleich in die offene Flamme und malten mit der angeschmolzenen Spitze auf das Zeichenpapier. Die Ergebnisse gefielen uns allen.

Noch ein Hinweis zu dieser Technik: Sehr viele Wachsmalstifte haben einen hohen Kunststoffanteil. Beim Anzünden bzw. Schmelzen entsteht dadurch übelriechender Qualm. Deswegen sollte man entweder echte Wachsmalstifte verwenden oder man muß beim Arbeiten unbedingt die Fenster öffnen!

Der schiefe Ofen für Pizza

Silvia Reitz

Sockel aus Lochziegeln

„Lecker!Spitze!" Die Kinder überschlugen sich mit ihren Lobeshymnen auf die erste selbstgebackene Pizza aus unserem neuen Backofen. Aber natürlich war dies auch keine gewöhnliche Pizza und unser Backofen war auch nicht dieses elektrische Gerät, das man normalerweise darunter versteht. Heute gab es zum ersten Mal Pizza aus dem selbstgebauten Lehmbackofen!

Viel Zeit war vergangen, bis aus einer Idee Wirklichkeit geworden war. Ein Besuch im heimatkundlichen Bauernhofmuseum Neussath hatte in uns den Plan reifen lassen: Wir bauen einen Lehmbackofen auf dem Pausenhof! Die frischgebackene Pausensemmel direkt aus dem Ofen, vor den Ferien noch rasch eine Pizza, Brattäpfel im Winter ...

Nachdem wir die Genehmigung unseres Schulleiters erhalten hatten, gingen wir an die konkrete Planung. Der Backofen sollte einen Sockel aus Ziegelsteinen bekommen, darüber als Backröhre eine Kuppel. Als Baumaterial wählten wir Weidenruten und ein Lehm-Stroh-Gemisch.

Unser Bauplan sah folgendermaßen aus: Neun große Lochziegel wurden im Quadrat auf ein Kiesbett gelegt. Der Kies sollte den waagrechten Stand unseres Ofens garantieren. Das ist aber, wie die Praxis gezeigt hat, nicht unbedingt notwendig. Anschließend legten wir noch den Innenraum mit Lochziegeln aus. In die Löcher der obersten Randreihe steckten wir nun bogenförmig dieWeidenruten, so dass wir das Skelett einer Kuppel bekamen. In die Zwischenräume wurden weitere Weidenzweige geflochten, ähnlich wie beim Weben eines Stoffes. Der „Dachstuhl“ war damit fertig.

Nun kam eine anstrengende Arbeit. Der Lehmbrei musste angerührt werden. Wir verwendeten dazu kleingehäckseltes Stroh und mageren, mit etwas Sand gemischten Lehm aus einer Baugrube. Mit Wasser vermengt und durch tüchtiges Stampfen mit den bloßen Füßen erhielten wir schließlich eine geschmeidige Mörtelmasse. Dieser Brei wurde nun auf unseren Dachstuhl geschmiert und die Lücken sauber ausgefugt. Spätestens hier zeigt sich, ob der Rohbau, das Gerüst haltbar genug ist!

Ein wenig schief ist er ja

Unsere Kuppel gab nämlich unter der Last des Lehms nach und ähnelte schließlich eher dem Olympiadach in München! Beim nächsten Ofen müssen wir unbedingt mehr Zeit und Ausdauer auf das stabile Verflechten des Unterbaus verwenden. Ungefähr in der Mitte des Daches ließen wir eine ca. 15cm breite Öffnung für das Kaminloch. Als Maß nahmen wir hierzu einen Blumen-

topf. Damit der Ofen auch befeuert werden konnte, blieb an der Vorderseite eine ca. 50 cm x 50 cm breite Öffnung frei.
Nach rund 6 Stunden reiner Arbeitszeit hatten wir es geschafft! Der Ofen war fertig. Die Spannung stieg. Würde er auch gut brennen? Zunächst entzündeten wir vorsichtig ein kleines Feuerchen. Es brannte! Mutig geworden legten wir noch Holz nach. Auch jetzt keine Probleme. Der Ofen hatte trotz seines gewagten Daches genügend Zug.

Zwei Tage später heizten die Kinder ihren Backofen zum ersten Mal richtig an. Dickes Kaminholz füllte seinen Innenraum. Nach zwei Stunden Feuern war die Hitze ausreichend hoch für das Gelingen der vorbereiteten Pizzen. Die Holzkohle wurde ausgeräumt, die Bodenplatte mit einem Reisigbesen saubergekehrt und die ersten Pizzen eingeschoben. Fünfzig kuchentellergroße Fladen konnten wir nacheinander mit einer Befeuerung backen!

Die Pizzen duften und schmecken ausgezeichnet

Hier noch einige Tips:
Sinnvoll ist eine arbeitsteilige Gruppenarbeit: Bau des Ziegelsockels, Beschaffen von stabilen Weidenruten ohne Laub, Schneiden des Strohs, Mischen und Stampfen des Lehmbreis.
Unbedingt auf ein stabiles Weidengeflecht achten!
Das erste Feuer langsam entzünden und nicht zu groß werden lassen.Es soll zum vorsichtigen Antrocknen dienen.
Genügend Holz herrichten.
Während des Backens die Türöffnung mit einer Steinplatte und die Kaminöffnung mit einem Blumentopf verschließen.
Da der Ton durch die Hitze reißt, entstehen Risse an der Außenwand. Diese können jederzeit wieder mit neuem Tonbrei überstrichen werden.

Feuerstuhl

Werner Claßen

Andy Goldsworthys fantastische Arrangements kannten wir schon. Mit einer anderen Klasse (siehe folgenden Artikel) hatte ich bereits seine Anregungen aufgenommen. Etwas Ähnliches wollte ich auch im Sommer mit meiner dritten Klasse erproben. Im Rahmen einer Projektarbeit ging ich im Deutschunterricht auf die Wortbildung durch zusammengesetzte Wörter und auf Wortfamilien ein.

Zur Wortfamilie „Feuer" sammelten die Schüler eine Vielzahl von Wörtern und ordneten sie nach Wortarten. Dabei legte ich Wert darauf, auch ungewöhnliche Wortzusammensetzungen zu suchen. „Feuerrad" oder „Feuerteufel" wurden im Satzzusammenhang erläutert. Den Begriff „Feuerstuhl" nannten die Schüler nicht. Er sollte in der darauffolgenden Kunststunde die Hauptrolle spielen.

Nur Mohnblütenblätter und Wasser

Die Schüler erhielten den Auftrag, möglichst viele Mohnblütenblätter zu sammeln und mitzubringen. Einige kamen nur mit einem Mohnblütenstrauß, andere hatte gar keine gefunden. Die von mir gesammelten Mohnblüten und die der Schüler stellte ich in Schüsseln vor die Schüler, die im Sitzkreis versammelt waren. Daneben stellte ich einen gewöhnlichen weißen Gartenstuhl aus Plastik. Zuerst sagte ich nichts und ließ die Schüler über ihre Vermutungen diskutieren. Schließlich brachte ich ein Poster mit einem Super-Motorrad in die Gesprächsrunde. Was hatte dieses Motorrad mit unserer Situation zu tun? Ich ließ Begriffe sammeln, die das Motorrad charakterisieren. Unter anderem fiel auch der Begriff „Feuerstuhl".

Wir hatten also einen ganz normalen Stuhl, und wir wollten einen „Feuerstuhl" daraus machen! Aber wie? Nun stellte ich mehrere Eimer mit Wasser in die Runde. Und tatsächlich, die Blütenblätter klebten nur mit Wasser am Stuhl fest. Wir konnten mit den Mohnblüten den Gartenstuhl „feurigrot" färben. Die Blätter durften nicht bloß in Wasser getaucht und auf den Stuhl „geklatscht" werden („Klatschmohn"?), sondern mußten zuvor glattgestrichen und behutsam mit dem Finger festgedrückt werden.

Vom Gartenstuhl zum "Feuerstuhl"

Der „Feuerstuhl" nahm allmählich Gestalt an. Einige Bälle waren auch schon beklebt und die Blütenblätter hafteten bestens. Stuhl, Bälle und die Wannen mit den restlichen Blütenblättern arrangierten wir dann abschließend auf dem Pausehof wie einen Königsthron.

Fallen die Blätter doch nach einiger Zeit ab? Ich beschloß, den Stuhl im Klassenzimmer zu behalten. Die Mohnblüten verloren zwar ihre Leuchtkraft, wechselten allmählich ins Violett, wurden dunkler, die Ränder der Blüten trockneten aus und fielen ab. Die meisten Blütenblätter kleben aber auch heute noch auf dem Stuhl, der immer noch im Klassenzimmer steht.

Mit Wasser kleben

Werner Claßen

Wer hat sich nicht schon dabei ertappt, wie er im Herbst lustvoll im Laub stapfte, die Blätter mit den Füßen hochwirbelte und dabei die klare Herbstluft genoß?
Wie auch Künstler sich von der Farbenpracht herbstlicher Blätter begeistern lassen und phantasievolle, ideenreiche Bildwerke schaffen, zeigen eindrucksvoll die beiden Fotobildbände von Andy Goldsworthy, die der folgenden Unterrichtseinheit zugrunde liegen.

Schon frühzeitig zu Herbstbeginn gab ich den Schülern den Langzeitauftrag, Herbstblätter zu sammeln und sie nach Baumart und nach den unterschiedlichen Farben zu ordnen. Gelbe, rote, orange, aber auch noch grüne Blätter sollten sie getrennt sammeln und sich einen möglichst großen Vorrat davon anlegen. Um die Neugier noch mehr anzustacheln, teilte ich ihnen mit, dass wir in der Schule dann einfach nur noch „Wasser“ bräuchten - mehr nicht!

Als sich eine Menge von Tüten mit den gesammelten Blättern im Klassenzimmer häuften und das Wetter eine Aktion im Freien zuließ, stellte ich vor dem Unterricht das weitere Material im Schulhof zur Verfügung: mehrere Eimer, noch leer, da später warmes Wasser eingefüllt werden sollte. Ein Wäschekorb mit vielen Gymnastikbällen erregte zuerst Neugier und fragende Blicke.

Da einige Schüler leider doch zuwenig Blätter gesammelt hatten, mussten sie sich ihr Material im Schulgelände suchen, wobei auch Zweige und Beeren miteinbezogen werden konnten.

Gegenständliche Formen
Bekleben von Türen

Nachdem sich die Schüler in Kleingruppen zusammengeschlossen hatten, teilte ich ihnen kurz mit, dass sie in der ersten Viertelstunde völlig frei und spielerisch mit den gesammelten Blättern, Beeren, Zweigen etc. umgehen könnten. Anfänglich legten die Schüler meist recht gegenständliche Formen auf dem Pausehof, manche bildeten erste Muster.

Noch etwas ratlos standen sie vor den Gymnastikbällen. Erst als ich das Wasser ins Spiel brachte, entdeckten sie nach kurzer Zeit, daß die Blätter, in das Wasser getaucht, besser auf dem jeweiligen Untergrund hafteten. So suchten sich die Kinder bald andere, schwierigere Aufgabenstellungen. Je zwei Schüler begannen die Haustüre und einen Pfosten mit Ahornblättern zu bekleben, natürlich nur mit Wasser!

Die Schüler betrachteten die Bilder der jeweiligen anderen Gruppen und tauschten ihre Meinungen aus. Erst jetzt stellte ich ihnen zwei Bilder von Andy Goldsworthy vor. Er hatte einen Stein mit roten Ahornblättern beklebt, nur mit Wasser. Steine hatten wir nicht, aber Gymnastikbälle!

Als der erste Ball zur Hälfte mit Blättern beklebt war und die Schüler sahen, dass die kleinen Buchenblätter oder die Blätter der Birke auf den Bällen tatsächlich klebten, setzte eine regelrechte Euphorie ein. Jeder wollte einen Ball mit Blättern bekleben.

In der Pause waren wir umringt von neugierigen Besuchern. Nur die Kälte machte uns einen Strich durch die Rechnung. Das Wasser war natürlich bald abgekühlt und wir froren so an den Händen, dass wir nicht alle Seiten der Bälle beklebten. Nur an einer „fotogenen“ Seite hafteten die

Farbenprächtige Blüten und Blätter

Blätter, die andere Seite blieb frei. Am Schluß waren alle sich einig: Andy Goldsworthy würde staunen, wenn er unsere Werke sehen könnte.

Seine beiden Bücher blieben übrigens im Klassenzimmer nie lange liegen. Ständig blätterte ein Schüler darin, vor dem Unterricht und in jeder freien Minute.

Eistropfen aus Glas

Michael Gerner

Arbeit mit dem Glasschneider

Als Kind begeisterte auch mich die Vorstellung vom Leben der Steinzeitmenschen. Wie lebten sie wohl in ihren Hütten oder Höhlen? War es da sehr warm oder besonders kalt? Nicht vorstellen konnte ich mir, dass diese Menschen in ihren Behausungen keine Fenster haben sollten, wie die Erwachsenen uns Kindern erzählten. In meiner Phantasie war es ganz einfach: als Fensterscheiben hatten die Steinzeitmenschen Eisplatten von gefrorenen Pfützen genommen. Die ähneln in meinen Augen auch heute noch den trüben Gläsem der ersten Glasproduzenten. Wasser, Eis, Glas. Eine für mich logische Assoziationskette.

Läßt sich aus Glas nicht ein Tropfen herstellen, der dem Eis gleicht?
In Zusammenarbeit mit dem Glasdesigner Harry Zengeler aus Obermühlhausen bei Diessen/Ammersee machte ich Grundschulkinder mit der Arbeit mit Glas bekannt .

Die Schüler lernten sehr schnell, mit dem Glasschneider das spröde Material zu bearbeiten. Eine Fliesenteilzange half beim Brechen des Glases entlang der Schnittlinie. Die geschickteren Schüler konnten bald auch kleine Glasteile nach Vorzeichnung (mit einem Folienstift) zuschneiden. Nach den Schneideübungen erhielt jeder Schüler ein Stück klaren Glases als Grundplatte.

Diese Scheibe hatte einen Durchmesser von ungefähr sieben Zentimetern und war in einer Tropfenform gehalten. Die Schüler, die es sich zutrauten, konnten sich diese Grundplatte auch selbst zuschneiden. Hilfen gab ich dabei beim Schneiden der Rundung. Aus farbigen Glasteilchen, hier waren vor allem blaue Töne dominierend, und klaren Gläsern in Kombination bildeten die Schüler wie bei einem Mosaik auf ihrer Grundplatte mit einem wasserunlöslichen Alleskleber eine zweite Glasschicht durch Aufkleben. Dabei hatten die Schüler darauf zu achten, daß die Glasteilchen möglichst eng beieinanderlagen.

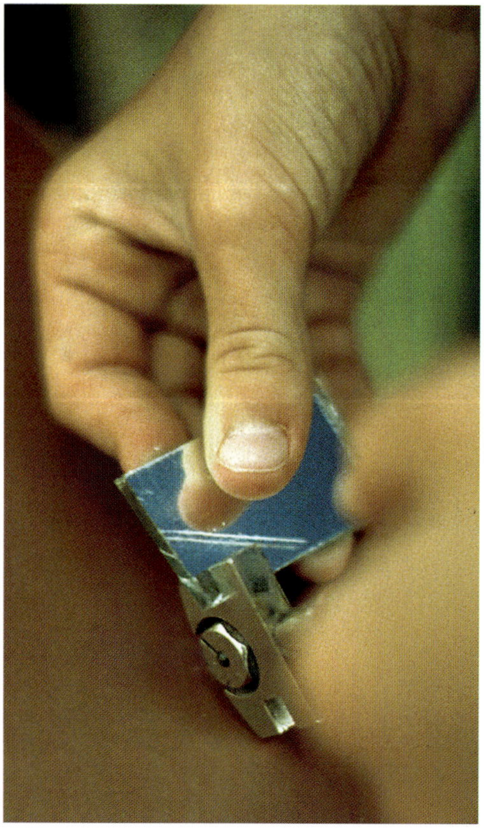

Brechen des Glases

Das so entstandene Objekt wurde im Schmelz- oder Fusingverfahren (Glasspezialisten fragen!) bei 750-850 Grad zu einem Glastropfen verschmolzen. Die scharfen Kanten an den Bruchstellen verschwinden dabei und es entsteht eine organische Rundung, die einzelnen Teilchen bilden eine Einheit, einen Tropfen in Wasserfarben.

Bei der Auswahl des Glases ist zu beachten, daß die Schmelztemperatur der verschiedenen Gläser gleich hoch ist, das Glas muß „bullseye tested compatible“ oder „fused to stick full fusing“ sein, wie der Fachmann sagt. Der Brennofen sollte mit einem exakten Thermostat ausgestattet sein, sonst werden bei zu schneller Aufheizung die Atome auseinandergerissen und das Glas platzt. Am besten erkundigt man sich bei einem „Glasfachmann“!

Damit das Glas nicht auf dem Ofenboden anschmilzt, muß eine dünne Schicht Kaolin auf die Rückseite der Grundplatte aufgestrichen werden. Dieses Trennmittel läßt sich nach dem Schmelzvorgang mit Wasser leicht abwaschen. Bei allem Spaß, den die Kinder bei dem Experimentieren mit Glas entwickelten, es gab keine ernsthafte Verletzung.

Glas als Stoff, der im Aussehen dem gefrorenem Wasser sehr nahe kommt, hat für Kinder einen hohen Anmutungswert. Ob die Schüler unserer Zeit sich aber auch vorstellen, dass eine Eisplatte bei den Steinzeitmenschen die Glasscheibe ersetzt hat, weiß ich allerdings nicht.

Gläserne Eistropfen

Eiszeit im Klassenzimmer

Silvia Reitz

Eisspuren auf Transparentpapier

Spiele mit Wasser sind auf Kinderfesten immer sehr beliebt. Wasser stellt gleichzeitig auch ein zentrales Thema des Heimat- und Sachkundeunterrichts der 3. und 4. Jahrgangsstufe dar. Die verschiedenen Zustandsformen und der Regenkreislauf bilden dabei die Hauptthemen.

Auch in meiner vierten Klasse sind die Kinder vom nassen Element begeistert. Parallel zu den Sachkundethemen fanden wir eine Vielfalt von Möglichkeiten, auch künstlerisch tätig zu werden. Zunächst hatte es uns das Verdampfen angetan. Jedes Kind bekam eine Wärmequelle, ein Wasserglas und eine kleine Glasscheibe. Der Versuch gelang, und die Wasserteilchen setzten sich an unserer Glasoberfläche ab. Natürlich wurde sofort alles abgewischt und wieder von neuem angefangen.

Zum Malen war die Scheibe allerdings zu klein. Doch sehr rasch gingen wir zu unseren großen Fensterscheiben über. Und jetzt machte die Sache noch mehr Spaß. Die Kinder hauchten ununterbrochen ihre Malflächen an die kalte Scheibe, um dann nach Herzenslust Spuren zu ziehen.

„Daheim darf ich nie ans Fenster malen. Da werden die Scheiben verschmiert, sagt meine Mutter." Uns war dieser Einwand allerdings im Moment vollkommen gleichgültig.

Am nächsten Tag gingen wir zu einer anderen Zustandsform des Wassers über, dem Eis. Die ganze Zeit über herrschten bei uns noch eisige Temperaturen, und von der Regenrinne der Turnhalle hingen immer noch schöne, lange Eiszapfen herunter. Auch unser Teich im Schulhof war mit einer dicken Eisschicht überzogen. Wir holten uns viele Eisstücke ins Klassenzimmer und untersuchten sie genauestens.

„Das Eis schmeckt schön kalt." „Es glitzert, wenn ich es in die Sonne halte." „Auf meinem Tisch ist alles schon naß!" Alle waren begeistert. „Versucht einmal, mit den Eiszapfen zu malen!" forderte ich die Kinder auf. Das Eis hinterließ zwar Wasserspuren, diese trockneten jedoch zu fast unsichtbaren Rückständen. Benjamin hatte dann die Idee! Er wollte versuchen, mit gefärbtem Eis zu malen.

Aquarell mit gefärbten Eiswürfeln

Wir füllten also Eiswürfelbehälter mit gefärbtem Wasser und stellten sie über Nacht in den Pausehof. Am anderen Morgen herrschten im Klassenzimmer wieder „eisige Zeiten". Manche Kinder versuchten, mit ihren Eiswürfeln themengebundene Bilder zu malen, andere wiederum ließen einfach die schmelzenden Würfel über die weiße Fläche gleiten. Beide Techniken erwiesen sich als sehr interessant.

Hinzu kam, daß jedes Kind darauf angewiesen war, rasch zu arbeiten, da sich sein „Malwerkzeug" schnell auflöste. Alle Bilder entstanden so aus einem spontanen Erleben heraus.

Schulhaus unter Wasser

Michael Gerner

Der Titel klingt nach einer mittleren Katastrophe. Für Schüler würde ein Schulhaus unter Wasser allerdings „schulfrei" bedeuten, Lehrer und Stadtverwaltung müßten sich den Kopf über mögliche Instandsetzungen zerbrechen. Dabei soll „Schulhaus unter Wasser" hier bedeuten, dass das mehr oder weniger attraktiv gestaltete Schulgebäude unter dem Aspekt Wasser versteckt oder eingehüllt wird.

Dazu bringen die Schüler alte Bettleintücher mit. Diese werden mit Wachskreide in 16 gleichgroße Felder geteilt. Die Aufgabe für die Schüler besteht nun darin, diese Felder mit Farbvariationen zum Thema Wasser, also zur Farbe Blau zu füllen.

Jeder Schüler mischt Dispersionsfarben so, dass 16 verschiene Blautöne entstehen.

Zum Anrühren oder Vermischen eignen sich Pressspanplatten als Paletten. Mit Malerpinseln tragen die Schüler die Farben auf. Dabei stellen sie experimentell fest, dass die Farben nuancenreich untereinander mischbar sind. Auch Helligkeitswerte lassen sich herausarbeiten. Ein anderer Aspekt ist die Dickflüssigkeit der Farbe. Interessante Oberflächenstrukturen enstehen, wenn die Schüler mit relativ dünner Farbe auf verschiedenen Untergründen arbeiten: Gras, Pflaster, Kieselsteine, Teerflächen. Empfehlenswert ist die Arbeit im Freien.

Beim Bemalen der Betttücher bildet sich die Grasstruktur ab

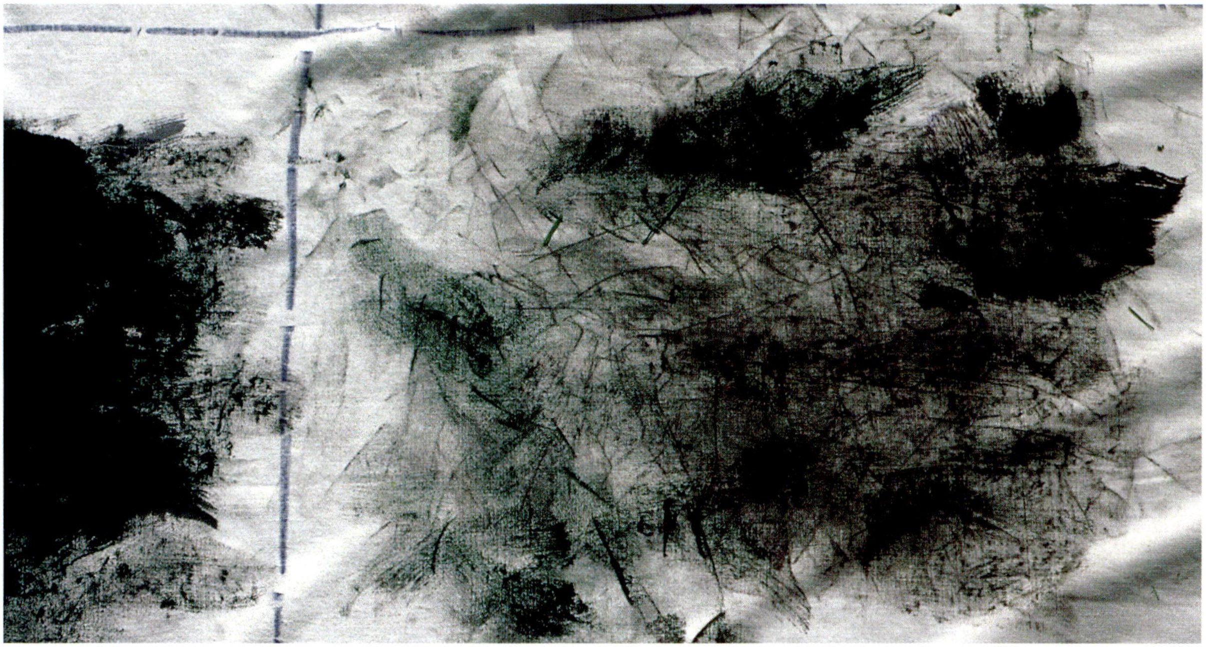

Die Schulhausfassade mit den Wassertüchern

Die entstandenen Farbflächentücher können mit einfachen, stabilen Schnüren an zwei Ecken beispielsweise unterhalb von Klassenzimmerfenstern durch Anbinden oder Einklemmen befestigt werden. Läßt man die Schüler zudem die ca. fünf Zentimeter breiten Papierstreifen von Kassenzettelrollen mit blauer Farbe bemalen, so ergeben die mehrere Meter langen Streifen als Bündel aufgehängt den Eindruck eines Wasserfalls.

Ein Wasserfall im Schulhaus

Projekt Schulhausgestaltung

Angelika Kothmann-Loos

Zu den klassischen Aufgaben des Kunstunterrichtes gehört die Gestaltung des Schulhauses mit Schülerarbeiten. In der Regel werden Zeichnungen und Malereien aufgehängt, vielleicht wird auch einmal eine Plastik ausgestellt. Damit können aber in vielen Schulen die architektonischen Schwächen des Gebäudes nicht annähernd aufgefangen werden. Ein solcher „neuralgischer Punkt" ist an meiner Schule das Treppenhaus in seiner ganzen lieblosen Nüchternheit.

Mit dem Projekt „Treppenhausgestaltung" setzte ich mir mit meiner klassenübergreifenden Arbeitsgruppe Kunst das Ziel, gemeinsam mit den Schülern eine gestalterische Lösung für diese konkrete Raumsituation zu entwickeln.

Zuerst betrachteten wir das Teppenhaus eingehend und stellten fest, dass außer einigen Topfpflanzen reichlich wenig Gestaltung zu finden war: Keine Bilder, keine Plastiken, die schwebende Zementtreppe, eine einfallslose Holzwand und zwei lange, grün gestrichene Heizungselemente. Die einhellige Meinung der Kinder war: „Hässlich !"

Mein Vorschlag, dieses Treppenhaus umzugestalten, wurde mit großem Jubel aufgenommen und die Ideen purzelten gleich „die Treppe hinunter". In einem ersten, sehr lebhaften Brainstorming wurden Möglichkeiten entwickelt und auch gleich durch ein Sieb der Durchführbarkeit geschüttelt. Ohne viel Lenkung von meiner Seite, war den Kindern klar, dass bei der Gestaltung Sachzwängen entsprochen werden mußsste: Die Treppe muss gut begehbar bleiben, die Türen müssen sich öffnen und schließen lassen, die Pflanzen brauchen weiterhin genügend Licht. Die Heizung kann nicht verbaut werden und die Gestaltung darf die allgemeine Sicherheit nicht beeinträchtigen.

So sah unser Wasserfall am Ende aus

Eigentlich blieb nur der „Platz in der Luft", stellten die Kinder fest. Von den Vorschlägen Kletterturm, Hochhaus, Flugzeug und Tierpark nahmen die Kinder schnell Abstand. Etwas sollte „herunterfallen", und die Idee des Wasserfalles war geboren.

Jetzt sahen die Schüler erste Schwierigkeiten. Ihre Erfahrungen im Kunstunterricht beschränkten sich auf das Malen im Din-A4 oder A3-Format und die Höhe des Treppenhauses erschreckte die Kinder. Wie sollten sie denn mit den Blättern aus ihrem Zeichenblock diese Größe bewältigen?

Schließlich kamen wir auf die Idee, mit Additionsrollen als Trägermaterial zu arbeiten. Die unbemalten Bänder wurden aufgerollt und probeweise im Treppenhaus aufgehängt. Die Kinder standen nun vor einem weißen Wasserfall. Aber die Gruppe war sich einig: weißes Wasser sieht langweilig aus.

Diese Papierbänder müssen bemalt werden. Zwei Unterrichtsstunden waren mit Vorschlägen, Diskussionen und Raumerfahrungen vergangen. Das Ziel für die Folgestunden war festgelegt: Wir bemalen die Bänder! Um gut vorbereitet zu sein, sollten Abbildungen gesammelt werden, auf denen Wasserfälle zu sehen sind.

Beim nächsten Treffen sichteten wir das gesammelte Material. Die Kinder hatten Postkarten, Kalenderblätter und Zeitungsausschnitte mitgebracht. Das abgebildete Wasser war nicht einheitlich blau, viele Blau-, Grün- und Grautöne ergänzten sich zu Bewegung. Sonne spiegelte sich und reflektierte in Gelb- und Rottönen. Unsere Aufgabe war es nun, auf die 4 bis 5 Meter langen Bänder Wasser und Lichtreflexe zu „zaubern".

Farbe auf Bänder fließen lassen

Wir hatten die Grundfarben Blau, Rot, Gelb, dazu Weiß und Schwarz. Jeweils eine Farbe durfte zu Blau gemischt werden. Mit Weiß oder Schwarz konnten die Kinder aufhellen oder abdunkeln.

Durch die Verdünnung mit Wasser erhielten wir mit Dispersionsfarben die verschiedensten Helligkeitsabstufungen von Blaugrüntönen bis zu Blaulilatönen. Zwei Kinder hielten sich nicht an die Mischregel und erhielten in ihren Gläsern stumpfes Braun und leblose Grautöne.

Nach dem Mischen merkten wir, dass die Bänder nicht im Klassenzimmer auf den Bänken bemalt werden konnten. Auch wenn wir die Bänke zusammenstellten, die Bänder waren einfach zu lang. Ein Raum zum Arbeiten musste gefunden werden. Das schöne Herbstwetter ermöglichte den Arbeitsgruppen das Ausweichen auf den Rasen vor dem Klassenzimmer. Wir legten die Bänder ins Gras.

Endlich konnte das „Wassermalen“ beginnen. Mehr oder weniger konzentriert, genau, sorgfältig und ausdauernd wurden die Streifen eingefärbt. Mit dicken und dünnen Pinseln schlängelten sich die „Wasserwellen“ über das Papier. Das Format der Additionsrollen (ca. 6 cm breit) erschwerte zwar das Malen von Schlangenlinien, doch löste sich noch keines der Kinder von diesem Klischee.

Am Schluß der Stunde waren die Kinder mit dem Ergebnis und dem Arbeitsprozess recht unzufrieden. Die Farben waren zu dick und ließen sich schlecht vermalen, das Papier klebte am Pinsel fest und es waren schlichtweg zu wenig Streifen fertig geworden. Ein Kind beschwerte sich über die „Rückenschmerzen“, ein anderes vermisste die „Lichtblitze“ im Wasser und ein drittes jammerte schon, „es werde ja doch nichts“. Eine bessere Methode, „Wasser zu malen“, musste gefunden werden. „Wasser fließt“, wie konnten wir unsere Farbe diese Bewegung ausdrücken lassen?

Die Wasserbändern trocknen im Freien

Was als schweres Problem erschien, wurde zu Beginn des nächsten Treffens sofort leicht. Wenn Wasser fließt, kann ebenso gut unsere Farbe fließen. Mit neuer Begeisterung verdünnten die Schüler ihre Farbtöne. Dann kippten sie die Farben aus Pappbechern auf die trockenen Streifen. Tropfen suchten sich ihren Weg über das Papier. Der Schritt, das Trägerpapier vorher mit der Gießkanne zu begießen und anzufeuchten, war schnell getan. Jetzt beobachteten die Kinder mit großer Konzentration, welche Spuren das fließende Farbwasser hinterließ. Mischungen verschiedener Töne wurden bestaunt und bewundert. Jedes Kind war mit Freude am Prozess beteiligt. Änderte doch jede Handbewegung den Lauf der Farbe und brachte so ein leuchtendes Ergebnis. Außerdem waren die Streifen sehr schnell eingefärbt.

Eine große Enttäuschung brachte aber das Aufräumen am Ende der Stunde. Die Streifen mussten vom

Gras auf Malerfolie gehoben werden, um im Schulhaus über Nacht zu trocknen. Mit Wasser und Farbe vollgesogen, war das Papier aber sehr schwer und zerriss sofort. So manches mit Liebe hergestellte „Kunstwerk“ löste sich wieder unter den eigenen Händen auf, auch wenn man sorgfältig damit umging.

Wir besprachen unsere Lage gründlich. Wie überwinden wir unsere technischen Schwierigkeiten? Wie vermeiden wir die Auflösung unserer Arbeit? Es war eindeutig, wir mussten in der Gruppe besser zusammenarbeiten. Die Einstellung „mein Streifen, dein Streifen“ musste sich verändern. Ein Kind allein konnte keinen Streifen „bemalen“ oder gar zum Trocknen vom Gras tragen, ohne ihn zu zerstören. Die Schüler mussten sich absprechen, zusammenhelfen und an ihrem Platz die übernommene Aufgabe zuverlässig ausführen. Es musste ein großes Maß an sozialem Lernen geleistet werden. Nach dieser Stunde verließ ein Junge die Kunstgruppe.
In den Folgestunden startete die Produktion. Das Wetter hielt und wir konnten weiter im Garten arbeiten. Mit immer größerer Sicherheit, Genauigkeit und Geschwindigkeit flossen Wasser und Farbe über die Bänder. Die Gruppenarbeit klappte immer harmonischer und die Menge unseres „Wassers“ wuchs an. Auch bei den Aufräumungsarbeiten spielten sich Abläufe ein, die mich als Lehrkraft beim Bereitstellen des Materials, beim Wegräumen der Streifen und vor allem beim Putzen entlastete.

Eine Gruppe trieb „unseren Wasserfall“ vorwärts. Sehr selbständig schnitten einige Mädchen die zerrissenen Bänder ab und klebten die Enden sauber und sorgfältig zusammen. Nun konnten die ersten Wasserstreifen im Treppenhaus hinunterpurzeln. Aber die Schüler erschraken, als unsere „riesigen“ Schätze in der Höhe und Leere

Der Teich wird gestaltet

des Raumes regelrecht verschwanden. Eine Gruppe Buben wollte Abhilfe schaffen, weigerte sich jedoch, auf das Streifenformat der Additionsrollen zurückzugreifen. Sie suchten nach einem größeren Format und beschlossen, auf die 1m breiten Zeitungsrollen überzugehen. Das Wasser floss aber nicht so schön, einsame Rinnsale zogen sich über das Papier. Auch hier musste das Material zuerst nass werden. Mit dem Gewicht des Wassers hatte jedoch niemand gerechnet. Unser Papier zerriss, sobald jemand es auch nur etwas anhob.

Sehr schnell packte das Problem mit dem großen Format alle Schüler. In Kleingruppen legten sich die Kinder Papiere (ca. 1m bis 3m) auf und experimentierten mit dem Material. Papier begießen, Papier und Wasser bewegen, Wasser wegschütten. Wir machten die Erfahrung, dass Wasser verändert und zerstört.

Die Jungen stellen Steine her

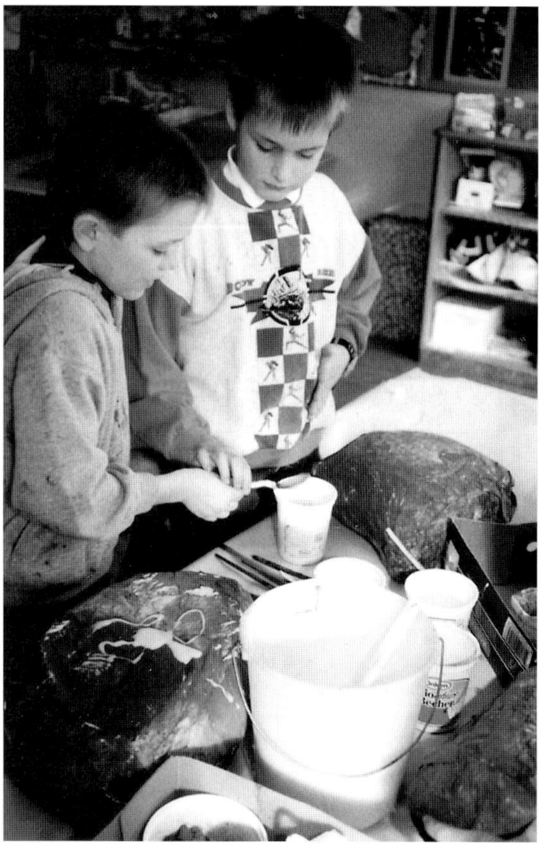

Wollten wir mit diesem Format arbeiten, mussten wir sehr sorgfältig mit unserer Wasser- und Farbmenge umgehen. Allerdings bot die ungewöhnliche Größe auch Anreize, mit Farbe einmal nicht nur zu malen oder sie fließen zu lassen. Die Kinder spritzten mit Pinseln und mit Händen, gossen aus Bechern und mit der Gießkanne. Eine Farbpfütze sammelte sich im Papier und mit viel Gefühl schaukelten die Kinder sie hin und her! Einsetzender Regen veränderte die Ergebnisse und Herbstlaub klebte sich in den Farbklecksen fest. Die Idee eines Teiches war geboren.
Das Wetter hatte sich verschlechtert, die Ideen verändert und wir suchten nach neuen Möglichkeiten unseren Wasserfall zu beleben. Eine natürliche Differenzierung entwickelte sich.

Die Bubengruppe war fasziniert vom „Wasserschaukeln“ und fertigte selbst bei kühler Witterung mehr „Wasser“ für den Teich, einzelne Mädchen klebten im Treppenhaus die Streifen zusammen und eine dritte Gruppe wollte Tiere herstellen. Wir begannen mit Pappmaché-Plastiken. Als Grundform diente ein Luftballon, der den Körper unserer Tiere bildete. Papierschnitzel wurden gerissen, Kleister wurde angerührt und der Ballon aufgepustet. Die Kinder arbeiteten aber das erste Mal mit Kleister . Da musste bei einigen erst die Abscheu vor der klebrigen, glibberigen Masse überwunden werden. Danach aber formten die Kinder mit sichtlicher Freude den ovalen Grundkörper. Mehrere Lagen Zeitungspapier wurden übereinandergeklebt, um Festigkeit zu erhalten.

Die Ideen zur Ausgestaltung der Tiere waren vielfältig: Igel, Ente, Schildkröte, Paradiesvogel, Reiher... Mit viel Liebe entstanden Köpfe, Schwanzfedern, Beine, Schnäuzchen. Der erste Versuch einer Schülerin, ihre Ente mit den übriggebliebenen Brauntönen zu bemalen, befriedigte das Mädchen überhaupt nicht. Auch wenn Enten gewöhnlich braun sind, mußten wir die Bemalung überdenken. Aus dem Lehrmittelraum holten wir Vogel- und Tierbilder und betrachteten die Gefieder und Zeichnungen genau. Die Formen und Muster gefielen den Kindern, sie wollten aber mit den Farben nicht an die Natur gebunden sein. So entstanden farbenfrohe Teichbewohner.

Die Mädchen bauen Tiere

Unser Wasserfall wuchs. Dann jedoch trat eine Schwierigkeit auf, mit der weder ich noch meine Schüler gerechnet hatten und die bei mir und den Kindern viel Frustration aufkommen ließ. Zum Abschluß jeder Stunde gestalteten die Kinder mit viel Liebe die einzelnen „Wasserbänder“ und freuten sich damit an ihrer Arbeit. Kamen wir morgens in die Schule, waren Bänder verschoben, abgerissen, auf einen Haufen geworfen, zerknüllt, zerstört. Andere Mitschüler wurden verdächtigt und erst nach Beschwerden seitens der Putzfrauen erfuhren wir, dass sie sich durch unser Objekt an der Ausübung ihrer Arbeit gehindert sahen. Es bedurfte einiger Gespräche und Überzeugungsarbeit, dass unser Werk als „Kunstwerk“ weiterhin existieren durfte. Wir legten zum Schutz unseres Wasserfalls eine Uferzone fest, hinter der nicht mehr gekehrt werden sollte. Die Auseinandersetzungen endeten und unser Objekt wird nun geduldet.

Für die Abgrenzung der Uferzone brauchten wir Rat und professionelle Hilfe. Daraufhin wurden Holzlatten als Begrenzung so befestigt, daß keine Gefährdung der Schüler, aber eine klare Trennung von „Weg und Werk“ entstand. Eine hintere Abgrenzung sollte durch einen hohen Felsen gebildet werden. Sicher wären die Grundschulkinder beim Bau des Grobgerüstes ohne fachmännische Hilfe überfordert gewesen. So halfen sie tüchtig bei der Herstellung einer Holzkonstruktion mit. Sehr genau beobachteten sie die Bespannung mit Maschendraht und waren beim Bekleben mit Papier und Kleister wieder dabei . Der Felsen bekam eine Außenhaut aus Papier und Kleister.

Wir betrachteten Bilder von Felsen und bewunderten die Farbzeichnungen in den Steinen. Bänder strukturierten die Steine, Flechten und Moose wuchsen darauf. Felsen sind lebendig. Wir waren uns einig: Unsere Dispersionsfarben würden nicht wirken.

Deshalb wollten wir zur Gestaltung des Felsens Erde, Sand und Steinchen verwenden. Die Schüler sammelten Material und gemeinsam überprüften wir, ob es möglich ist, mit den mitgebrachten Erden eine natürliche Farbwirkung zu erhalten. Die ersten Versuche in unserer „Erdwerkstatt“ schlugen fehl. Die Gartenerde ergab zwar eine satte Einfärbung, doch bröselte der Stoff beim Trocknen vom Papier ab. Sand ließ sich wunderbar gestalten, doch haltbar waren unsere Bilder nicht.

Ist Kleister stark genug, um Erde, Sand und Steine zusammenzuhalten, oder müssen wir einen stärkeren Kleber finden? Die richtige Kleistermischung fanden wir erst nach mehreren Versuchen. Dicke Lagen hellen Kleisters wurden nach dem Trocknen unsichtbar und hielten unsere „Werke" zusammen. In dieser Experimentierphase testeten einige Kinder nur die Möglichkeiten des Materials aus, während andere auf konkrete Gestaltungen hinarbeiteten. Es entstanden Sandlandschaften und Steintiere.

Parallel zu den Materialerfahrungen hatten einige Jungen weiter an „Felsstücken" gearbeitet. Hühnerdraht wurde gebogen und beklebt. Nun bemalten sie die Felsen mit Grautönen und überlegten, wie sie ihren Werken noch mehr Struktur geben könnten. Sie beschlossen, eine dicke Lage Kleister aufzutragen und Erde, Sand und Steine festzukleben. Der Kleister verführte zum wilden „Klecksen". Trotzdem waren wir mit dem Ergebnis sehr zufrieden.

Langsam wird der Wasserfall ansehnlich

Einigen Mädchen war diese „Schmutzarbeit" sehr unangenehm. Sie machten sich Gedanken über die Möglichkeit, Pflanzen zu gestalten. Unser Material war auf Papier und Farben begrenzt und so wurde ein 7 m langes Zeitungsrollenpapier in Grüntönen eingefärbt. Aus diesem Stück sollten dann Schilf und Gräser entstehen. Die Kinder rissen nach dem Trocknen der Farbe Streifen ab, rollten diese auf und befestigten sie mit Tesafilm an Drahtringen. Die so entstandenen Schilfbündel plazierten wir im Teich. So langsam nahm unser Wasserfall Gestalt an.

Die Pappteller, auf denen wir unsere Farben mischten, gruppierten die Kinder zu Wellenformen und Lichtpunkten im Teich. Jede Stunde brachte Veränderungen. Und auch während der Woche gestalteten und bauten Kinder am Wasserfall herum. Eine große Aufgabe war es nun, dem Felsen sein Aussehen zu geben. Wir fürchteten uns ein wenig davor und „übten“ zuerst den Umgang mit Tonmehlen und Pigmenten auf dem Zeichenblock. Wieder diente uns Tapetenkleister als Bindemittel. Die Kinder trugen die Farben meist mit den Händen auf und malten ihre Formen sehr liebevoll. Sie entfernten sich dabei von Schemata und Klischees und waren von ihren Ergebnissen begeistert.

Die Arbeit am „Felsen“ konnte beginnen. Wir transportierten ihn vor das Klassenzimmer und trugen eine erste Kleisterschicht auf. Die braunen Tonmehle verrieben die Kinder mit den Händen. Grüne und blaue Pigmente strukturierten die Grobformen.

Sogar die Mischteller finden eine sinnvolle Verwendung

Unser Holz-, Draht-, Papiergerüst war ein wirklicher Felsen geworden, der seinen Platz unter den Wasserbändern fand.

Ein Abschluss unseres Projektes war in Sicht: Mit viel Geduld wurden die Bänder geordnet, die Wellen aus den Mischtellern neu geformt, die Felsen ins Wasser gelegt und die Tiere im Schilf versteckt. Wir holten den Kassettenrecorder, lauschten den gurgelnden und plätschernden Naturgeräuschen und erinnerten uns an die Arbeit des vergangenen Jahres.

Hört ihr, wie der Bach schreit?

Aktionen für einen Bach

Werner Claßen

In der heimischen Presse („Landauer Zeitung“) wurde im Januar 1995 unter der Überschrift „Ökologischer Ausbau geplant“ berichtet: „Der Reißinger Bach zwischen Wallersdorf und der Landkreisgrenze nach Deggendorf wird ökologisch ausgebaut.“

Ich kopierte den Artikel und wertete ihn mit den Schülern aus. Sie lasen darin von bevorstehenden Renaturierungsmaßnahmen. Die Bausünden der 50er Jahre sollten wieder gutgemacht werden. Aus dem jetzt noch kanalähnlichen Reißinger Bach sollte in absehbarer Zukunft ein naturnahes Gewässer werden.

Der begradigte Bach

Dieses „für den Bach so erfreuliche Ereignis“, wie es ein Schüler formulierte, nahm die „Arbeitsgemeinschaft Kunst“ zum Anlass, dem Bach ein Fest zu organisieren. Im Sommer sollten am Ufer, im Wasser und mit dem nassen Element selbst verschiedene Aktionen stattfinden. Alle machten sich Gedanken, welche Ideen durchgeführt werden könnten. Diese sollten dann an einem besonderen „Aktions-Tag“, eben dem „Bachfest”, den Mitschülern und Eltern vorgeführt werden. Eifrig gingen die Schüler an die Planungen heran.

Allen wurde bald klar, dass sie zu wenig von ihrem Bach wussten. Ein Gang entlang dem Ufer wurde ins Auge gefasst. Ausgerüstet mit Block und Bleistift und mit den „Wasserheften“, marschierten wir am Bach entlang. Wir näherten uns dem Ufer, soweit es möglich war, denn oft versperrten Gebäude und andere menschliche Bauwerke den Zugang. Alles wurde in Wort und Bild festgehalten. Bei der Schule hat der Bach ein breites Bett. Hier ist er etwa zwei Meter breit und knapp einen halben Meter tief.

Das Ufer war hier flach, somit waren dort ideale Voraussetzungen für Aktionen. Ohne Gefahr für die Schüler konnten sie auch Aktivitäten im Wasser planen. Schlimmer stand es um den Zustand im Dorfinneren. Hier war der Bach eingeengt, von Betonmauern begrenzt, einige Häuser standen direkt am Ufer. Ich forderte die Schüler auf, genau hinzuhören. „Hört ihr, was er uns zu sagen hat?“

Ein anderer, bereits renaturierter Bach

Natürlich kann der Bach nicht sprechen. Aber durch unser Vorhaben würde er sprechen können. Jetzt lauschten sie genauer, hörten das leise Gurgeln des Wassers. Durch ihre Vorstellungskraft hörten sie, warum der Bach um Hilfe schrie und wonach er sich sehnte.

Ein Bach träumt

Klassenzeitung zum Bachfest

Werner Claßen

Nicht alle Ideen und Aktivitäten konnten am Aktionstag verwirklicht werden. Es bot sich geradezu an, eine das Fest begleitende Schülerzeitung herauszubringen. Die Kunst-, Heimat- und Sachkundestunden reichten sowieso nicht aus, die umfangreichen Vorbereitungen auch stundenplanmäßig zu rechtfertigen.

Vieles konnte auch im Rahmen des Deutschunterrichts erledigt werden. Alle Texte und Zeichnungen sollten von den Schülern selbst kommen. Kein Foto und keine Schreibmaschinenschrift etc. sollte eingefügt werden. (Computer gibt es an unserer Schule für die Grundschüler nicht.)
Ergebnisse aus dem Sachunterricht, z.B. „So entspringt eine Quelle“, „Tiere und Pflanzen an Tei-

chen, Bächen und Flüssen", Informationen über den „Wassser-kreislauf" wurden kombiniert mit Gedichten zum Thema „Wasser", z.B. „Der Bach" oder „Das Wasser" von James Krüss.

Angereichert wurde die Zeitschrift mit Beiträgen aus dem Religionsunterricht: Einige Schüler gestalteten eine Seite mit Bibelzitaten, andere mit Sprüchen und Redensarten.

Natürlich durften einige Witze zur Auflockerung nicht fehlen. Hervorzuheben sind die vielfältigen, phantasievoll gestalteten Ränder, die jeweils zeichnerisch Bezug nehmen zum Artikel.

Die Zeitung haben alle am Projekt beteiligten Schüler, deren Eltern und die Gäste des Bachfestes erhalten.

Der Bach früher:

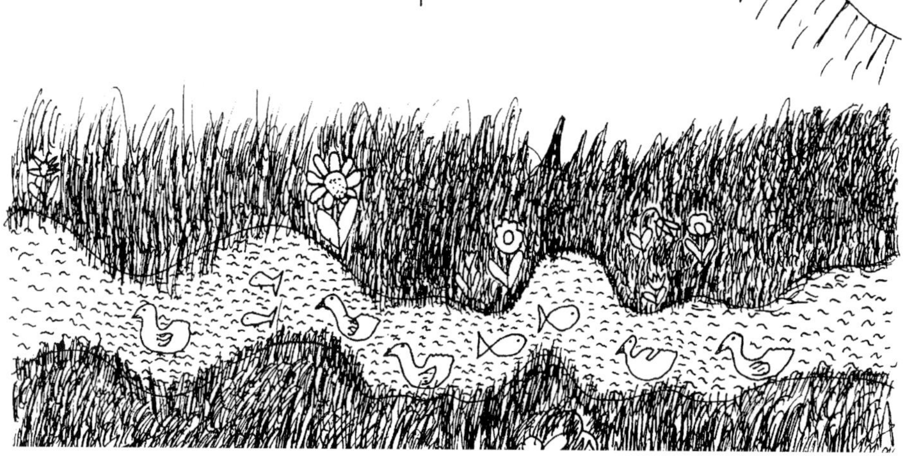

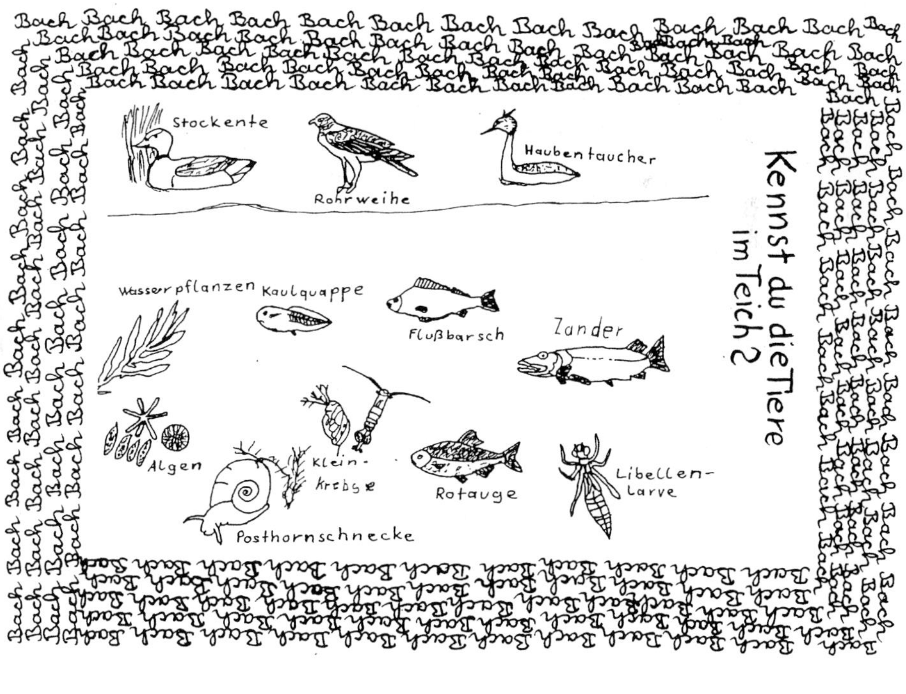

Wassermühlen

Werner Claßen

Wir sprachen darüber, welche Bedeutung der Bach für den Menschen habe. Ein Grund liegt Jahrzehnte und Jahrhunderte zurück. In regelmäßigen Abständen stauten die Leute früher die Bäche und bauten dort Wehre mit Mühlen. Das Wasser trieb ein Wasserrad an, dieses wiederum drehte die Mühlräder. Dort wurde das Getreide zu Mehl gemahlen. Weniger ein Bach wie der unsere, sondern vielmehr Flüsse wie die Isar oder die Donau wurden als Transportwege genutzt. Mit Schiffen und Flößen wurden die Waren transportiert.Isarabwärts übernahm der Fluß selbst das Gewicht, isaraufwärts mußten Pferde oder Ochsen die schwere Zugarbeit verrichten.

An diese Mühlen sollten selbstgebaute Wasserräder erinnern. Ich sprach die „Bastler“ unter meinen Schülern besonders an. Über die Osterferien sollten sie Wasserräder herstellen. Einige selbst gebastelte Flöße sollten an diese Zeit erinnern.

Ein Wasserrad

Die nach den Ferien mitgebrachten Wasserräder und Flöße zeigten, mit welchem Eifer die Schüler ihre freiwillige Ferienarbeit ausgeführt hatten. Bei diesen Arbeiten konnten die Kinder ihre handwerklichen Fähigkeiten beweisen und ihr Verständnis für einfache technische Lösungen.

Nach einer ersten Erprobung im Bach wurden die Wasserräder noch farblich gestaltet.

„Der Bach hat so mehr Spaß dabei“, meinten die Kinder.

Wasserräder und Flöße in Aktion

Wildbach 1
Aktion mit Folie

Werner Claßen

Lust am Spiel mit der Folie

Die Idee entwickelte sich rein zufällig zu Beginn einer neuen Unterrichtseinheit. Für eine Malaktion in einem Gang des Schulhauses musste zur Schonung des Bodens eine dünne Plastikfolie ausgelegt werden.

Alle Schüler wollten helfen, die 10 m lange und 4 m breite Folie auszubreiten. Als sich alle 18 Schüler der Arbeitsgemeinschaft Kunst ringsherum verteilt hatten, fing eine spontane Spielerei an. Zuerst knieten sich die Schüler hin und bewegten die Folie nur wenig, nur aus dem Handgelenk heraus. Wie ein leichtes Kräuseln der Wellen von leichtem Wind hervorgerufen, bewegte sich die Folie.

Der optischen Faszination der sich bewegenden Plastikfolien waren bald alle erlegen, ich eingeschlossen. Ich wusste sofort, dass ich meine geplante Stunde auf die kommende Woche verschieben musste, denn hier wurde etwas sichtbar, mit dem wir uns seit Beginn des Schuljahres beschäftigten: die Bewegungen, das optische Spiel der Wasserwellen. Wir malten diesmal nicht das Wasser, wir erzeugten es selbst!

Nur durch leichtes Ziehen an der Folie entstanden die schönsten „Wasserwellen“. Langsam erhoben sich die Schüler, ihre Bewegungen wurden zunehmend stärker, sie hoben und senkten die Arme, fanden bald einen Gruppenrhythmus: Eine große Meereswelle türmte sich vor unseren Augen bedrohlich auf, um gleich darauf ins Nichts zusammenzubrechen. Durch Zerren und

Rütteln an der Plastikfolie entstanden neben den optischen Effekten auch Geräusche: Ein rauschender Wildbach stürmte den Berg hinab, sprudelte an Steinbrocken vorbei und zischte ins Tal. Einzelne Schüler „tauchten“ unter die „Wasser“-Folienoberfläche, spielten planschende Kinder, die Lust am Spiel strahlte aus ihren Gesichtern. Bald darauf spielten sie aber auch „Ertrinkende“, rangen nach Luft, verzerrten angsterfüllt ihre Gesichter, „tauchten“ weg.... Die Aktion wurde durchgeführt, bis die Folie zerriss.

Die Wirkung der Aktion auf die Kinder war unbeschreiblich. Trotz der herrschenden Kälte draußen folgten weitere Versuche mit einer neuen Folie.

Nach einer notwendigen Belehrung über den Umgang mit Plastikfolien zu Hause, wurde beschlossen, die Aktion im kommenden Sommer zu wiederholen.

Gemeinsam erzeugen wir "Wasserwellen"

Wildbach 2

12 gemeinsame Meter

Werner Claßen

Die Schüler waren von der ersten Aktion mit „Wasser“-Plastikfolie so begeistert gewesen, dass nur noch ihre Neugier geweckt zu werden brauchte, um die nächste Aktion zu starten. Sie sollten große Borstenpinsel, Malerpinsel mitbringen, aber auch alte, ausgediente Handbesen, sogar Bürsten und Schrubber waren erlaubt.

Zum Schutz des Bodens wurde eine Folie ausgebreitet. Darüber stellten die Schüler Bänke , dich an dicht, darauf kam wiederum eine schützende Folie. In gewissen Abständen wurden Stühle mit Farbeimern aufgestellt, gefüllt mit Dispersionsfarbe in Blau, Grün, Gelb, Ocker und Weiß. Ausgediente Deckel von Farbeimern - kostenlos in Malergeschäften zu erhalten - dienten als Mischpaletten. Dazwischen standen auf weiteren Stühlen (die Lehnen natürlich zu den Tischen hin gewandt) Plastikeimer mit Wasser. In Supermärkten, in denen Blumen verkauft werden, erhält man sie kostenlos.

Erst jetzt erfuhren die Schüler nähere Angaben zum Thema der Stunde. Es knüpfte direkt an den Heimat- und Sachkundeunterricht an. Im Rahmen der Sequenz „Der natürliche Wasserkreislauf“ kannten sie den möglichen Weg eines Wassertropfens: Quelle, Bach, Fluß, Meer etc. Einen Ausschnitt aus diesem Weg sollten sie heute gemeinsam malen.

Eine Tapetenrolle, man bekommt Reste günstig in entsprechenden Geschäften, wurde auf den Tischen ausgerollt und näher betrachtet. Die Schüler betrachteten Farbe und Struktur der Tapetenoberseite: „...sieht aus wie ein Kiesbett...“

Der Zusammenhang zum „Bachbett“ war geschaffen! Die gemeinsame Mal-Aktion musste vorbereitet werden: „Versetze dich in die Lage eines Wassertropfens. Du schwimmst heran, wanderst diesen Bachlauf hinunter; ein anderer Tropfen kommt, schwimmt neben dir, überholt dich, taucht unter dir durch, schwimmt über dich hinweg...“. Aus Schüler wurden „Wassertropfen“.

Der gemeinsam gemalte Bach

Anfänglich arbeiteten sich die „Wassertropfen“ recht mühsam das Bachbett entlang, versanken aus Wassermangel oft im Sand. Der Bach füllte sich mit „Wasser“ unterschiedlichster Färbung. Mal so „blau“, wie ihn Werbeprospekte von Südseereisen versprechen, mal so trüb und verschmutzt, wie er tatsächlich oft erscheint, je nachdem, welche Farbe verwendet wurde.

Bald waren bei den Akteuren auch die ersten Hemmungen überwunden. Sie tauchten ihre Pinsel oder Handbesen in die bereitgestellten Farbtöpfe, mischten auf den Farbpaletten ihre „Wasserfarbe“ und legten los: In kleinen und großen Schwüngen floss, tropfte, ja spritzte das „Wasser“ den „Bach“ hinab. Andere „Wassertropfen“ wurden überholt, übermalt, beiseite gedrängt.

Bald erkannten sie, worauf es bei diesem Gruppenbild ankam: Neben dem Spaß an der Aktion, neben dem eigenen Vergnügen, neben der individuellen Einzelleistung sollte auch das Ganze, das gesamte Bild im Auge behalten werden. Nicht nur ein möglichst schönes, räumlich abgegrenztes Einzelbild war gefragt, sondern das Ergebnis aller Mitglieder zusammen ergab die Gesamtwirkung des Wildbaches.

Fliegende Fische, fallendes Wasser und schwebende Tropfen

Vorbereitungen für einBachfest

Werner Claßen

Bereits bei der im Frühjahr durchgeführten Bacherkundung entschieden sich die Schüler, an welchen Stellen Aktionen durchgeführt werden sollten. Das Ufer bot sich an, insbesondere der schmale Randstreifen. Eine kleine Fußgängerbrücke führt über den Bach. Diese sollte frei nach Christo „eingepackt" werden. Außerdem konnte von oben herab ein Wasserfall angebracht werden.

Der Bach selbst ist nicht tief und hat zumeist einen Kiesgrund. Mit Gummistiefeln, aber auch ohne, konnte das Bachbett also ungefährlich für die Schüler betreten werden.

Die Brücke selbst bot einen kahlen Eindruck. Der Übergang war betoniert. Die Farbe am Geländer bröckelte ab. Für das „Bachfest" sollte sie geschmückt werden. Das Geländer sollte mit einem „Wasserband" in Flechtweise, wie bei einem Korb, verkleidet werden. Es galt also, das Material zuvor aus Packpapier herzustellen. Ähnlich dem 12m langen Bachbild, das bei schönem Wetter am Ufer ausgelegt werden sollte, malten die Schüler in Blau- und Blaugrüntönen ein „Wasserband“. Den Rest der Brücke wollten die Schüler in der Art von Christo einkleiden. Das Material lieferte ein Junge kostenlos von seinem Vater, der diese Pflanzfolie sonst auf seinen Feldern auslegte.

Wasser sollte von der Brücke herabfließen, wie ein Sturzbach herabfallen, es sollte nur so spritzen. Wasser sollte aber auch den ganzen Tag über herabfließen, ohne daß Schüler ständig Wasser schleppen müssten! Deshalb sollte ein künstlicher Wasserfall installiert werden.

Der fliegende Fisch

Ähnlich dem „Wasserband“, malte eine andere Gruppe ebenfalls Packpapier an, schnitt es dann in Streifen und klebte und nagelte sie an eine Holzlatte, teilweise übereinandergelagert, nicht alle Streifen gleich lang, auch nicht gleich breit, die Schnittlinie nicht gerade, sondern wellig. Die Latte wurde am Bachfest dann auf dem Brückengeländer befestigt, die „Wasserfall“-Streifen hingen herab.

Die Wassertropfen konnten lange Geschichten erzählen. Sie waren in den Jahrmillionen seit der Entstehung der Erde ja schon überall gewesen.

So sprachen sie auch von „fliegenden Fischen“. Diese wollte unser Bach auf jeden Fall wiedersehen. Wiederum eine andere Gruppe unserer Arbeitsgemeinschaft wollte solch einen fliegenden Fisch herstellen. Zuerst wurden kleine Entwürfe aus Papier hergestellt, bis die Grobform eines „Luftsackes“ feststand. In ein größeres Loch auf der einen Seite, dem Maul, sollte die Luft gut hineinwehen, um am anderen kleineren Loch wieder austreten zu können.

Packpapier wurde wiederum bemalt, die einzelnen Teilstücke ausgeschnitten, keilförmig sich auf einer Seite verengend, sodann zu einem Sack mit zwei offenen Seiten zusammengeklebt. Am Aktionstag wurde der „fliegende Fisch“ zwischen der Brücke und einem Baum in der Nähe aufgehängt.

Probe für das Bachfest

Die Wassertropfen selbst sollten auch „ihre Rolle“ am Bachfest haben. Viele Tropfen zusammen ergeben einen Regenschauer. Die Aufgabe bestand also darin, solch einen „Tropfen-Regen“ für Besucher sichtbar zu machen.

Einige Schüler wussten bereits von Mobiles. So konnten die einzelnen Tropfen aufgehängt werden und schweben so in der Luft, der Wind bewegt sie und der Eindruck des Fallens wird durch die Bewegung verstärkt. Bei der Arbeit zeigte sich diese Gruppe sehr einfallsreich. Sie brachte viele Kleiderbügel aus Holz mit. An ihnen wurden die Wassertropfen mit Drähten aufgehängt . Damit diese länger halten würden, sägten die Schüler die Tropfen aus Hartfaserplatten aus. Die fertigen Tropfen wurden in Blautönen bemalt.

Wasser malen

Werner Claßen

Neugierig sahen mich meine 18 Schüler des Arbeitskreises Kunst an, als ich ihnen je 2 quadratische Zeichenblätter mit einer Seitenlänge von 20 cm in die Hand drückte und ihnen ein Rätsel aufgab: „Fast Dreiviertel deines Körpers besteht aus dem Stoff, mit dem wir uns das ganze Jahr über in unserem Arbeitskreis beschäftigen werden.“ Die Neugier wechselte in Skepsis: Es wird doch nicht etwa Blut sein?

Farbendreieck nach Paul Klee

Bald war des Rätsels Lösung gefunden. Jeder Mensch besteht zu 70 %, das ist knapp Dreiviertel des Körpers, aus Wasser. Mit diesem „Element“ Wasser wollten wir uns das ganze Jahr über beschäftigen und ich versprach, daß es keinem langweilig werden würde.

Da es im September doch schon recht kühl war, konnten wir nicht direkt mit Wasser im Freien anfangen, mussten diese Erfahrungen auf das kommende Frühjahr und den Sommer verschieben.

„Wasser“ wollten wir mit unseren „Wasser-Farben“ des Malkastens „malen“. Da Grundschüler, vor die Aufgabe gestellt, „Wasser“ zu malen, meist einen Teich, einen Weiher, manchmal sogar ihren Traum von der Insel als Motiv wählen, schränkte ich die Thematik ein. Nicht das Ufer, die Pflanzen des Schilfs, die angrenzenden Bäume und Sträucher seien heute wichtig, sondern das Wasser selbst:

„Stellt euch vor, ihr befindet euch weit draußen auf einem großen See oder dem Meer und seht um euch herum nur Wasser, Wasser und nichts als Wasser.“

Farbmischübungen

Ansonsten erhielten die Schüler keine Vorgaben mehr. Jeder malte auf seinem Quadrat, wie er sich Wasser bzw. eine Wasseroberfläche vorstellte. Der Farbauftrag war von lasierend bis deckend, von zarten Blautönen bis zum dunklen Blau. Alle Arbeiten wurden auf den Boden gelegt, jeder ergänzte die so entstehende Wasseroberfläche mit seinem Teil an der Stelle, wo sie am besten hinpasste. Felder konnten ausgetauscht werden, erste Diskussionen stellten sich spontan ein.
Als Ergebnis stand bald fest, dass viele Schüler sich zu sehr an die vorhandenen Farben des Malkastens gehalten hatten. Es gab zu wenig gemischte Farbtöne. Viele Bilder waren zu dunkel. Ziel der folgenden Stunde war es also, eine Vielzahl von „Wasser-Farben“ selbst zu mischen.

Ich stellte den Schülern das „Farbendreieck“ nach Paul Klee vor. Jeder erhielt die Kopie eines solchen Dreiecks und schob sie unter das Zeichenpapier, so daß die Konturen durch das Papier schimmerten. Das komplizierte Gefüge des Farbdreiecks braucht von den Schülern nicht auf Zeichenpapier übertragen werden, die Kopie selbst kann für viele Mischübungen verwendet werden.

Drei Farben an den Ecken eines dreiseitigen Dreiecks werden miteinander vermischt: zuerst jeweils zwei Farben, dann drei Farben. Während in die erste Ecke des Farbdreiecks Ultramarin und in die zweite Ecke Blaugrün aufgetragen wurden, kam in die dritte nur „Wasser", also keine Farbe.

Die fertig gemalten Farbdreiecke wurden zum Vergleich auf einen Tisch gelegt, kurz analysiert und dann mit den entsprechenden Farbbezeichnungen der drei Ausgangsfarben ins „Wasserheft" eingeklebt.

Wasser-Zeichen - Wasser zeichnen

Während in der ersten Einheit dieser Sequenz abgesehen vom quadratischen Format und in gewissen Sinne vom Thema („Wasseroberfläche") ansonsten keinerlei Einschränkungen für den Schüler beim Malen bestanden, ging es in der zweiten Einheit um die Technik des Ermischens von Farbtönen, um die Differenzierung der Farbe „Blau".

In dieser dritten Einheit kam die Differenzierung hinsichtlich der „Zeichen-Sprache" hinzu. Es galt, möglichst viele „Zeichen" für Wasser zu erfinden.

Bezüglich des Begriffes „Zeichen" konnte ich an den Deutschunterricht anknüpfen. In der vorangegangenen Sprachbetrachtung ging es um das Erfassen von sprachlichen und nichtsprachlichen Zeichen und deren Bedeutung. Zum Verständnis des Begriffes trugen die Verkehrszeichen im Rahmen der Verkehrserziehung bei. Zeichen hatten die Schüler also schon kennengelernt. Kannten sie aber auch schon „Wasser-Zeichen"?

Die Schüler erhielten ein Blatt mit den Umrissen von 16 Quadraten. Das schoben sie dann unter eine Seite ihres „Wasserheftes". Mit Bleistift sollten sie nun „Zeichen" für Wasser erfinden.

In der ersten Zeile durften sie frei experimentieren, völlig ungebunden arbeiten.

Wiederum folgte nun eine Phase des Vergleichens, Prüfens, Wertens und Aufnehmens. Geometrische Formationen wurden als Anregung gezeigt.

Viele Schüler näherten sich zuerst der sichtbaren Wellenbewegung eines Gewässers ihrer Umgebung, wollten eigentlich „Bilder" zeichnen, erfaßten die notwendige Abstraktion auf ein „Zeichen" nicht. Manche zeichneten schräge Striche, die den herabprasselnden Regen andeuteten. Beliebt war auch das Wellenmotiv der sich konzentrisch verengenden Kreise, die auf der Wasseroberfläche entstehen, wenn man einen Stein hineinwirft. Nur wenige gingen dazu über, diese Wellen sich überschneiden zu lassen.

Nach der Vorgabe der geometrischen Muster, versuchten viele, diese zu imitieren, so dass ich fast bedauerte, sie überhaupt ins Spiel gebracht zu haben. Schüler jedoch, die zu sehr am Naturvorbild klebten, erhielten damit eine gewisse Hilfe.

Ein Geheimnis im Wasser

Michael Gerner

„Ich hab ein Geheimnis."

Wie oft sagen Kinder diesen Satz zu Eltern, Geschwistern oder Freunden? Ein Geheimnis ist etwas, das meist nur einem oder zwei Menschen gehört und das vor anderen verborgen wird.

Ein solches Geheimnis in Wasser zu verstecken, ist ziemlich einfach. Man benötigt ein leeres Marmeladenglas, dessen Deckel noch dicht schließt. Zuerst füllt man das Glas mit Wasser, dann legt man die Gegenstände hinein, umgekehrt geht's auch,die das Geheimnis ausmachen, das der Freund herausfinden soll.

Den trockenen Deckel verschließt man mit entsprechend dick aufgetragenem Pattex-Kleber oder mit der Heißklebepistole. Ganz sicher dicht wird das „Wassergeheimnis", wenn die Fuge zwischen Deckel und Glas mit Silikon ausgespritzt wird. Dichtet der Deckel das ganze Geheimnis mitsamt dem Wasser ab, malt man das Glas sowie den Deckel mit blauer Dispersionsfarbe gänzlich an. Hier bieten sich Mischvariationen an.

Die "Geheimnisgläser" werden präpariert

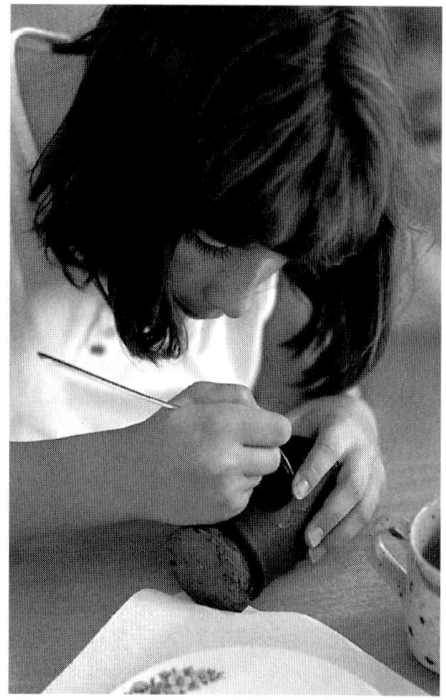

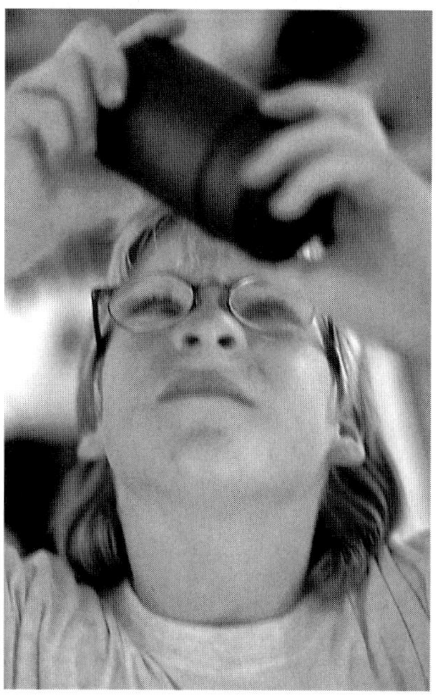

In die mit Farbe verschlossenen Gläser müssen "Sehlöcher" geritzt werden, damit man das Geheimnis im Innern erkennen kann

Nach dem Trocknen wird das „Wassergeheimnis" verschenkt. Der neue Besitzer muss nun herausfinden, was in dem Glas verborgen ist. Er kann dies durch Schütteln, Horchen und Raten tun. Sicherheit über den Inhalt erhält er nur, wenn er Licht ins Dunkel bringt, im wahrsten Sinne des Wortes.

Er muss mit einem spitzen Gegenstand (Nagel, Schere, Messer) ein Fenster in die Farbschicht kratzen. So entsteht ein kleiner Einblick. Bald wird der neue Besitzer feststellen, dass mit einem weiteren Loch auf der gegenüberliegenden Seite Licht ins Geheimnis gebracht wird. Durchblick entsteht, das „Wassergeheimnis" kann gelüftet werden.

Ein Wasserspiegel

Michael Gerner

Wasser ist für Kinder ein Element, mit dem sie sich bereits sehr früh auseinandersetzen. Sie spielen damit, waschen sich, trinken es. In der Schule lernt das Kind, welchen Wert Wasser hat und woher es kommt, welche Eigenschaften Wasser aus physikalischer Sicht hat.

Als optisches Phänomen gibt Wasser oft das Blau des Himmels wieder und reflektiert die eintreffenden Lichtstrahlen. Das Kind sagt: „Das Wasser spiegelt".

Ein echter Spiegel oder eine Spiegelfliese aus dem Baumarkt ermöglichen es, diese optische Erscheinung nachempfinden zu lassen. Die Schüler kratzen mit einem Messer oder schleifen mit einem 400er Nassschleifpapier Flächen auf der Rückseite des Spiegels weg. Das Glas wird sichtbar.

Die Rückseite des Spiegels muss weggekratzt werden

Das Wechselspiel von Spiegelflächen und Farbe kann immer wieder überprüft werden

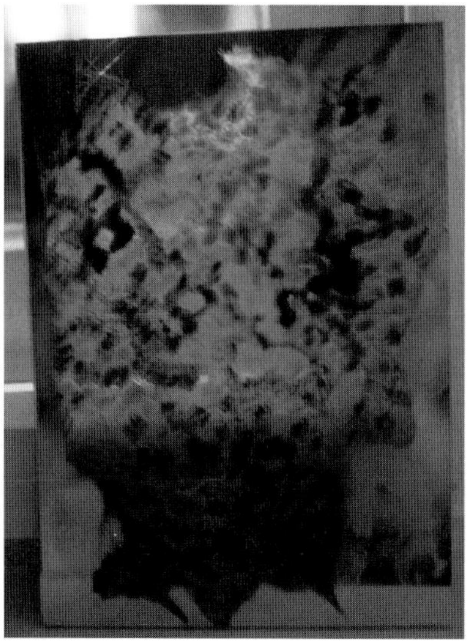

Die durch die „Dechromage“ gewonnenen durchsichtigen Flächen können nun mit verdünnter Dispersionsfarbe oder mit Acrylfarbe in Blautönen betupft oder bemalt werden wie ein Hinterglasbild. Dadurch entsteht ein Wechselspiel zwischen den verbliebenen Spiegelflächen und den neuen farbigen Teilen, die hinter Glas ebenfalls glänzen.

Der Schüler erhält einen „Wasserspiegel“. Was allerdings der echte Wasserspiegel ist, kann der Unterricht in Heimat-und Sachkunde vermitteln. Mehrere "Wasserspiegel" aneinandergelegt, ergeben eine interessante Variationsreihe als Gemeinschaftsarbeit zum Phänomen „Wasser spiegelt sich“.

Wasser spiegelt meinen Freund

Werner Claßen

Diese Zeichenstunde ergab sich eher zufällig bei den Vorbereitungen zum geplanten „Bachfest“. Obwohl die Schüler mit Arbeitsaufträgen eigentlich gut eingedeckt waren, standen dennoch oft einige nur so am Ufer herum oder machten dort eine Pause. Ich sah, wie sich ihr Körper im Wasser spiegelte. Das brachte mich auf die Idee.

Warum sollten die Schüler sich nicht gegenseitig zeichnen? Jeder am anderen Ufer, einander gegenüberstehend. Jeder sieht den anderen und nimmt auch dessen Spiegelbild im Wasser wahr.

Seinen Freund oder seine Freundin konnte jeder gut sehen, der Abstand zwischen beiden betrug kaum mehr als zwei Meter. Das Spiegelbild im Wasser war jedoch verzerrt. Ich fragte mich, wie es um die Beobachtungsfähigkeit meiner Schüler bestellt war. Nehmen Schüler wirklich

ihren Freund oder ihre Freundin so wahr, wie sie aussehen oder spielen noch weitere Kriterien eine Rolle? Wie sah es um die Größenwahrnehmung aus?

Die Schüler sollten eine „Ur-Situation" zeichnen, die Menschen an einem Gewässer erleben, wenn sie sich im Wasser spiegeln, wie es die Geschichte von Narziss erzählt.

Zuerst beobachteten sie genau, was sie sahen: den Bach, das sich bewegende Wasser, die Wellen, Steine auf dem Bachbett, manchmal sogar vorbeischwimmende Fische; dann den Uferstreifen, das Schilf, die Gräser, zuletzt den Bachdamm selbst, evtl. die Bäume, die darauf wachsen, und herabhängende Äste.

Sie erkannten den Schulfreund gegenüber und sahen dessen Spiegelbild im Wasser. Die Unterschiede wurden bei genauer Beobachtung bald klar, die Wasseroberfläche verzerrte das Spiegelbild. Allmählich nahmen sie auch das Wasser, seine Oberfläche, die Wellen, die Spiegelungen der Sonne wahr. Das Bild selbst sollte mit Farb- oder Filzstiften, Farbkreiden oder Bleistift ohne Radiergummi u.a. Korrekturmöglichkeiten gezeichnet werden.

Die Ergebnisse, von denen hier nur vier vorgestellt werden, zeigen, wie unterschiedlich die Wahrnehmung und die Fähigkeit zur zeichnerischen Wiedergabe bei den Schülern in diesem Alter entwickelt ist. Deutlich wird aber der Versuch, die Verzerrungen der Spiegelung auf dem Wasser durch zittrige Linienführung nachzuahmen.

Wasserflaschen

mit Farbtönen

Werner Claßen

Je nach Wassermenge verändert sich der Ton

Die Aktionen mit dem Wasser des Reißinger Baches begannen zwar im Bachbett selbst, setzten sich aber auch fort im Pausehof der Schule.

Tonleiter in Flaschen

Wasser wurde in Flaschen gefüllt. In einer Art Aufwärmphase experimentierten die Schüler, was sie mit Wasserflaschen machen konnten. Auf dem grauen Beton- bzw. Teerboden ließen

sich Wasser-Spuren aufzeichnen. Eine Schülerin ließ das Wasser einfach aus der Flasche heraussprudeln, drehte sich dabei um ihre eigene Achse, erst langsam, dann immer schneller.

Das Wasser spritzte aus der Flasche und hinterließ seine Spuren. Wasser gluckerte aus Flaschen, die einfach nur einen leichten Abhang, den die Straße bildete, hinabrollen: zuerst nur eine, dann zwei und mehr Flaschen parallel. Durch Blasen in die offenen Hälse der mit Wasser gefüllten Flaschen konnten unterschiedliche Töne erzeugt werden. Wasser konnte auch Spuren hinterlassen, wenn die Schüler barfuß in einen Eimer stiegen und planlos oder nach selbst gefundenen Regeln herumliefen.

Lebensmittelfarben machen die Füllmenge sichtbar

Wasser in Flaschen durfte auch gefärbt werden, im Gegensatz zum Wasser im Bach selbst. Dieses gefärbte Wasser konnte später gefahrlos entsorgt werden.

Ich hatte im Laufe der Zeit transparente, also farblose Weinflaschen gesammelt und brachte diese nun körbeweise mit in den Pausehof. Schon die zusammengestellten Flaschen boten einen seltsamen, ästhetischen Eindruck.

Die Schüler beratschlagten, was damit zu tun wäre. Eine „Bachwelle“ sollte in

Farbwellen in Flaschen gefüllt

den Flaschen „gebannt“ werden. Ein Dutzend Flaschen wurde in einer Reihe aufgestellt und mit Wasser gefüllt. Zuerst wenig, dann mehr Wasser, bis die mittlere Flasche voll Wasser war, dann wieder weniger Wasser. Die Wirkung war nicht schlecht, die „Welle“ selbst aber wenig zu sehen.

„Wir sollten das Wasser färben“, schlug ein Schüler vor. Die Versuche mit Malkastenfarben schlugen fehl. Von unserer Folien-Mal-Aktion hatte ich noch flüssige Acrylfarben. Farbe wurde vorsichtig auf einen Löffel gegeben und langsam in einen Flaschenhals geschüttet. Die so entstehenden Farbschlieren faszinierten alle. Durch Zugabe von mehr oder weniger Farbe konnte die Wirkung gesteigert werden.

Im Pausehof bot sich ein rechteckig angeordneter Sitzplatz an, ringsherum mit Flaschen voll unterschiedlich gefärbtem Wasser aufgestellt zu werden. Das Ergebnis begeisterte alle.

Wohin mit den Flaschen? Ich brachte sie den Schülern nach Hause, wo sie ihr Farbobjekt im Garten oder vor der weißen Hauswand aufstellten, bis der Regen die Farben ausgewaschen hatte.

Der Bach spricht

Werner Claßen

Von Anfang an wollten wir den Bach selbst auch zum Sprechen bringen. Wir hatten gelernt, ihm zuzuhören. Jetzt zum „Bachfest“ sollte er den anderen selbst etwas sagen können.

Meist fließt der Reißinger Bach friedlich an unserer Schule vorbei. Im Frühjahr, wenn der Schnee schmilzt, oder bei anhaltenden Regenfällen, schwillt er an und droht sogar oft, über die Ufer zu treten.

Was lag also näher als das alles zu sammeln, was der Bach kann. Er sollte uns „erzählen“, welche Tätigkeiten er ausführen kann, bei uns und anderswo. Seine Wassertropfen sollten uns berichten, was sie alles tun können.

Bemalen der "sprechenden Folie"

Die Schüler sammelten also Wörter aus dem Wortfeld „fließen“: sprudeln, gurgeln, strömen, spülen, überschwemmen, tröpfeln, prasseln, usw. Die Wörter sollten aus einiger Entfernung noch deutlich lesbar erscheinen. Die Schüler einigten sich auf Druckbuchstaben, die ich per Fotokopie vergrößerte. Sie legten die Buchstaben unter die Folie und zeichneten die Umrisse mit Filzstift nach. Die Wörter sollten nicht einfach bloß nebeneinander auf der Folie erscheinen, sondern auch die jeweilige Bewegung ausdrücken.

Größere Schwierigkeiten ergaben sich beim Malen. Lag das Fließ am Boden, drang die Farbe durch die kleinen Löcher und klebte am Boden fest. Bald hatten die Schüler eine Lösung gefunden. Sie spannten die Folie zwischen zwei Stühlen fest und mal-

Kurz vor dem Auflegen

ten jetzt die Buchstaben aus. Der Farbbereich „Blau“ wurde variiert, jedoch auch rote Buchstaben gemalt, um bestimmte Wörter noch mehr hervorzuheben. Da die Schüler bereits Erfahrungen mit den Folien im Bach hatten, brauchten wir diese nicht erst zu erproben.

Beim Bachfest selbst waren diese „sprechenden Folien“ der große Renner. Nicht bemalte Stellen waren kaum sichtbar, ließen das darunter und darüber fließende Wasser durchscheinen. Es sah wirklich so aus, als ob die Buchstaben auf dem Bach schwimmen würden. Wir hatten es geschafft! Der Bach selbst „sprach“ zu uns und den Besuchern.

Leider war die Arbeit so zeitaufwendig, dass nicht alles, was wir geplant hatten, auf den Folien erscheinen konnte: Sprichwörter und Redensarten, Wörter und Sätze aus der Bibel usw. Diese Sätze erschienen aber in der das Bachfest begleitenden Schülerzeitung.

Das Wasser des Baches trägt die Schriftfolie

Der Bach spricht von allem, was Wasser tun kann

Wasserfolie

Ein Farbbach

Werner Claßen

Der Bach sollte zu seinem Bachfest geschmückt werden. Nicht mit Girlanden oder sonstigen Massenprodukten. Ich dachte immer schon an Folien. Aber wo waren sie günstig zu bekommen? Und hält die Farbe auf diesen glatten Folien? Der Zufall kam mir zu Hilfe.

Ein Junge stammte aus einer Landwirtschaft. Sein Vater verwendete eine besondere Folie als Wachstumshilfe. Diese Folie, eine Art Fließ, hat viele kleine Löcher, durch die die Pflanzen hindurchwachsen können. Außerdem fühlt sie sich weich und doch etwas rauh an, Farbe musste darauf also gut haften können. Ich besorgte mir bei diesem Schüler einige Folienproben und experimentierte zu Hause.

Die Folie hängt senkrecht herunter

Normale Farbe ließ sich wieder abwaschen, war nicht wasserfest. Daher nahm ich meine Acrylfarben, die ich für meine Bilder verwende. Sie werden zwar mit Wasser verdünnt, sind aber nach dem Trocknen wasserfest, können sich daher nicht mehr auflösen und den Bach verschmutzen oder gar vergiften. Ihr weiterer großer Vorteil war ihre Farbintensität. Den Bach selbst in Farbe verwandeln, ohne das Wasser zu färben, lautete daher die Aufgabenstellung, die ich an die Schüler weitergab.

Die flüssige Farbe wird aus Jogurtbechern gegossen

Wieder half uns der Zufall weiter. Das Schulgebäude wurde gerade eingerüstet. Die Außenwand sollte einen neuen Anstrich bekommen. Ich stellte die Folie und die Farben zur Verfügung, als offene Lernsituation, jedoch nicht im Klassenzimmer, sondern im Freien, direkt vor dem Gerüst. Nicht das Wasser sollte gefärbt werden, sondern die Folie. Um die Folie später leichter an der Wasseroberfläche des Baches zu installieren, gab ich den Schülern den Tip, an beiden Enden Holzlatten zu befestigen. Die Folie wurde daran festgeklebt. An diesen dünnen Leisten konnte die Folie auch leicht am Gerüst angebracht werden, etwa in vier Metern Höhe. Nur ein Schüler bekam Angst und betrat das Gerüst nicht, alle anderen mussten von mir eher zurückgehalten werden.

Jeder wollte zuerst die Farbe auf das Fließ schütten, werfen, spritzen. Nach ersten Versuchen, bei denen viel zu viel Farbe verschwendet wurde, da diese auch durch die vielen kleinen Löcher hindurchspritzte, verstanden wir schließlich, wie diese Fließe am besten zu bemalen waren: Die Folie musste möglichst senkrecht herabfallen, die Farbe, in ausgewaschene Jogurtbecher gefüllt, dicht an der Folie hinabgeschüttet werden.

Unten fingen wir die herabfließenden Farben wieder auf, um sie erneut herabfließen zu lassen oder am Schluss auf das Fließ zu spritzen. War das ein Spaß!

Ziemlich enttäuscht waren aber alle, ich selbst eingeschlossen, als die Farbe trocknete und dabei ihre Leuchtkraft fast ganz verlor. Die Abbildungen zeigen die Farben während der Aktion, in noch feuchtem Zustand. Getrocknet erschien alles ziemlich fahl und grau. War die ganze Aktion für das Bachfest unbrauchbar?

Der Bach wurde zum Farbbach

Wir mußten die Wirkung der Folie im Wasser erproben. Wir spannten die Folie also, direkt auf der Wasseroberfläche des Baches liegend, an den Ufern fest. Sie füllte dabei die ganze Oberfläche des Baches aus. Das Wasser konnte darunter und auch über die Folie fließen.

Wir trauten unseren Augen kaum und waren völlig überrascht! Im Bach erstrahlten die Farben wieder zu vollem Glanz. Mehr noch: Nicht bemalte Stellen wurden durchsichtig, das Wasser schimmerte hindurch. Die Farbspuren auf dem Fließ „mutierten" zu farbigen Schlingpflanzen.

Der Bach wurde zum „Farbbach". Er hatte ein Festtagskleid angezogen. Schließlich zogen die Schüler die Folie wieder an Land, um sie zum Trocknen aufzuhängen. Erst beim Bachfest im Juli sollte die Folie wieder installiert werden.

Wasserspiele am Bach

Werner Claßen

Man braucht nicht viel, um mit Wasser Spaß zu erleben.

Bei unserem geplanten „Bachfest“ agierten die Kinder jedoch nicht in einem geklärten Wasserbecken eines Freibades, sondern in einem natürlichen Bachlauf. Der Reißinger Bach in Wallersdorf hat bereits viele Kilometer zurückgelegt, bis er an unserer Schule vorbeifließt. Entsprungen wenige Kilometer nordwestlich des Ortes Reißing, fließt er sogleich an landwirtschaftlich genutzten Flächen vorbei. Dünger und Spritzmittel gelangen selbstverständlich auch in den Bach.

Vorsicht im Umgang mit dem Wasser, das an unserer Schule vorbeifloss, war also durchaus geboten. Das Wasser selbst erschien klar. Die Kläranlagen hatten sichtbare Erfolge gebracht.

Normales Planschen und Spritzen des Wassers, mit der Hand aus dem Bach selbst herausgeschaufelt, kamen trotzdem nicht in Frage. Die Schüler brachten daher für das „Bachfest“ und zuvor bei der Erprobung von Spielmöglichkeiten verschiedene Eimer, Flaschen und Gläser mit. Das Wasser und die mitgebrachten Gefäße hatten soviel Aufforderungscharakter, dass ich anfänglich gar nichts zu sagen brauchte.

Jeder kam mit guten Ideen, was alles zu machen sei. Alles wurde erprobt, die Ausführung beurteilt und verbessert: Wasserfontänen, Wasserbögen, in eine Richtung, von einem oder von mehreren Schülern ausgeführt, parallel in eine Richtung oder sich gegenüberstehend. Das Wasser spritzte nur so umher! Alle freuten sich auf die Aktionen beim „Bachfest“.

So einfach es ist, solche Wasserspiele sind schön

Schnee im Glas

Claudia Hartmann

Jeder kennt sie, die kleinen Gläschen, in denen es schneit, wenn sie geschüttelt werden. Auch meine Zweitklässler erzählten zum Thema „Was schwimmt, was sinkt“ von dem „Schnee“, der in Wassergläsern schwimmt.Die Idee der Kinder wollte ich aufgreifen und mit ihnen solche Schüttelgläser gestalten.

Schnee im Glas gefangen

Erst einmal versuchte ich einige Objekte daheim selbst vorzubereiten.Die Resultate waren trotz Zuhilfenahme eines Physikbuches eher unbefriedigend. Die einzigen vorzeigbaren Beispiele schienen mir ein leeres Marmeladenglas mit Styroporschneelandschaft und ein Babybrei-Glas mit Öl gefüllt und abgeschabten Wachsteilchen. Natürlich habe ich auch kleine Figuren und Fahrzeuge, die die Kinder so lieben, hineingeklebt.

Einige meiner Schüler waren dennoch von meinen Objekten wenig begeistert. Sie kritisierten, dass im ersten Glas ja gar kein Wasser sei, und im zweiten Glas das Öl eine gelbe Farbe hatte.Nun, ich hatte mein Bestes gegeben, jetzt waren

Ein Teil der Klassensammlung

sie an der Reihe. Die Kinder hatten auch gleich einige Vorschläge parat: aus einer Kindersendung kannten sie ein Rezept für Schüttelgläser, nachdem man Spülmittel ins Wasser gibt, außerdem wollten sie andere Materialien als Schneeflocken versuchen. Hausaufgabe war also, jedes Kind sollte sich ein Schüttelglas mit besonderem Inhalt basteln.

Eltern, Großväter und Bekannte durften natürlich bei dieser Aufgabe helfen. Was die Kinder in den nächsten Tagen mitbrachten, war verblüffend. Ihre Erzählungen über den Zeitaufwand und auf welchen Umwegen die Ergebnisse zustande gekommen waren ebenso. Erfolglos wurden Sägemehl, Holzstückchen, Erde oder Ölgemische versucht. In den völlig unterschiedlichen Gefäßen waren nun Styropor, kleine Plastikflocken und auch fertig gekaufte und neu gestaltete Flocken, die in Wasser schwammen oder nur in der Luft geschüttelt wurden.

Allgemeines "Schüttelfieber"

Es wurden Landschaften, Häuser aus Zündhölzern und Schneemänner aus Silberpapier gebaut, oder Figuren hineingeklebt. Manche Gläser waren auch bemalt. Die Kinder berieten und besprachen sich. Da nun ein allgemeines "Schüttelfieber" ausbrach, einigten wir uns darauf, dass jeder dann sein Glas schütteln darf, wenn er mit sich und seiner Leistung in den Unterrichtsstunden besonders zufrieden war. Alle waren stolz auf ihre Gläser.

Foto:Bü

Von Wogen und Wellen

Bernadette Adamietz

Im Schwimmunterricht können wir das Wasser mit allen Sinnen aktiv und bewußt erleben :

Wasser ist spürbar, auf der Haut, am Körper, beim Anspritzen, beim Tauchen...
Wasser ist hörbar, es plätschert, rauscht, blubbert, ...
Wasser läßt sich bewegen durch Pusten, Schöpfen, Spritzen, Wellen erzeugen ...
Wasser bietet Widerstand beim Hüpfen, Laufen, Purzelbaum ...
Wasser trägt uns bei Gleitübungen, beim „Toten Mann".

In der Kunsterziehungsstunde betrachteten wir dann Spuren des Wassers auf dem Zeichenpapier mit Pinsel, ohne Farbe aufs Papier gebracht. Selbst diese einfache Aufgabenstellung brachte unterschiedliche Wasserspuren zu Tage: getröpfelt, fließend, gespritzt, wellig abgedruckt. Danach sollte das Wasser farbig auf dem Papier zu sehen sein.

Die Schüler wählten durchwegs blaue Farbtöne, jedoch in abwechslungsreicher Darstellung, zum Beispiel durch verblasene Farbtropfen, sehr wäßrig aufgetragene Farbe, durch Schrägstellen des Zeichenpapiers und Verlaufenlassen der Farbe, mit dem Pinsel gespritzt oder als Wellenform aufgetragen, symmetrischer Abdruck durch Falten des nassen Papiers. Die gegenseitige Motivation der Schüler, neue Möglichkeiten zu erfinden, auszuprobieren und deren Wirkung zu diskutieren, war enorm.

Die hierauf folgenden Arbeiten sollten nun die Wogen des Wassers zur Geltung bringen. Mit Papier und Kleister wurden Wogen gerollt, geknickt, geflochten, übereinander gelagert, als Wasserstrudel eingedreht, nebeneinander gelegt, schwungvoll und wuchtig drapiert.

Erst die Farbgebung vermochte nun, Bewegung und Dynamik in das Wasser zu bringen. Es bestand auch die Möglichkeit, mit dicker weißer Wandfarbe zu mischen oder die Schaumkronen damit hervorzuheben. Die Ergebnisse dieser Arbeiten waren sehr unterschiedlich. Kein Bild ähnelte auch nur einem anderen. Jedes war in seiner Wirkung absolut einzigartig.

Wasser trägt uns

Begeistert von den bisherigen Ergebnissen zum Thema „Wasser“ wagten wir es, für die plastische Darstellung von Wellen neue Materialien (Gips, Füllspachtel) auszuprobieren. Um die Kosten möglichst gering zu halten, wollten wir es zuerst mit Gips ausprobieren. Spannung und bald darauf auch Enttäuschung waren uns ins Gesicht geschrieben, als wir bei einem Probeexemplar sahen, wie schnell der Gips härtete. Um die geschwind abnehmende Geschmeidigkeit noch zu nutzen, zogen die Schüler mit der Zahnbürste die Wellen aus ihrer „Wassermasse“.

Erst als am nächsten Tag durch kräftige Farbgebung die tosende Wirkung der Wassergewalt deutlich wurde, fassten wir wieder Mut, mit diesem Material weiterzuarbeiten.

Viele Schüler wählten aufgrund der längeren Verarbeitungszeit von Füllspachtel dieses teurere Material. Mit unterschiedlichsten Materialien wie Sand, Steinchen, Muscheln, Erde oder Farnspitzen gestaltete jeder Schüler sein eigenes, einzigartiges Wasserbild.

Unterwasserwelt mit Naturmaterialien

Bildteile, die durch ihre Farbe noch fremdartig wirkten, wurden mit wäßssrigem Gips bzw. Füllspachtel übertupft. Die abschließende Farbgebung in Blautönen betonte die Wirkung jedes Wasserbildes.

Plastische Wogen und Wellen

Ein Findling auf dem Dorfplatz...

Schnee von heute

Zupackende Gestaltung eines Findlings – 1. Teil

Inge Seitz

Der Findling wird mit Schnee verpackt

Im bayerischen Voralpenland leben wir auf und mit Relikten der Eiszeit. In vielen Orten trifft man auf Findlinge, große Felsbrocken, die von den Gletschern mitgebracht wurden.

Vieles hatten sie auf ihrer „Reise“ schon erlebt. Sie wurden von Eis, Geröll und Sand geschliffen und begraben, von Wasser umspült. Die Geschichte dieser großen Steine war Grundlage für unsere Idee, mit ihnen etwas zu machen und zu gestalten.

Sehnsüchtig warteten wir auf den ersten Schnee, der so pappig sein musste, dass er auf der glatten, steilen Oberfläche des Steines auch haften bleiben würde.

Eines Tages war es soweit. Ausgerüstet mit Schlitten, Eimern und Schaufeln holten wir auf einer nahen Wiese den Schnee. Der Dorfplatz, auf dem der Findling steht, blieb unberührt, zumindest entnahmen wir dort keinen Schnee.

Den 2. Teil finden Sie auf S. 232 ff

Ohne anfängliche Gestaltungsidee fingen die Kinder eifrig an, den Felsen mit dem Schnee einzupacken. Im Laufe der Arbeit erkannten sie in der Form Ähnlichkeiten mit einem Hasenkopf.

Schnell wurden Ohren und Schneidezähne dazumodelliert, wurde ein Reisigbesen für Augenbrauen und Schnurrhaare zerlegt und zwei Steine als Augen eingedrückt.

Ein Schneehase passt nicht ganz zu Weihnachten, aber niemand nahm es uns übel.

Irgendwann ist er dann geschmolzen.

Winterlicher Schneehase

Giftige Flüssigkeiten

Eine Bildgeschichte

Elvira Rückerl

Bild 1: Julia spielt draussen

Bild 2: Sie bekommt Durst und geht in die Garage

Eines morgens fand ich auf meinem Pult ein kleines Fläschchen mit einer gelblichen Flüssigkeit und dem Etikett „Gift" darauf. Christine meinte verschmitzt, sie hätte es für mich mitgebracht, und ob ich es nicht probieren wolle. Ich roch daran und weigerte mich, es zu versuchen, nicht zuletzt wegen des Aufklebers, versprach jedoch, am nächsten Tag mit den Kindern den Inhalt festzustellen. Dabei ermutigte ich meine Schüler, vielleicht noch andere unbekannte Flüssigkeiten mitzubringen.

Am folgenden Tag hatten sich insgesamt acht verschiedene Fläschchen und Gläschen mit unterschiedlichem Inhalt auf meinem Pult eingefunden. Keines der Kinder verriet den Inhalt. Nachdem wir uns über die Vorgehensweise des Untersuchens einig geworden waren: anschschauen, vorsichtig riechen und keinesfalls trinken, versuchten die Gruppen den Inhalt zu bestimmen. Dies gelang nicht bei allen Flüssigkeiten.

Julia hatte uns eine besondere Art „Falle" gestellt: Ihre zwei Fläschchen sahen ziemlich ähnlich aus. Sie verriet uns noch: „Mir ist damit, als ich noch klein war, ein schlimmes Unglück passiert." Nun waren wir vorgewarnt, besonders vorsichtig vorzugehen. Pia hatte etwas Ähnliches mitgebracht und wir nahmen es in diese Untersuchungsreihe auf. Es wurde genau beobachtet: „Die eine Flüssigkeit ist dicker als die andere." „Warum hast

Bild 3: Dort findet sie eine Flasche Cola

Bild 4: Julia trinkt aus der Flasche

du die eine Flasche in ein zweites Glas verpackt?“ „Das sprudelt. Das ist bestimmt Cola. Es riecht auch so.“ Schließlich schütteten die Schüler die Flüssigkeiten um und verglichen die Fließgeschwindigkeiten. Eine davon floss wesentlich langsamer als die beiden anderen, und sie roch auch „giftig“.

Cola oder Spezi sowie der schwarze Tee wurden schließlich erkannt. Beim Motoröl erinnerte sich schließlich Christopher: „Das sieht aus wie das Motoröl in Papas Autowerkstatt.“ So war auch dieses Rätsel gelöst.

Bild 5: Sie merkt, es ist Öl und spuckt es aus!

Bild 6: Julia muss ins Krankenhaus

Bild 7: Zwei Wochen liegt sie im Bett

Nun erzählte Julia ihre Geschichte. Sie hatte als 5-jährige in der Garage versehentlich Motoröl aus einer Colaflasche getrunken. Ihre Mitschüler waren nach der eindringlichen Schilderung höchst betroffen. Die zwingende Erkenntnis daraus: „Trinke nie unbekannte Flüssigkeiten“! Aber auch:“Fülle nie fremde Flüssigkeiten in Getränkeflaschen!“

Daraufhin wollten die Kinder ein Bild dazu malen. „Aber welche Situation ?“ Schließlich entstand daraus im „Wasserheft“ eine selbstgefertigte Bildergeschichte. In der Freiarbeit fertigten die Schüler ein Memory aus unbekannten Flüssigkeiten. In 14 Filmdosen wurden immer 2 gleiche Flüssigkeiten eingefüllt. Wer erkennt die meisten? Erkennst du sie am Geruch , an der Farbe? Dieses Memory war lange Zeit der Renner unter den Freiarbeitsmaterialien.

Eingemachte Waldluft

Ellen Riebesell

Wald unter einer Glasglocke

In Zusammenarbeit mit der "Schutzgemeinschaft Bayerischer Wald" plante ich mit meiner Klasse eine Ausstellung zum Thema Wald und Luft.

Am Schuljahresbeginn hatten wir unter Anleitung eines Försters den Wald bereits mit allen Sinnen kennengelernt. Wir erfuhren bei dieser Exkursion, wie viele Bäume bereits an den Folgen der Luftverschmutzung erkrankt waren. Im Radio verfolgten wir täglich die Ozonwerte und ließen uns aktuelle Zahlen aus dem Forstamt geben. Durch Umfragen machten wir auf die Notwendigkeit einer Umgehungsstraße für den Ebersberger Forst aufmerksam.

Bei unserer Ausstellung wollten wir den Besuchern die Gefahren für den Wald anschaulich vor Augen führen. Deshalb beschlossen wir, zwei Landschaftsmodelle herzustellen: einen gesunden Wald unter einer Glasglocke und einen durch die Umweltschäden krank gewordenen.

Die Landschaft wird aufgebaut

Die Schülerinnen und Schüler brachten für diese Modelle Naturmaterialien mit, aber auch Bäumchen, Figuren und Autos aus ihren Spielzimmern.

Wir hatten gemeinsam die Geschichte "Hirsch Henri in der Badewanne" gelesen, in der dieser gegen die Waldverschmutzung protestiert. Die Schüler schlüpften in die Rolle von Henri und erträumten sich einen weichen, moosigen Boden, kräftige Nadel- und Laubbäume und einen Platz für die bedrohten Tiere.

Als sie die Glasglocke über das Waldstück stülpten, erzählten die Schüler: "Hier kann Hirsch Henri stolz durch sein sauberes Revier wandern."

Um aber nicht nur die Augen unserer Ausstellungsbesucher anzusprechen, planten wir als nächstes, die Waldluft als Geruchserlebnis in unser Konzept einzubeziehen.

Unsere Nasen wussten noch recht gut, was im Wald besonders angenehm, stark oder andererseits scheußlich gerochen hatte.

Wir unternahmen deshalb noch einen Unterrichtsgang in den nahegelegenen Ebersberger Forst, um diese Gerüche "einzufangen". So sammelten wir im Wald intensiv duftende Dinge, wie Moose, Zapfen, Zweige, harzige Rinde usw. und arrangierten sie in großen, verschließbaren Gläsern. Ungefähr 50 solcher Gläser mit "eingemachter Waldluft" boten wir am Tag unserer Austellung den Besuchern an. Innerhalb von zwei Stunden waren alle verkauft, und wir hatten durch manch großzügiges "Trinkgeld" unsere Klassenkasse aufgefüllt. Bis zum Schuljahrs-

Unser Verkaufsstand von "Waldluft" und ein Wald-Mobile

ende kamen noch Anfragen von Eltern und Geschwistern, ob wir nicht noch "Waldluftgläser" nachliefern könnten. Sie wollten unsere Gläser so ähnlich wie Dosen mit "Berliner Luft" verschenken.

Mit den übrigen Naturmaterialien aus dem Wald bauten wir Mobiles, die bei der Ausstellung in der Luft hingen und ihren Duft und die vielen Waldgerüche in den Räumen verbreiteten.

Um schließlich den Wald auch akustisch ins Schulhaus zu holen, untermalten wir die Ausstellung mit "Vogelgezwitschermusik" von einer Endloskassette.

Luftschloss 1

Michael Gerner

Wie oft träumen Kinder von Burgen oder Schlössern? Sie können in allen Varianten darüber erzählen und phantasieren. Aber ein echtes Luftschloss hat noch kein Schüler gebaut.

Wenn die ganze Klasse oder Gruppe mithilft, kann das Klassenzimmer oder ein besonderer Bereich der Schule mit einem Gebilde aus lauter Luftballons gebaut werden. Die Entstehung dieses Luftschlosses erfordert als Gemeinschaftsarbeit den Einsatz aller Schüler. Das Team benötigt je nach Größe des geplanten „Bauwerks" 300 bis 500 Luftballons. Auch Latexhandschuhe eignen sich als Baumaterial. Um die Luftballons miteinander verbinden zu können, braucht die Gruppe zudem drei Rollen durchsichtigen Tesafilms mit einer Bandbreite von fünf Zentimetern.

Den Grundriß des Luftschlosses zeichneten die Schüler zuerst mit Kreide auf den Klassenzimmerboden. Empfehlenswert ist es, eine Igluform anzustreben. Steht ein glatter Bodenbelag zur Verfügung, kann darauf direkt mit dem Tesa-

film "gemörtelt" werden. Eine Gruppe bereitet aus den auf ca. 10 Zentimeter zugeschnittenen Tesastreifen sogenannte Schlaufen oder Ringe. Sie klebt die Streifen so zusammen, daß ein Ring entsteht, dessen Äußeres die klebende Schicht ist. Diese Schlaufen werden der Reihe nach auf eine glatte Fläche geklebt. So sind sie für die "Maurer" später gleich griffbereit.
Noch einfacher, wenn es auch etwas teurer ist, geht es mit Doppelklebeband!

Die Ballons müssen Sie nicht kaufen, fragen Sie bei Banken und anderen Unternehmen nach kostenlosen Luftballons.

Probesitzen im Luftschloss

Eine Gruppe stellt das Baumaterial, sprich die "Steine", d.h. die Luftballons, her. Zum Aufblasen eignet sich ein alter Staubsauger. An seinen Abluftausgang wird das Saugrohr aus dem Staubsaugerzubehör gesteckt, das für feine Saugarbeiten gedacht ist. Über dessen kleine Öffnung kann der Luftballon gestülpt werden. Zieht man ihn einmal fest auseinander, reicht die Abluft des Staubsaugers, den Luftballon in ein paar Sekunden zu füllen.

Baut man das Luftschloss im Sommer, ist es sinnvoll, die Ballons nicht ganz aufzublasen, da sich die Luft bei Erwärmung noch ausdehnt. Es besteht sonst die Gefahr, dass etliche Luftballons platzen.

Mit Hilfe der vorbereiteten Tesastreifen klebt eine weitere Gruppe die Ballons an den Berührungspunkten zusammen. Pro Ballon rechnet man mit zwei bis drei Klebeschlaufen. Interessant für die Gestaltung sind Fenster und ein Eingang.

Eigentlich mehr ein Iglu als ein Luftschloss

Ist das Bauwerk soweit fortgeschritten, dass die Bedachung in Angriff genommen werden kann, so lässt man pro zu montierender Luftballonreihe jeden dritten Ballon aus. Der Ring wird enger, es entsteht eine Kuppel wie bei einem Iglu.

Will die Bautruppe noch Türme beifügen, so kann man an vorher befestigten Schnüren die Ballons anknoten bzw. ankleben. Anstelle eines Iglus läßt sich auch eine Röhre aus lauter Luftballons bauen, die von Mitschülern bei einem Schulfest beispielsweise durchkrabbelt wird.

Luftschloss 2

Wir möchten im Anschluss an das Projekt von Michael Gerner, das er mit seinen Schülern realisiert hat, unser Dillinger Luftschloss vorstellen, wie es im Rahmen unserer Fortbildung entstanden ist, weil dieser Iglu im Freien gebaut wurde und dadurch auch eine stattliche Größe erreichen konnte.

Die Idee zu diesem Luftschloss-Iglu stammte von unserem Referenten Wolfram Kriegelstein. Zum Aufblasen benutzten wir einen kleinen Kompressor, wie man ihn für die Air-Brush-Technik verwendet. Ansonsten arbeiteten wir so wie zuvor beschrieben mit Klebestreifen.

Das Schlauchdreieck über dem Iglu entstand durch das Füllen eines Plastikschlauches mit Luftballons. Die Reduzierung auf die Ballonfarben Blau und Weiß gab dem ganzen natürlich zusätzlich eine bayerische Note.

Besonders originell wirkten die aufgeblasenen Latexhandschuhe mit ihren 5 Fingerausstülpungen, und weil sie sich noch größer aufblasen lassen als die Luftballons. Und in der Nacht, von innen beleuchtet, war die Wirkung überwältigend.

Fallschirmspiele

Erfahrungen mit Luft

Gerhild Wortmann

Einen Fallschirm sollte man, so oft es möglich ist, mit auf den Wandertag nehmen, in der Pause oder auch in der Sportstunde einsetzen. Das gemeinsame Spielen fördert das Zusammengehörigkeitgefühl der Schüler, und nebenbei machen die Kinder noch viele Erfahrungen mit dem Element „Luft“.

Alle helfen zusammen, damit der Ball nicht über den Rand rollt

Einige Spiele und Übungen sollen hier beschrieben werden:

Haltet den Ball!

Die Kinder verteilen sich gleichmäßig um den Fallschirm und spannen ihn mit beiden Händen in Hüfthöhe. Ein Ball wird auf den Fallschirm gelegt. Aufgabe der Kinder ist es nun, den Ball nicht über den Rand des Fallschirms rollen zu lassen. Sehr schnell bemerken die Kinder, wie instabil die Lage des Balles ist und wie wichtig es ist, keine Lücken entstehen zu lassen, zusammenzuhelfen und schnell zu reagieren.

Unten durch!

Die Kinder verteilen sich wieder gleichmäßig um den Fallschirm und halten den Rand mit beiden Händen fest. Durch gemeinsame Bewegungen nach oben und nach unten bringen die Kinder den Fallschirm zum Schwingen. Auf Zuruf sollen nun abwechselnd ein oder zwei Kinder quer unter dem Fallschirm durchlaufen, während dieser nach oben schwingt. Wer schafft es, auf der gegenüberliegenden Seite anzukommen, bevor ihn der Fallschirm überdeckt? Bei diesem Spiel merken die Kinder deutlich, wie „schwer" die Luftmassen sind, die sie dabei bewegen.

Spüren, wie schwer die Luftmassen zu bewegen sind

Höhlenspiel

Wieder schwingen die Kinder den Fallschirm hoch und nieder. Wenn der Fallschirm seinen höchsten Punkt erreicht hat, dukken sich die Kinder und halten den Rand des Fallschirms hinter sich auf dem Boden fest. Für eine Weile, bis die Luft entwichen ist und der Fallschirm über den Kindern zusammenfällt, sitzen sie in einer „Höhle".

Fliegen lassen

Nach gemeinsamem, kräftigem Hoch-Tief-Schwingen lassen alle Kinder auf Kommando den Fallschirm los, kurz bevor er seinen höchsten Punkt erreicht hat. Der Fallschirm fliegt weiter nach oben, um sich dann langsam auf die Erde zu senken. Die Kinder entdecken, dass die bewegte Luft den Fallschirm für einige Zeit „trägt".

Der Fallschirm wird zur Höhle

Luftkissen

Waltraud Meier

VerschiedeneMaterialien, die Luft assoziieren lassen, liegen auf dem Boden bereit. Transparent- und Seidenpapiere, durchscheinend, farblos, in blauen Farbtönen, Federn, Watte, Bildkarten mit Flugobjekten, Tüten, Fäden.

Vorausgegangen waren vielfältige Wahrnehmungen, Fühl- und Körperübungen zu Luft und Wind, fortgeführt durch Arbeiten im Sprach- und Vorstellungsbereich, etwa durch Erzählen, Nachdenken und Assoziieren werden eigene Seherlebnisse erweitert.

In der vorbereiteten Situation begegnen die Kinder meiner 2. Klasse den Materialien, die helfen können beim Darstellen von Luft, deren Wirkung oder von Vorgängen in der Luft. Gemeinsam besprechen, untersuchen und vergleichen wir diese Materialien. Ich rege die Kinder mit einem Impuls zur selbständigen Ausdrucksform an: „Finde deine Vorstellung und gestalte deine Luftidee. Verpacke dein Luftbild wie in einem Kissen.“ Den Kindern sind diese knappen, offenen Anweisungen vertraut. Ein Satz oder Gedanke bildet in der Regel den Ausgangspunkt für die Gestaltung. Zum Bildträger wird ein großer Bogen Transparentpapier. Alleine oder mit einem Partner beginnen die Kinder unter den Materialien auszuwählen. Sie ziehen sich auf ihren Arbeitsplatz zurück und experimentieren, gestalten.

Eine Phase intensiver, schöpferischer Anstrengung beginnt. Spielerischer Umgang, Erproben und Gestalten wechseln sich ab. Einige überprüfen die Lichtwirkung von Materialien indem sie diese vors Fenster halten. Collagen und erste Montagen entstehen. Die Kinder gestalten für sich, besprechen sich oder nehmen die Arbeit anderer in Augenschein. Zwei Jungen entwickeln die Idee, Luft auch tatsächlich einzufangen und erbitten Tütchen, die sie gemeinsam aufblasen. Zwölf luftgefüllte, pralle Beutel werden später ihre Luftkissen bereichern.

Ein "federleichtes" Luftkissen

Udo kommentiert sein Tun: „Ich werde eine Luftnachricht schreiben. Ich freue mich schon darauf, wenn sie fertig ist.“ Dadurch angeregt, schreibt Lisa eine Karte an Luft Wind (Vor- und Zuname) mit Adresse Sonne, frankiert mit einer Briefmarke, die eine Feder zeigt, und legt sie in ihr Luftkissen.

Es entstehen plastische Gebilde aus Transparentpapieren und leichten Materialien. Die Überlagerungen werden zu einem bewegten Spiel aus duftigen Wolken und durchscheinenden Strahlen. Einige Bilder sind innen und außen gestaltet. Duftige, wolkige Wirkung wurde mit Watte erzielt. Manfred hat sein Kissen zugeklebt und farbige Papiere eingefüllt, die beweglich bleiben. Manche lassen ihr Kissen offen.

Gedanken zum Aufhängen ergeben sich spontan. Ein Junge stellt fest: „ Das Bild von Philip sieht jetzt (dabei hält er es vors Fenster) viel interessanter aus, weil es durchsichtig ist. Vorher an der Tafel war’s nicht so.Laß ma’s doch schweben, mit fast durchsichtigen

Schnüren an die Decke hängen, dann meint man, die Luftbilder schweben von sich aus." Philip wendet ein: „Aber dann müssen wir Wind rein lassen, dann flattern die Luftbilder." Sabrina, die auf ihr Bild eine Fülle von Federn appliziert hat, ergänzt: „Dann flattern sie richtig und die Federn erst recht."

Die Luftkissen sind von großer Leichtigkeit, aber auch Eindringlichkeit mit großartigen Wolkenformationen, mit vielfältigen Aussagen. Die atmosphärische Gestaltung ist mit bunten Elementen kombiniert. Um die gestalteten Bildobjekte zu fassen und damit besser aufhängen zu können, wurden Rahmen auf

Luftbeutel aufblasen

Pappe aufgezeichnet, ausgeschnitten und bemalt. Da die Wirkung der transparenten Luftkissen unter freiem Himmel noch gesteigert ist, brachten wir sie für begrenzte Zeit an Bäumen des Innenhofes an. Dort wahrgenommen, sollten sie später im Haus von den Betrachtern wiedererkannt werden.

In einem Gespräch stellen die Kinder einander und auch Interessierten aus anderen Klassen ihreErgebnisse vor.
Tina vermutet: „Das sind Wolken, die bedecken die Bilder ..."
Lisa: „Ich habe aus Watte eine Sonne gemacht und Sonnenstrahlen aus Papier. Dann habe ich einen Vogel gestaltet. Auf die Rückseite habe ich eine Luftnachricht geschrieben ."

Gebilde, die im weitesten Sinne mit Luft zu tun haben

Udo: „Bei mir findet man alles, was in der Luft schweben könnte. Da schwebt ein Drachen, und Wolken sind da ."
Lisa: „Ich hab einfach drauflos gemacht, ich hab gar nicht lang überlegt. In der Mitte ist ein Vogel mit einem Federkleid, das hab ich schon erzählt, und hinten ist ein kleiner, roter Lufttunnel, da kann man reinlangen ... und weißt du, was das (zeigt) zu bedeuten hat, das ist ein L für Luft ... aus Watte, und wenn (probiert, bewegt) sich das so bewegt, bewegt sich auch die Feder, weil Luft geht."

Manfred: „Ich hab zuerst versucht, die Federn in Watte zu stecken ... ich wollt praktisch einen Federball machen, bloß anders ... rund sollte der werden mit Federn an allen Seiten, keine normalen mit einer Gummikappe vorne, sondern einen Ball wie ein Seeigel mit Federn ringsherum. Aber die Watte war zu fest und die Federn sind beim Reinstecken umgeknickt. Da hab ich verschiedene

Sachen genommen und in Tütchen getan. Markus ist dann auf die Idee gekommen, dass wir die Tüten aufblasen ... mit Luft kann man ja nicht malen wie mit Erde, also haben wir die Luft in die Tüten reingetan. Luft kann man fast nicht fangen, drum haben wir die Tüten aufgeblasen. Später haben wir sie ans Luftbild gehängt, zwölf Stück! Luft kann man auch nicht in der richtigen Farbe malen ... und man kann sie so schlecht fangen, im Bild nicht ... zumindest ... drum hat sich die Idee ergeben im Kopf."

Sabrina: „Zuerst wollt ich es ganz normal machen, dann ist mir aber eingefallen, dass ich mein Bild zumachen könnte ... innen hab ich Bilder mit weißer Folie überdeckt, wie im Nebel. In den Beutel (zeigt) hab ich Watte getan, in den anderen Federn. Ich hab gedacht, wenn da die ganze Zeit nur Luft drin ist, ist das langweilig ... der Himmel ist ja blau, drum hab ich gedacht, ich leg blaues Papier rein ."

Jedes Luftkissen sieht anders aus, ist einmalig

Philip zeigt und gestikuliert: „Da ist ein Flugzeug und da pressen die Wolken drauf ... von oben drückts die Luft runter und auch die Wolken ... da ist ein anderes Flugzeug draufgepresst, dann hat, die Wolke federt ja, dann hat das andere Flugzeug die Kontrolle verloren ... Plötzlich ist ein Orkan gekommen. Das Flugzeug ist in der Luft, es kann nichts mehr sehen, dann ist ein Balken am Heck abgebrochen, der schwebt in der Luft ... Hinten war ein starker Wind, der schleudert sich nach vorne, dann hat er sich ein bisschen gedreht, dann hat er sich stark gedreht und hat dann vorne die Scheiben eingebrochen."
Lehrerin: „Hattest du diese Ideen von Anfang an?"
Philip: „Ja, das hab ich mir beim Arbeiten ausgedacht."

Der schwarze Vogel

Dorothea Thom

Spiel mit der Feder

Meinen Schülern war der Umgang mit farbigen Tüchern bekannt, allerdings waren die Tücher noch nie so groß gewesen. So musste vor der Ausarbeitung unseres Märchens „Der schwarze Vogel“ der spielerische Umgang mit den Tüchern stehen. Mit der Farbe Blau des Tuches verbanden die Schüler die Vorstellung von Wasser und Himmel.

Durch die gemeinsamen Bewegungen verwandelte sich das Wasser in eine Quelle, in einen Fluss oder in das stürmische Meer. Dazu kam die entstehende Luft, der Wind. Beim Spielen mit der Feder wurde die Bewegung sichtbar. Die schwebenden Chiffontücher zeigten den Luftwiderstand. Wasser, Luft, das Fliegen, der Wind, die blaue Farbe waren Elemente der Geschichte.

Die Begegnung mit der traurigen Geschichte vom schwarzen Vogel erfolgte in zwei Teilen. Im ersten Teil entdeckt die Hauptperson Maren bei der Suche nach ihrem Drachen („Windvogel“) den ölverschmutzten, schwarzen Vogel. Sie möchte helfen. Doch

Der Schwarze Vogel
Hannelore Dierks und Carmen Solé Vendrell , Patmos Verlag, 1995

der Vogel sagt ihr, dass jede Hilfe zu spät kommt. Bevor er in den Wellen versinkt, gibt er Maren etwas Warmes, Glattes, Rundes in die Hand, ein Ei. Im zweiten Teil sucht Maren Hilfe bei der Wiese und der Sonne. Mit deren Hilfe und ihrer Geduld kann sie das Geschenk des schwarzen Vogels am Leben erhalten. Die Geschichte endet mit dem Satz: „Ein kleiner Vogel hat die Dunkelheit besiegt."

Der erste Teil wurde mit Tüchern während der Erzählung nachgelegt. Die Arbeiten der ersten Klasse zeigten den schwarzen Vogel, wie er im Wasser versinkt. Maren baute in der Geschichte das Drachenkreuz als Kreuz für ihren schwarzen Vogel auf. Eine zweite Einheit bildete das Malen des schlüpfenden Kükens. Hier war das Vogeljunge von den Erstklässlern schwarz, braun oder hellgelb gemalt worden. Nelli nahm fast weiße Farbe und erzählte, so ein Vogelkind hätte sie einmal mit ihrer Mutter gefunden.

Den Luftwiderstand spüren

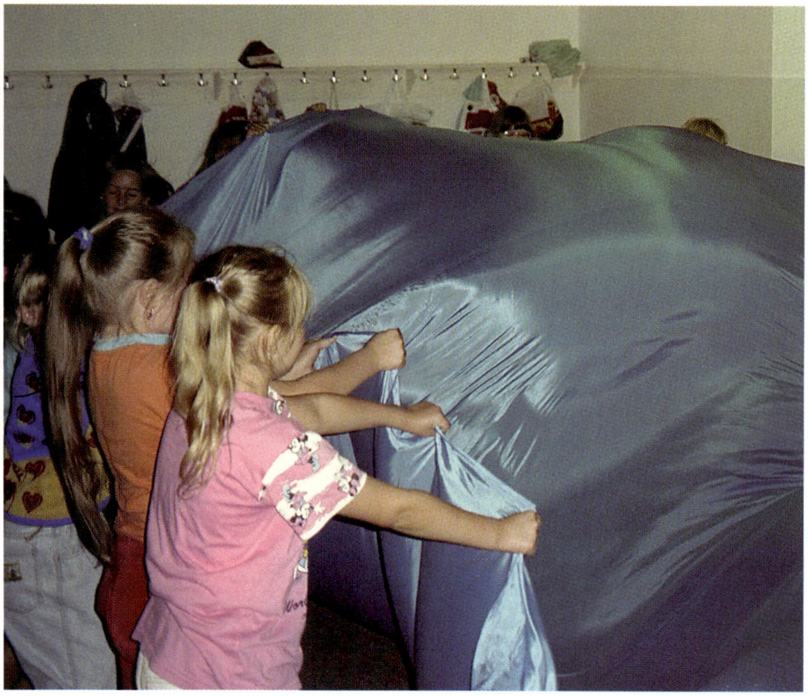

Der Übergang vom schwarzen Meer zur Wiese wurde mit bunten Tüchern gestaltet. So verschwand die schwarze Farbe unter den Farben der Sonne, der Blumen und der Gräser. Ein kleines Osterküken wurde im Kreise von Hand zu Hand weitergereicht.

Bei dem Musikspiel ist der Wechsel zwischen dem ölverschmutzten Wasser und der Sonnenwiese durch eine Liedgestaltung darstellbar. Mehrere Vögel beklagen in dem Lied „Ölpest" (Lied NR. 52 von Klaus W. Hoffmann, in „Das große Umweltliederbuch" von W. Ahrens (Hrsg.), Bund

Verlag, Köln, 1994) ihr Sterben. Mit einem hoffnungsvollen Lied endet das Märchen.

Bei der Aufführung waren die Zweitklässler die Schauspieler, die Kinder einer gemischten Klasse die Techniker und „Tücherkinder“ und die Kinder der ersten Klasse spielten die Musik zu den zwei Szenen.

In jeder Klasse entstand ein eigenes Bilderbuch zur Geschichte des schwarzen Vogels. Die „Theatertücher“ nähte mir die Kollegin aus Textilarbeit/ Werken. Sie benötigte pro Tuch etwa zwei Stunden.

Wir wollen im neuen Schuljahr das Stück noch weiter entwickeln und die Botschaft vom schwarzen Vogel weitergeben.

Leicht und zart wie ein Küken

Der Vogel, getragen von Luft oder Wasser

Erdfahnen im Wind

Dorothea Thom

Bunte Fahnen schmücken unser Schulhaus zum Beispiel bei Schul- und Sportfesten, der Einschreibung oder an einem Theatertag. Jedesmal sind wir traurig, wenn die Fahnen fortgeräumt werden müssen und weil sie nicht lange halten. Deshalb entstand die Idee, "Dauerfahnen" herzustellen, nicht aus Papier, sondern aus gebranntem Ton.

Die Tonhubel werden zu Platten geschnitten

Ursprünglich wollten wir nur Tonfahnen für den Schmuck der Schule anfertigen, doch während der Arbeit entschlossen sich die Kinder, sowohl eine "Schulfahne"als auch eine"Privatfahne" für sie selbst herzustellen. Auch daheim wollten sie eine Erdfahne im Garten oder auf dem Balkon "wehen" lassen.

Von einem Tonhubel wurden Platten geschnitten, die dann mit einem Nudelholz etwa fingerdick ausgewalzt wurden. Dann rollten wir eine Seite zu einer Art Röhre über einem Holzstab ein. Diesen Stab muss man vor dem Trocknen der Fahne herausziehen, sonst reißt die Röhre. Genau dies passierte Jeremias, weil er vergaß, seinen Holzstab zu entfernen.

Ich konnte bei dieser Gelegenheit den Schülern erklären, dass der Ton beim Trocknen seinen Wasseranteil an die Luft abgibt und deshalb schrumpft. Und dort, wo der Holzstab den Ton nicht schrumpfen lässt entsteht ein Riss. So hatten wir wieder etwas über die "Elemente" gelernt.

Damit die Fahnen nicht alle gleich aussehen, schnitten die Schüler sie in unterschiedliche Formen. Anregungen holten wir uns von den Turnierfahnen aus der Ritterzeit.

Das Formen und Schneiden ging rasch von der Hand, viel mehr Zeit investierten die Kinder in die Bemalung.

Wir malten zum ersten Mal mit Engoben. Ich erzählte meinen Schülern, dass es sich dabei nicht um Farben in unserem modernen Sinne handelt, sondern um feingeriebene, in der Natur gefundene Erden, die unterschiedliche Tönungen besitzen.

Beim Anrühren des Engobenpulvers mit Wasser mussten wir darauf achten, die richtige "Visko-

Das hintere Ende wird eingerollt

Bemalung mit Engoben

sität" zu erhalten, damit der Pigmentbrei nicht zu flüssig und nicht zu zäh wird. Ich bereitete die Kinder auch darauf vor, dass sich die Farbe mancher Engoben durch den Brennvorgang verändern kann. Und tatsächlich gab es beim Herausnehmen der Fahnen aus dem Brennofen einige Überraschungen, aber keine negativen.

Für unsere "Schulfahnen" einigten wir uns auf freie, nicht zu streng geometrische Ornamente. Bei den "Privatfahnen" tauchten manchmal persönliche Botschaften auf: Namenszüge, Zeichen für Hobbies oder die Lieblingstiere.

Die Erdfahnen vor der Schule

Für die "Schulfahnen" fanden wir einen passenden Ort auf dem Schulgelände zwischen Pflanzen und vor einer Mauer.

Jetzt begrüßen uns unsere Erdfahnen täglich als festliche "Dauerbeflaggung" und geben dem Schulgebäude einen fröhlichen Akzent.

Ihre eigenen Erdfahnen nahmen die Schüler mit nach Hause, und sie erzählten mir, wo sie sie jeweils aufgestellt hatten.

Die Erde ist rund
Ein Mandala

Waltraud Meier

Gesammelte Erdpigmente

In verschiedenen Kulturen finden wir das Motiv des Kreises.

Die Menschen haben zu allen Zeiten Kreise in ihre Gestaltung einbezogen. Häufig haben diese Bilder eine starke Bewegung auf eine Mitte hin. Könnte das etwas mit der menschlichen Suche nach einer sinnvollen Lebensordnung und Lebensmitte zu tun haben?

Weit verbreitet finden wir heute den Begriff des Mandala, der aus dem Indischen kommt und sowohl „Zentrum“ als auch „Kreis“ bedeutet. Gelegentlich gibt es Diskussionen über den Begriff des Mandala, der ja aus einer anderen Kultur kommt. Vielleicht würde man besser von Kreisbildern sprechen und damit anzeigen, dass es um eine Ausdrucksform geht, die man überall entdecken kann. Andererseits ist das Wort Mandala, das einen eigenen Klang hat, eingeführt. Ich denke, man darf es auch großzügig auslegen und verwenden.

siehe: "Kinder zeichnen und malen" Videofilm, Akademie Dillingen

Die Psychologin Rhoda Kellogg stellte in den 60iger Jahren fest, dass Kinder überall auf der Welt sich künstlerisch mit runden Formen ausdrücken. Sie zeichnen Kreise, Kreise mit Gesichtern, Armen, Beinen oder einfach aus der Körperbewegung heraus. Psychologen und Kunsttherapeuten glauben, dass das Zeichnen von Kreisbildern Kindern hilft, ihre jeweilige Identität zu finden und sich in der realen Welt von Zeit und Raum zu orientieren.

Beginn am äußeren Rand

Die Kinder meiner 1. Klasse erhielten zunächst Beispiele von Mandalaformen als Kopien, die sie farbig gestalteten. Entspannungsmusik erzeugte während dieser Tätigkeit eine besinnliche Atmosphäre. Die Kinder sollten während des Malens nicht sprechen oder einander stören. Es ging nicht um ein großes Meditationserlebnis. Aber gerade in unserer reizüberfluteten Zeit genießen Kinder die Erfahrung der Stille.
Die Kinder spürten, dass die Malbewegung vom Rand zur Mitte hin Ruhe bringen kann. Aufgrund dieser Erfahrungen begannen einzelne Kinder allmählich, selbst Mandalaformen zu entwerfen. Auch in der folgenden Gestaltungsarbeit kommen diese Erfahrungen zum Ausdruck.

Mit Erde die Erde gestalten

Phasen einer Rundbildgestaltung, eines Mandala

1. Schritt: Wahrnehmung und Sensibilisierung

Die Kinder haben verschiedenfarbige Erden gesammelt und in Becher abgefüllt. Sie sitzen im Kreis und geben die Erden herum. Sie fühlen, sehen, beschnuppern und beschreiben die Erde.

Das Material Erde wird wahrgenommen. Jedes Kind behält für die spätere Gestaltung zunächst einen Becher bei sich.

2. Schritt: Anregen der Phantasie

Sand wird mit dem Löffel aufgetragen

Gespräch:

Lehrerin: Was kannst du mit Erde tun?

Peter:.. Vielleicht eine Erdenburg bauen.

Michi:.. Bäume einpflanzen.

Jessica:.. Blumen pflanzen, Sandbilder machen, Sandburgen bauen, man kann eigentlich alles bauen.

Olaf: Wenn wir Hunde wären, könnten wir Knochen einbuddeln.

Manfred: Ich hab daheim schon oft mit Erde was ausprobiert .. man kann vielleicht was in die Erde schreiben .. oder mit einem Stecken was zeichnen, am besten in Sand.

Lisa: Wir können auch Erde streuen und Zeichen und Bilder machen, Sandbilder sind das ..und die Steine können wir dazulegen ..
Ich hab da schon eine Idee ..

Würde sich das Material Erde nicht hervorragend dafür eignen, ein Bild von unserer Erde gemeinsam zu gestalten?

Die Themenstellung war ganz offen: Die Erde mit Erde darstellen.
Als Bildträger wurde ein rundes, braunes Tuch angeboten, das im Unterricht häufig bei Legearbeiten im Kreis verwendet wird.

Steine legen mit Fingerspitzengefühl

3. Schritt: Gestaltung, Vertiefung, Konzentration

Ein Kind beginnt die Gestaltungsarbeit mit seinem Vorrat an Erde, die anderen schauen zunächst dabei zu. Die Erde wird in Form einer Linie am Tuchrand aufgebracht. Ist eine Humusschicht angedeutet? Die Kinder kommentieren noch nicht, sie beobachten oder bringen selbst Erdmaterial auf.

Ich stelle fest, dass voll Zuversicht und ohne genaue Planung am Rand begonnen wird und die Kinder einige Zeit später im Zentrum angelangt sind. Die Gestaltung findet in der Gruppe statt, als Arbeit aller in einem dynamischen, harmonischen Prozess.

Den breiten Erdwall verwandelt das nächste Kind durch Einfurchen mit dem Finger in ein Flussbett. Steine, die zunächst neben dem Flusslauf als Mauer angelegt sind, werden ins Flussbett verlagert. Wir kommentieren nur noch knapp, um unsere Vorstellungen nicht zu stören. Die Rundreise wird absichtlich so konzipiert, dass unterwegs immer wieder neue Gedanken einfließen und sich auswirken können.

Das Gestalten geschieht weitgehend ohne Sprechen. Im abschließenden Gespräch wird zum Ausdruck kommen, welche Vorstellungen wachgerufen wurden.

Zum Gestalten kommt der soziale Aspekt, das Miteinander, das „Aufeinander-zu-malen“ mit Erde.

In der kleinen Gruppe schweigend ein großes Mandala zu gestalten, ist eine ganz besondere Erfahrung.

Schweigend wird das Mandala gelegt

4. Schritt: Gedankenaustausch

Die Kinder beschreiben die haptisch und optisch gewonnenen Eindrücke. Sie zeigen sich von ihrem Kreisbild fasziniert.

Lehrerin: Was siehst du in unserem Bild? Wie ist es dir ergangen?

Manfred: Das schaut aus, wie die Sahara, die Steine schauen aus wie Pyramiden .. das außen, das ist Sand.

L: Wir haben von der Erde ein Bild gemacht.

Lisa:.. Die Erde oder die Erde im Weltraum?

Philip:.. ich kann ein paar Länder sehen, Brasilien, Deutschland, Bayern, das bayerliche Land, China, Rußland, Bosnien, Bonn, die Wüste ..

L: Was kannst du über unsere Welt noch sagen?

Lisa: .. Du meinst die Erde, so eine Erde, die Erde schaut braun oder schwarz aus, da können alle Pflanzen wachsen ..

Udo:.. da wohnen die Ameisen.. Das schaut aus, wie ein Zaun darum, wo die Leute eingesperrt sind und die können nicht mehr raus, außer durch ein Tor, ein Tor ist wichtig.

Lisa:.. ich wollte sagen, dass das Pyramiden sind (zeigt) , das sind große Felsbrocken... und da, schau, da drüben, wo das da nicht so ist, kann ich mir vorstellen, dass da eine Straße ist ... und die Steine da, die sind ein Dorf und das da schaut aus wie ein Fluss.

Christian:.. das ist schön geworden, ganz schön .. das ist uns gelungen ...

(Kinder beginnen mit den Fingern beim Zuhören im Sand zu spielen.)

Der Kreis schließt sich

Lisa:.. ich hab gedacht, dass das dort auch große Felsen sind ... .. überall , wo Sand ist, das ist Sand und die Steine da, das sind Häuser.

Sabrina:.. ich denke, dass das ein Weg (zeigt) zum Haus sein könnte und ... dort wohne ich ...

Kreisbilder können so etwas wie ein Sinnesorgan für das Ganzheitliche „für das Ganze im Fragment“ wecken.

Vorstellbar ist die musikalische Vertiefung der Gestaltung in Form eines Kreistanzes. Kreistänze haben große Gemeinsamkeiten mit einem gelegten Mandala. Die Bewegungen von innen nach außen und umgekehrt können mit dem eigenen Körper ausgedrückt werden.

Haben Kinder ein Kreisbild selbst gestaltet, werden sie aufmerksamer sein im Entdecken von Mandalas im Alltag.

Es gibt nicht wenige Künstler, die sich ganz oder periodenweise dem Kreis widmeten. Wer Ausstellungskataloge von Museen und Galerien daraufhin absucht, wird oft fündig. Ausschließlich dem Thema Mandala widmet sich der Züricher Künstler Johannes Frischknecht.

Auch auf Reisen lohnt es, ein spezielles Augenmerk auf Rosetten in der Architektur zu richten.

Ein Kreisbild aus Sand, Kies und Steinen

Am Ende ist das Mandala

Das gestaltete Kreisbild liegt zentral im Raum. Es lädt ein zum Schauen, Nachdenken, Träumen .... Ihm wohnen reale und poetische Elemente inne. Seine runde Form macht neugierig, sie regt an zum Herumgehen, zum Betrachten aus verschiedenen Blickwinkeln.

Literatur:

Fincher, Susanne F., Der Weg zum eigenen Zentrum, Aurum Verlag, Braunschweig 1994

Dörig, Bruno, Mandala-Information, Noah-Verlag, Oberegg, 1993

Da das Kreisbild nicht auf Dauer angelegt ist, wird es nach einiger Zeit weggenommen. Da dieser Akt die Gestaltung abschließen soll, wird auch jetzt behutsam und konzentriert vorgegangen.

Die Kinder nehmen vorsichtig die Tuchränder hoch, Erde und Steine rutschen zur Mitte. Das Tuch wird zusammengenommen, gleich einem Beutel. In ähnlicher Form, wie sie hertransportiert wurde, wird die Erde – von den Kindern begleitet – hinausgetragen und dem Boden zurückgegeben.

Malen mit Erdfarben
Erste Erfahrungen

Waltraud Meier

Wer sich darauf einlässt, spürt sofort, wie außergewöhnlich und aufregend die Materie Erde ist und welch starke Motivationskraft von ihr ausgeht. Nicht nur die Kinder waren von Anfang an fasziniert, mir selbst erging es ebenso. Deshalb blieb es auch nicht bei diesem ersten Erdprojekt.

1. Schritt: Sammeln, sensibel werden, verarbeiten

Die Kinder meiner 1. Klasse sammelten verschiedenfarbige Erden aus ihrer Umgebung, die sie in Tüten mitbrachten. Wir stellten Erdfarben her, indem wir die Erden in Bechern mit Wasser und Farbenleim anrührten. Das Bindemittel Farbenleim ist sehr preisgünstig, geruchsneutral und ungiftig. Es läßt sich wie Kleister verarbeiten und ist meiner Erfahrung nach vor allem für experimentelles Gestalten geeignet. Die Erdpigmente sind nach dem Trocknen weitgehend auf dem Papier fixiert.

Verschiedene Erden, mit Farbenleim angerührt

2. Schritt: Experimentieren, kommentieren

Ein großer Bogen Packpapier wird mit Klebeband am Boden befestigt. Die Kinder sitzen im Sitzkreis um den Bildträger in ausreichendem Abstand zueinander. Abwechselnd geben sie mit einem breiten Pinsel Erdfarbe auf die Papierfläche. Sie zeigen große Aufmerksamkeit beim Erproben, nehmen die Farbwirkungen wahr und spüren, wie sich Erdfarbe verarbeiten lässt.

Erste Malversuche mit dickem Pinsel

Es wird immer wieder Farbe aufgebracht. Die Kinder untersuchen, wie man, außer durch Malen mit dem Pinsel, die Farbe auf das Papier auftragen kann: tropfen, spritzen, laufenlassen, quetschen.
Die Formen werden hinterher kommentiert. Die Ergebnisse können ausgeschnitten und zu Bildern weiterverarbeitet werden. Dabei wird entweder weitergemalt oder die Papiere werden gerissen und zu Collagen komponiert.

Die Suchphase wird - weil umständlich - in der Praxis häufig übersprungen. Dabei betrügt man aber die Kinder um eigene Erkenntnisse und Einsichten. Nach der Problemstellung in der Vorbereitungsphase müssen intellektuell und praktisch Lösungsmöglichkeiten erprobt werden.
Auch die Lernorganisation muss kreativitätsfördernd sein. Die Experimentierhaltung als Lernziel verbietet von sich aus eine Arbeitsweise, die den Kindern ständig Anweisungen gibt.

Das Kind kann mit Farbe komponieren. Wenn Kinder die Farbmaterialien kennen, wenn sie mischen und auftragen können, ergeben sich malerische Kompositionen von selbst.

3. Schritt: Farbwandern

Im Raum sind auf dem Boden Blätter ausgelegt. Erdfarben stehen bereit. Jedes Kind malt mit einem Partner zusammen auf ein Blatt mit der Farbe seiner Wahl. Der Auftrag lautet: Male ein Zeichen mit deiner Erdfarbe: Setze ein Erdzeichen!
Die Farbe wird mit einem breiten Pinsel aufgebracht. Leise Musik schafft eine angenehme Atmosphäre. Die Kinder wandern selbständig leise weiter, wenn sie ein Zeichen beendet haben. Sie suchen sich einen freien Malplatz. Meist wandern die Partner gemeinsam weiter.

Erdzeichen als Spuren einer Farbreise

Die gemalten Zeichen, die vorgefunden werden, lassen sich weitermalen, fortführen und verändern. Das Kind experimentiert mit Wasser, Erde und Erdfarbe und greift Zufälle auf. Jedes Element verändert sich, wenn ein neues hinzukommt.

Die Erdzeichen werden zu Spuren einer Farbreise. Von den Abenteuern dieser Reise erzählen die Bilder. Nicht ein Zweck steht im Vordergrund, sondern die sich begegnenden Erdfarben sind das Thema .

Beim Malen wird das spielerische Element betont. Die Kinder sollen angeregt werden, aus ihrer Neugierhaltung heraus zu experimentieren, umzuformen, Neues zu finden und zu erfinden.

Die Kinder wissen die Erdfarben zu schätzen. Sie malen mit großer Intensität und innerer Freiheit und experimentieren mit dem Material. Zurück zu den Anfängen ...

Gemeinsam am Boden arbeiten

Erdfarben sind wohl die ältesten Farben, mit ihnen hat das Malen begonnen. Ihre Sprödigkeit und Einfachheit lässt auch heute unsere Kinder die üblichen Klischees vergessen und führt sie zurück zu den Ursprüngen des Malens und Zeichnens. Sie öffnen sich der Welt der Vorstellungen, Imaginationen, zu der das Malen Zugang gibt, die aber nur begrenzt abbildbar ist.

Diese Erfahrungen mit dem Malen mit Erdfarben erschließt den Kindern auch wesentliche Aspekte der Kunst unseres Jahrhunderts. Wenn diese Erlebnisse nicht verloren gehen, sensibilisieren sie für Werke von Künstlern wie Antoni Tapiés, die normalerweise leider nur wenige Menschen berühren, obwohl sie eigentlich das Wirklichkeitsempfinden in unserer von Bildschirmmedien bestimmten Welt bereichern.

Ein steinzeitlicher Backofen im Schulhof

Lothar und Ulla Breinl

Der Umgang mit Lehm war den Schülern bereits bekannt. Für ein Schulfest und künftige schulische Zwecke sollte nun ein steinzeitlicher Backofen auf dem Schulgelände errichtet werden. Zunächst musste ein geeigneter Standort gefunden werden. Der Platzbedarf ist mit 4 bis 6 qm nicht sehr groß. Allerdings durften durch die Rauchentwicklung und den Umgang mit Feuer keinerlei Gefährdung der Umgebung entstehen. Außerdem war zu bedenken, dass solche Öfen durch Vandalismus leicht der Zerstörung preisgegeben sind. Sinnvoll ist ein Platz, der außerhalb der Unterrichtszeit für Schüler unzugänglich ist. Wenn das nicht möglich ist, sollte man eine schützende Bretterverkleidung einplanen, die den Backofen gleichzeitig vor Wetterschäden bewahrt

Grundgerüsst aus kräftigen Weidenruten

1. Schritt: Vorbereitung des Materials

Zunächst wurden die für den Bau notwendigen Materialien herangeschafft. Mehrere Wannen mit Ziegellehm wurden mit kurzem Stroh vermischt. Die Schüler bewerkstelligten dies, indem sie die Masse entwe-

der mit den Händen kneteten oder barfuß einstampften. Weiter mussten Weidenruten und Haselstecken besorgt werden, kräftig genug, aber möglichst frisch geschnitten, damit sie beim Biegen nicht brechen. Dies erforderte von den Schülern eine gründliche Prüfung der Qualität bereits vor dem Schneiden des Materials. Die Weidenruten wurden gewässert, um sie besser einflechten zu können. Zusätzlich wurden noch einige Eimer mit Kies benötigt.

Die Weidenruten waren gewässert worden, um sie biegsamer zu machen

2. Schritt: Vorbereitung des Standortes

An der ausgesuchten Stelle trugen wir das Erdreich etwa 10 cm tief in einem Oval mit einer Ausdehnung von 120 cm auf 100 cm ab. Auf dem Boden der ausgehobenen Fläche traten wir dann eine etwa 4 - 5 cm starke Schicht Kiesel, die als Isolierung diente, fest. Darüber wurde eine ebenso dicke Lehmschicht aufgetragen und glatt verstrichen.

3. Schritt: Aufbau des Gerüstes

Siehe auch: Der schiefe Ofen für Pizza, S. 56

Nun bogen wir die Haselruten halbkreisförmig und steckten sie jeweils gegenständig etwa 10 cm innerhalb des Bodenplattenrandes ungefähr 10 cm tief in den Boden. An einer Stelle wurde der Abstand der Haselruten größer gewählt, um Platz für die Ofenöffnung zu lassen. Es ist sinnvoll, die Kuppel aus Ruten an der Oberseite zusammenzubinden, um mehr Stabilität zu erreichen.

4. Schritt: Einflechten der Ruten und Lehmauftrag

Jetzt begann der zeitlich aufwendigste Arbeitsabschnitt, das Einflechten der Weidenruten. Um die Ofenöffnung herum machte dies Schwierigkeiten. Immer wieder brachen Ruten ab. Nach einiger Zeit war das Geflecht, an dem mehrere Schüler gleichzeitig arbeiteten, geschlossen. Danach konnte mit dem Lehmauftrag begonnen werden. Die Schüler nahmen den gemagerten Lehm portionsweise in die Hand und warfen ihn mit voller Wucht auf das Korbgeflecht, damit der Lehm möglichst tief eindrang. Ein möglichst schlanker Schüler musste sich durch die Ofenöffnung zwängen, um das Geflecht auch von innen mit Lehm zu verstreichen. Obwohl oder gerade weil es eine Arbeit war, bei der man unvermeidlich schmutzig wurde, wollte fast jeder einmal in den Ofen kriechen. Auch in unserer meist sterilen Umgebung hat sich dieses elementare Bedürfnis, „Erde zu spüren“, immer noch erhalten.

Geflochten wie ein Korb

5. Schritt: Abschließende Arbeiten

Nachdem der Lehmauftrag abgeschlossen war, mussten die Bodenplatte und die Ober-

Mit Lehm verstrichen, vor dem Anheizen

fläche des Ofens gut gereinigt und geglättet werden. Als sinnvoll hat sich herausgestellt, am Scheitel der Lehmkuppel ein oder zwei kleine Öffnungen für den Rauchabzug zu schaffen. Nach einigen Tagen Trocknungszeit, während der auftretende Risse immer wieder verschmiert werden mussten, konnte der Ofen in Betrieb genommen werden. Ohne größere Schäden überstand er seinen ersten Probeeinsatz.

Anlässlich des Schulfestes wurden Pizzen und Fladenbrote darin gebacken, die selbstverständlich viel besser mundeten als die vom Bäcker nebenan. Mit einem einfachen Bretterdach versehen, kann ein solcher Kuppelofen mehrere Jahre und zahlreiche Einsätze überdauern. Je mehr Schülern beim Ofenbau die Möglichkeit der Mitarbeit gegeben wird, umso geringer ist später die Gefahr der mutwilligen Zerstörung durch Schüler, die keinen Bezug dazu haben.

Rückansicht mit Rauchabzügen

Was haben die Schüler bei diesem Projekt tatsächlich gelernt? Natürlich war es eine bereichernde Erfahrung, dass am Ende der Arbeit der Werkgegenstand praktischen Einsatz fand und nicht nur als Ziergegenstand zu verwenden war. Bedeutsamer jedoch war es für die Schüler, sich mit dem Material, d.h. seiner Beschaffenheit, den Möglichkeiten und Grenzen seiner Verwendbarkeit und der gegenseitigen Wirkungsweise der Stoffe auseinandersetzen zu müssen. Sie lernten zudem, dass auch ein scheinbar primitiver Kuppelofen Konstruktionsprinzipien unterworfen ist, wenn er seinen Zweck erfüllen soll.

Blick unter die Erde

Nicola A. Lachner

„Wusstest du, dass 1 Kilogramm Boden mehr Lebewesen enthalten kann, als es Menschen auf der Erde gibt ?“

Angeregt durch diese Frage im Rahmen unseres Themas „ Der Maulwurf - Anpassung eines Tieres an seine Umwelt“ im Fach Heimat- und Sachkunde ging ich mit meiner 4. Klasse der Frage nach, wie wohl das Leben unter der Erde ausschauen würde. Wir hatten bereits festgestellt, dass der Boden vielfältige Eigenschaften aufweist, die allen Lebewesen, Pflanzen, Tieren und Menschen zugute kommen. Neben Luft, Wasser und Sonnenlicht ist er unverzichtbar.

Nachschlagen in Büchern

Im unterirdischen Lebensraum, im „Keller“ unserer Wohnung, die wir Erde nennen, arbeiten verschiedene Lebewesen Tag und Nacht. Manche davon sind so winzig klein, dass man sie mit bloßem Auge nicht erkennen kann.

Mit einfachen Grabversuchen im Münchner Lehmboden kamen wir nicht weit. Also nahmen wir Filme und Bilder von Maulwurfs- oder Hamstergängen als Anschauung zu Hilfe. Dabei erkannten wir: Der Boden gleicht einer Fabrik oder besser einem Bergwerk. Jedes Tier hat eine Aufgabe und seinen Platz. Nur so ist es möglich, dass so viele unterschiedliche Arten auf engstem Raum miteinander leben können.

Größere Tiere lockern, durchwühlen oder durchgraben die Erde, so dass Gänge und Hohlräume entstehen, in denen Wasser und

Luft Platz finden. Durch die Tätigkeit kleiner Lebewesen, die sich von totem Material ernähren, entsteht Humus. Diese Erdbewohner sorgen dafür, dass alles zerkleinert und aufgeschlossen wird und als Nährstoff wieder zur Verfügung steht.

Im Projekt „Blick unter die Erde“ machten wir es uns zur Aufgabe, einen Querschnitt durch ein solches „Bergwerk“ gestalterisch zu erarbeiten. Wir begannen mit der Erkundung der Tiere, die unter der Erde leben. Angeregt durch Filme, naturkundliche Bücher oder Stopfpräparate begannen die Kinder, Tiere zu zeichnen. Dabei wurde darauf geachtet, dass alle Tiere im richtigen Größenverhältnis auf DIN A 4 oder DIN A 3 - Papier mit schwarzem Faserstift dargestellt wurden. Gelungene Tierdarstellungen vergrößerte ich mit dem Kopiergerät oder machte von einigen Transparentfolien.

Die verschiedenen Erdschichten werden angelegt

Auf dem Boden liegend, zeichneten die Kinder die Tiere mit Bleistift auf zwei große Leintücher, die wir in der Mitte mit Nadeln provisorisch zusammengesteckt hatten. Vorher wurde noch der ganze Fußboden mit alten Zeitungen ausgelegt.

Einige Kinder zeichneten die Tiere frei, andere nahmen die Tiere von Transparentfolien zu Hilfe. Dabei wurde vorher von den Kindern festgelegt, wo das jeweilige Tier seinen Platz finden sollte. Während die eine Gruppe noch mit dem Zeichnen der Tiere beschäftigt war, begann eine andere Gruppe, die Leinwand in drei Schichten zu teilen: in die Humus-, die Sand- und in die Kiesschicht.

Dabei mischten sie in verschiedenen Bechern unterschiedliche Gelb-, Braun- und Grautöne mit Dispersionsfarben an. Begonnen wurde mit der Kiesschicht, die die Kinder mit Steinen unterschiedlicher Größe darstellten. Die Sandschicht wurde tupfenartig aufgebaut. Die Kinder benützten für unterschiedliche Farbwirkungen verschiedene Gelbtöne, die sie mit Brauntönen abmischten und mit dem Borstenpinsel auftrugen.

In der folgenden Stunde wurden die Tiere mit feinen Haarpinseln in ihren natürlichen Farben dargestellt. Interessant war, dass ich mich als Lehrerin aus diesem Projekt jetzt zurückziehen konnte, da einzelne Kinder die Führung übernahmen. Geschickt berieten sie andere Kinder im Farbmischen oder gaben Gestaltungshilfen. Und es gab kein Kind, das untätig herumstand. Es wurde für jeden eine Aufgabe an unserem Gesamtbild gefunden. Während einige Kinder unermüdlich an der Darstellung der Tiere arbeiteten, begannen andere Kinder mit der obersten Erdschicht, aus der unterschiedliche Wurzelsysteme ins untere Erdreich reichten. Weitverzweigt war nun das System von Gängen, Wurzeln und Höhlen .

Das Gängesystem unter der Erde

Damit auch beim letzten Teil, der Gestaltung der mittleren Erdschicht, alle Kinder mitarbeiten konnten, befestigten wir unsere Leinwand nach dem Trocknen mit Reißzwecken an der Korkwand. Die Kinder arbeiteten nun stehend auf Schulbänken. Sie verdünnten den für die Erdschicht gefundenen Braunton mit Wasser, so dass diese Farbe als Hintergrund einen Kontrast gegenüber dem Gängesystem und den Tieren bot. Immer wieder betrachteten die Kinder ihr Werk aus der Ferne und überarbeiteten aus dieser Perspektive den Gesamteindruck.

Insgesamt brauchten wir für unsere Riesen-Leinwand, die nun den hinteren Teil unseres Klassenzimmers schmückt, die aber durchaus beweglich als Kulisse für ein Theaterstück dienen könnte, 10 Unterrichtsstunden.

Eine Zeit, die man in der Grundschule doch gar nicht hat, bei nur einer Stunde Kunsterziehung? Doch gelingt uns nicht hier ein Umdenken? Müssen naturkundliche Zusammenhänge immer kognitiv, lernzielorientiert, mit Hefteintrag erlernt und begriffen werden? Oder können diese Erkenntnisse auch auf an-

Gemeinsame Arbeit im Klassenzimmer

deren Wegen vermittelt werden? Welche Tiere unter der Erde in welchem Lebensbereich leben, wie sie aussehen, wie sie zueinander in Beziehung stehen, aus welchen Schichten die Erde aufgebaut ist, all das lernten die Schüler meiner 4. Klasse beim Zeichnen und Malen, in einer Atmosphäre, in der Kooperation und Selbststeuerung zur Voraussetzung wurden. Letzten Endes kann damit nicht nur eine intensivere Motivationsquelle für Lernen erschlossen werden, man wird auch der Aufgabe besser gerecht, die Kinder auf das Leben vorzubereiten, in dem Teamarbeit und Kooperation eine zentrale Rolle spielen.

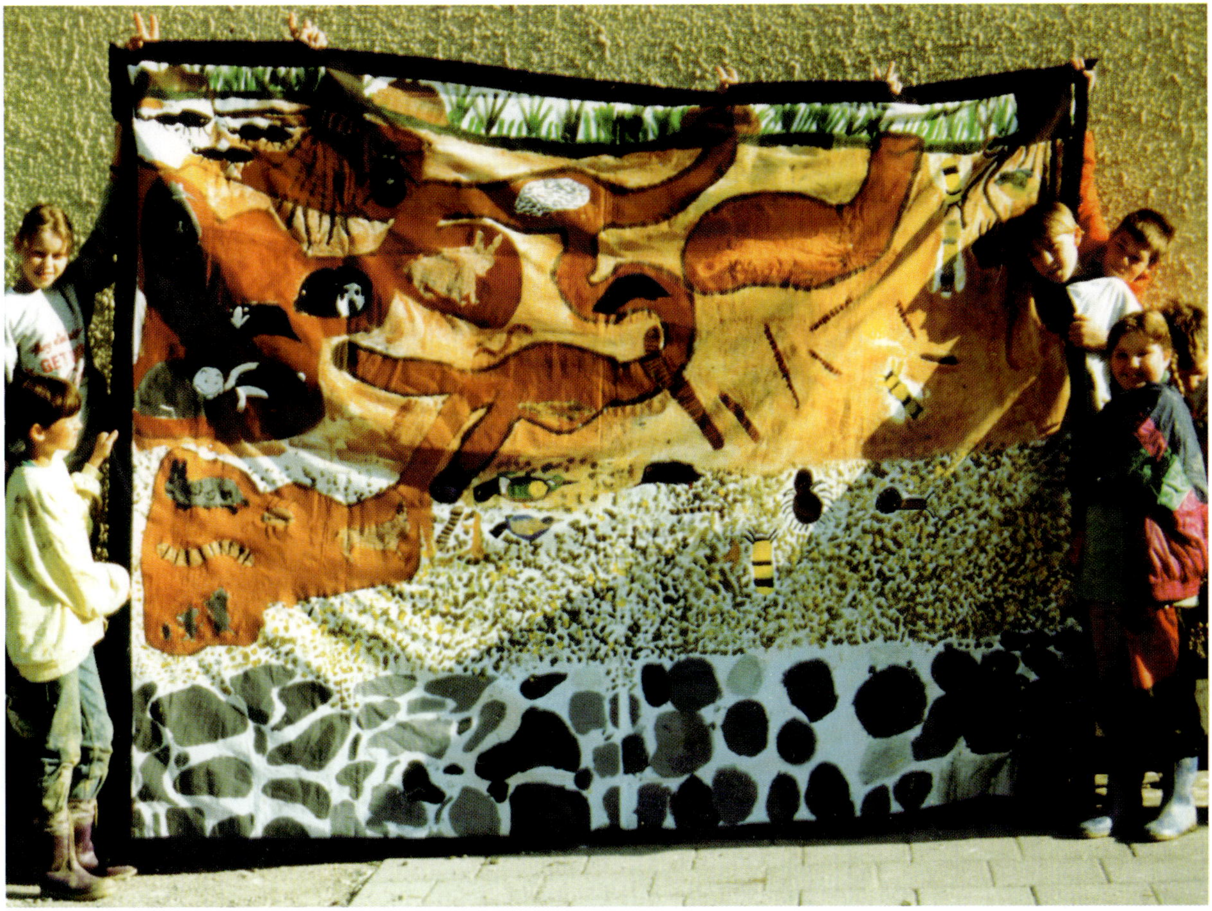

Die fertige Leinwand mit dem "Blick unter die Erde"

Schätze aus der Erde

Ein "Archäologieprojekt"

Gerhild Wortmann

Ausgrabungen im Schulgarten

Da die Arbeit mit Quellen und das Hinterfragen von Fundstücken in den Fächern Geschichte/Kunstgeschichte die gesamte Schulzeit hindurch als fachspezifische Arbeitsweisen gefordert sind, liegt es nahe, bereits in der dritten Klasse mit dem „Projekt Archäologie" einzusteigen. Die Schülerinnen und Schüler können durch eigenes Handeln die Arbeit des Archäologen nachvollziehen und damit einen Zugang zu den Kunstwerken und Funden aus der Frühgeschichte gewinnen.

Zunächst durften die Kinder Detektiv spielen: Nach eingehender Betrachtung des Inhalts einer von mir vorbereiteten Mülltüte mit Abfällen unserer Zeit, zogen die Schüler Rückschlüsse auf die dazugehörige Familie; sie erfuhren dadurch einiges über die Lebensumstände dieser Menschen. Eine ähnliche Tätigkeit steht auch im Mittelpunkt der Arbeit des Archäologen, er will durch Funde über die Menschen früherer Zeiten etwas erfahren.

Eine Stadt versinkt

Ein Zeitungsartikel („Der alte Flughafen - eine Fundgrube für Archäologen“) wies die Schüler darauf hin, dass in unmittelbarer Nähe ihres Wohnortes „verschwundene Dörfer“ aus fernen Zeiten vermutet wurden. Aber wie können ganze Dörfer verschwinden? Zur Veranschaulichung dachten wir uns folgenden Versuch aus: Wir bauten ein Dorf aus Bauklötzen und überschütteten es langsam mit Sand. So konnten wir das allmähliche Verschwinden simulieren.Nachdem die Kinder ein Polaroid-Foto der so entstandenen Hügellandschaft betrachtet hatten, konnten sie sich auch den Begriff „Luftbildarchäologie“ leicht erklären. Nun fiel auch das Deuten weiterer Luftbilder von Urnenfeldern, Hügelgräbern und einer Keltenschanze aus der näheren Umgebung nicht mehr schwer.

Eine Stadt versinkt im Sand

Ausgraben - Variante 1

Jetzt ging es an die Ausgrabungsarbeit. In einem ähnlichen Projekt mit einer anderen Klasse simulierten die Schüler in Gruppenarbeit die Archäologentätigkeit. Sie gruben Tonscherben aus von mir vorbereiteten Sandkistchen aus, die sie vermessen, zeichnen und schließlich mit Ton ergänzen, bzw. wie ein Puzzle zusammensetzen konnten. Diese Rekonstruktionen der Kinder führten zu interessanten und phantasievollen Ergebnissen.

Ausgraben - Variante 2

Um aber noch mehr Nähe zur Arbeit des Archäologen und damit zum Element „Erde“ herzustellen, durfte dieses Mal jedes Kind im Schulbeet, das ohnehin umgegraben werden musste, Archäologe spielen. Ausgerüstet mit Spezialgeräten wie Pinsel, Pinzette, Löffel Lineal, Bleistift und Zeichenheft machten sich die Kinder an die Arbeit. Liebevoll sammelten sie Steinchen, Wurzeln, Moos, aber auch Plastikschildchen und anderen, nicht verrotteten Müll, ja sogar vereinzelte Keramik-Bruchstücke. Einige Kinder zweifelten an der Bedeutung dieser Fundstücke, sie wurden aber von einem Schüler überzeugt: „Jeder Stein ist wichtig und hat seine Geschichte!“ Nun fand der Arbeitseifer nahezu keine Grenzen mehr. Auch auf das genaue Zeichnen und Ausmessen der Funde legten sie größten Wert. Schließlich ging jedes Kind stolz mit einem Schüsselchen, gefüllt mit „seinen“ Schätzen, ins Klassenzimmer zurück.

Durchkneten des Tons

Ausstellen

Schätze kann man aber nicht einfach in eine Ecke stellen, sondern man verwahrt sie sorgfältig und liebevoll. So nahmen die SchülerInnen meinen Vorschlag gerne an, ihre Funde in kleine Tonplatten einzulegen. Jedes Kind erhielt einen faustgroßen Tonklumpen, den es zunächst schlagen, dann zu einer Kugel und daraus zu einer ca. 1 cm dicken Platte formen musste. Die Fundstücke drückten wir sanft in diese Platte, wobei auf die Anordnung der Naturmaterialien innerhalb der Platte großer Wert gelegt wurde.

Einige Schüler zogen es vor, von größeren Steinen nur die Abdrücke in der Tonplatte zu hinterlassen. Im halbtrockenen Zustand wurden die freien Stellen der Platte mit einem Achatstein poliert. Dies machte die Platte zu einem edlen Werkstück. Anlässlich eines Schulfestes zur Einweihung des neuen Pausenhofes bot sich die Gelegenheit, die Platten im Schulbeet verstreut anzuordnen. Ein Plakat mit den Fotos sämtlicher Platten wies den Besucher darauf hin und dient heute als Erinnerung an die mittlerweile „verschwundenen“ Tonplatten. In der Folgezeit bot sich den Schülern der ganzen Schule die Gelegenheit, den allmählichen Verrottungsprozeß dieser Platten zu beobachten, zu sehen, wie schnell sich die kleinen Ausstellungsstücke wieder mit der Erde verbanden.

Die Fundstücke in der Tonplatte

Steine zur Schnecke machen

"Land Art" mit einer Schulklasse

Gisela Plasa

Klettern in einer der Arbeiten der "Fränkischen Straße der Skulpturen"

Unser Ausflug in den goldenen Juraherbst hatte die fränkische Straße der Skulpturen zum Ziel, die - eingebettet in einem Tal nahe Bamberg - sich 6 km an einem Bach entlangschlängelt.

Die Kinder besahen, erkletterten und eroberten sich die in die Landschaft gestellten Objekte aus Stein, Holz und Metall und erspürten dabei das harmonische Miteinander von Kunst und Natur..

Beim Suchen in der Landschaft entdeckten die Kinder auch „Kunstwerke“, die die Natur selbst in Jahrmillionen geschaffen hat: Ammoniten.

Wir fanden im Laufe des Rundgangs immer mehr Versteinerungen, stellten uns die Größe des Jura-Meeres vor, entdeckten aufgeschüttete Hügel aus Lesesteinen am Rande von Feldern, und einige Kinder sinnierten darüber, ob diese von Bauern zusammengetragenen Steinhügel nicht auch Objektkunst seien.

Von diesem Gedanken bis zur Idee, aus gefundenen Ammoniten selbst eine Steinskulptur in das Juratal hineinzubauen, war es nicht mehr weit. An dieser Stelle fingen unsere Ideen an, sich zu überschlagen. „Machen wir ein Schneckentor? Wollen wir einen Turm aufschichten? Sollte es ein steinernes Urhaus werden? Oder legen wir eine Riesenschnecke in die Wiese?"

Die Ammoniten bringen uns auf die Idee der Spirale

Wieder zu Hause in der Schulklasse, begannen die Kinder, inspiriert durch Bildbetrachtungen zu „land art"-Konzepten, einen Bücherausflug in die lange zurückreichende Geschichte der Irrgärten und Labyrinthe und einen höchst instruktiven Besuch ins Bamberger Naturkundemuseum, eigene Entwürfe zu zeichnen. Bald befassten sich die Schüler nur noch mit Labyrinthen, während die Lehrerin verzweifelt überlegte, wo denn wohl die Fläche und das Material herkommen sollte, diese ausufernden Pläne zu verwirklichen.

Auf der Suche nach einem kleinen Stückchen Brachwiese am Rande der Fränkischen Straße der Skulpturen erfuhr ich von einer erneuten Ausschreibung für ein „land art"-Symposium'95.

Es wurde mir schnell klar, dass sich die ganze Schulklasse um eine Teilnahme an diesem Symposium bewerben sollte.

Unseren ursprünglichen Plan der vertikalen Konstruktion eines Schneckenhauses hatten wir inzwischen zugunsten eines flächigen Objekts fallen gelassen. Ein Labyrinth in Schneckenform würde sowohl den lokalen Bezug zu den Fossilien des Jura herstellen, als auch in Gestalt einer „Tanzspirale“ eine Verbindung zu den Keltengräbern in einem Paralleltal aufzeigen. Beim meditativen Durchschreiten unserer Spirale könnte zudem die kosmische Dimension eines vom Himmel herunter betrachtbaren ästhetischen Ereignisses deutlich werden.

Sammeln im Steinbruch

Beim Planen wuchs die Schnekke in unseren Köpfen mehr und mehr, bis sie schließlich einen Durchmesser von 20 m hatte.

Mit diesem Konzept bewarb sich die Klasse bei den Organisatoren des Symposiums. Die Jury, bestehend aus Vertretern des Berufsverbandes Bildender Künstler Oberfrankens und einer Galeristin, ließ sich überzeugen und nahm das Projekt in die Liste der insgesamt 19 „land art“-Objekte auf.

Nun hieß es, Ärmel hochkrempeln und zupacken! Ein geeignetes Gelände, auf dem die Spirale zur Geltung kommen würde und ein Riesenberg von Steinen mit Fossilieneinschlüssen mussten gefunden werden. Nicht zuletzt brauchten wir finanzielle Unterstützung für die Busfahrten der Kindern hinaus aufs Land.

Angesichts der Größe des geplanten Objekts reichten natürlich die Lesesteine vor Ort nicht aus. Auf der Suche nach weiteren Kalksteinen kam uns ein nahegelegener Steinbruch in den Sinn, der sowohl von der Entstehungsgeschichte - der untere Bruch war Meeresbecken, der obere dagegen Riff - als auch vom Fossilienreichtum sehr interessant ist.

14 Tonnen Kalksteine werden angeliefert

Der Steinbruchbesitzer erwies sich als begeisterter Förderer von Kunsterziehung in der Schule, so dass er uns nicht nur seinen Steinbruch öffnete, sondern zusätzlich einen Schaufelbagger und einen Kipplaster für den Transport zur Verfügung stellte. Nur das Auswählen der Steine und Beladen des LKW mussten wir selbst in die Hand nehmen.

Ich bekam etwas Angst vor der eigenen Courage, als mir der Fachmann für Steine und Mauern eröffnete, dass wir für eine Spirale dieser Dimension ca. 14 Tonnen Kalkbankstein benötigen würden. Das bedeutete für die Kinder, hilfreiche Eltern und mich, an einem heißen Juli-Samstag 14 Tonnen Steine auszusuchen und zum Gabelstapler zu tragen. Die größten Lasten trugen die Väter, denn am Ende des heißen Tages waren sie es allein, die noch Steine schleppten, während die Kinder mit strahlenden Augen und roten Ohren immer neue Ammoniten entdeckten und für zu Hause in ihren Rucksäcken verstauten.

Unter großem Jubel setzte der Kipper den riesigen Steinhaufen an den Rand „unserer“ Brachwiese, die uns ein ortsansässiger Landwirt überlassen hatte.

In der anschließenden Woche zog die Klasse mit Gartenhandschuhen, dickem Schuhwerk und Sägemehl, Maßschnur und Eisenstab zum Markieren hinaus in unser Wiesenatelier. Mit einer großen Tonne (Umfang 1,70 m) und 12 m Seil waren wir in der Lage, die Spirale im ausgedörrten Ackerboden exakt mit Sägemehl vorzuzeichnen. Die nächsten drei Tage harter Schlepparbeit waren damit ausgefüllt, die nach Größe sortierten Steine auf die markierte Spur zu legen.

Auswählen und Schleppen der Steine

Gelegentliche „Durchhänger“ wurden mit Expeditionen an den nahen Bach, durch Austeilen frischer Milch von „unserem“ Bauern und Plaudereien mit anderen schwitzenden Künstlern oder interessierten Eltern überbrückt.

Am Schluss war die Spirale auf einen Durchmesser von 30 m, statt der geplanten 20 m, gewachsen. Sie einmal abzuschreiten, bedeutet einen Spaziergang von 400 m Länge.

Unser Werk wurde am dritten Tag schließlich mit einem kleinen Fest eingeweiht. Mit Schlaginstrumenten begleiteten die Kinder ihren gemeinsamen Gang durch die Spirale. Bei der „Finissage“ des Symposions'95 bevölkerten Scharen von Begehern die Spirale. Sie alle wurden von ihr in einen magischen Bann gezogen.

Für die zehnjährigen Kinder war die Teilnahme an diesem schöpferischen Prozess auch eine Begegnung mit der aktuellen bildenden Kunst, ein Brückenschlag zwischen „Kunsterziehen" in der Schule und „Kunsterleben" am Objekt.

Die Intensität der Arbeit an diesem Projekt war so stark, dass sie nicht nur auf das Leben während des Schulunterrichts und den Zusammenhalt der Klasse einwirkte, sondern bis hinein in die Elternhäuser ausstrahlte.

Auch heute noch sind an Wochenenden Familien beim gemeinsamen Abschreiten der Spirale zu beobachten.

Beim Abschreiten der Spirale

Erdfahnen

Papierbahnen mit Erde und Erdzeichen

Waltraud Meier

Malen mit Erdpigmenten

Den Kindern war das Herstellen und Malen mit Erdfarben bereits bekannt. Begeistert wandten sie sich erneut dem Erdmaterial zu.

Erdfarben können über einen Zeitraum von mehreren Monaten immer wieder aufbereitet und verwendet werden. Verschiedene Erden werden mit Farbenleim und Wasser versetzt und angerührt. Farben, die nach einem Malprozess übrigbleiben, können austrocknen. Nach Bedarf werden sie wieder verflüssigt und erneut mit Farbenleim verrührt.

Erdfarben und breite Borstenpinsel sind bereitgestellt. Die Kinder meiner 1. Klasse arbeiten auf dem Boden auf langen Papierbahnen, meist in Partnerarbeit. Die Themenstellung erfolgte sehr offen. Wir malen mit Erdfarben Zeichen, Spuren oder Bilder, die uns von der Erde erzählen. Die Kinder widmen sich intensiv der Aufgabe und dem Material. Sie haben bereits mehrmals mit Erdfarben gestaltet, deshalb war eine experimentelle Suchphase zur Erprobung des

Materials nicht mehr nötig. Das Vorgehen beim Malen mit den Erdfarben hat Aktionscharakter. Die Kinder bemalen nicht bloß die Oberfläche, sie agieren auf ihr, und was wir sehen, ist die Spur ihres Experimentierens. Die Darstellungen sind vielfältig.

Gespräche:

Philip: Da ham wir unterirdische Gänge gemalt ..

Udo: Nicht Gänge, Labyrinthe ..

Philip: .. also dann hat der Udo das Labyrinth gemalt und ich hab den unterirdischen Gang gemalt. Oben sind Steine und unten sind Steine, weil das hams als Schutz gemacht, dass das Wasser nicht so naufsprudelt ... das Wasser in der Erde, da ist eine Quelle unten drunter ... da müssens dann mit Schaufeln runter und noch was verdichten, die Bauarbeiter, dass das noch dicht wird und das Wasser nicht raus kann...

Udo: Ich hab ein Labyrinth gemalt, da (zeigt) gibt es zwei Eingänge. Da müssens zu den zwei Eingängen rein, wenn die Schatzsucher kommen ... wenn sie eine Schatzkarte habn (nickt)
Philip: ... und gefährlich ist das da unten ...
Udo: .. weil da auch ein Wasser ist, da ist es tief, da können sie untergehen ...

Auch die Finger helfen mit

Sabrina: ... also, ich hab zwei Dinge gemalt, eine Sonne und Schnee, das sind die dunklen Tupfen ... (zeigt)

Erika: ... ich hab eine Schnecke gemacht .. und dann hab ich Erde gemalt, die Schnecke ist versteckt in der Erde ...

Erika: ... ich hab einfach mit meinen Fingern gemalt, einfach Striche, und nochmals, überall ... dann hab ich Sabrinas Namen schreiben wollen, das ist dann nicht gegangen, dann hab ich es einfach gelassen und hab übermalt ... überall hab ich Erde für die Schnecke gemalt.

Lisa: Der Markus hat 'ne Kreuzspinne gemalt, weil er gedacht hat, dass Spinnen in der Erde krabbeln, dann bin ich auf die Idee gekommen, auch eine Spinne zu malen. Dann hab ich eine Blume gemalt, weil Blumen Erde zum Wachsen brauchen ...

Erdzeichen in Teamarbeit

Eva: ... ich hab mir gedacht, die Punkte sind die Erde für einen Ameisenhaufen ... und die schwarze Erde, die von da bis da her geht, ist eine weiche Erde, da können die Ameisen krabbeln ...

Präsentation

Üblicherweise sind Fahnen an einer Stange fest angebracht, sichtbar für alle, häufig dem Windspiel überlassen. Sie sind farbig oder bunt, meist mit Sinnbildern verziert und Bedeutung tragend. Auch die Erdfahnen, die Zeichen der Erde tragen, aus den Gedanken und Vorstellungen der Kinder entsprungen, verlangen nach einer angemessenen Präsentation. Sie sind aufgereiht auf Draht oder Eisenstangen. Zunächst werden sie im Freien gezeigt, um schließlich geschützt an einer Wand im Schulgebäude Platz zu finden.

Sandgarten

Gestaltung nach japanischem Vorbild

Carsten Busch

Der Tofuku-Ji Garten in Kyoto.

Der Tofuku-Ji Garten in Kyoto

Schüler der Grundschule sind bei einer Bildbetrachtung sehr wohl in der Lage, solche japanischen Gartenanlagen in ihrem besonderen Reiz auf sich wirken zulassen. Die schlichte, fremdartige Formsprache zieht sie an. Die Faszination gleichmäßig geführter, schwingender Linien lässt sie fragen: „Wie haben die das so schön gemacht?“ Aber auch nach dem gedanklichen Hintergrund und dem Sinn dieser besonderen Gestaltung wird gefragt.

Die Schüler beginnen bei aufmerksamer Betrachtung zu verstehen, was Begriffe wie Meditation und Kontemplation bedeuten. Anschließend entsteht der Wunsch, selbst etwas derartiges zu versuchen.

Wir sprechen über die "Formensprache“, die sich in diesen Sandgärten manifestiert. Runde weiche Linien, die gleichmäßig nebeneinander laufen, wirken anders als eckige, unterschiedlich breite Linien, die sich überkreuzen.Das finden Schüler schnell heraus und es ist für sie auch nachvollziehbar.

Die Ankündigung: „Wir bauen unseren eigenen Sandgarten", lässt die Drittklässler eifrig einfarbige, graphische Muster zeichnen, beraten, tuscheln und planen. Die so entstandenen Gartenzeichnungen werden in einer Meditationsübung betrachtet. Im Hintergrund erklingen die ungewohnten Töne von Zen-Musik. Ruhig berichten die Schüler später im Sitzkreis, welche neuen Formen und Muster sie entdeckt haben und welche ihnen am besten gefallen haben.

Der Bau des Sandgartens, der aktive Umgang mit dem Material Sand und die Gestaltveränderung der "Landschaft", bei uns der überdachte Teil des Pausenhofs, war unser Ziel. Der Materialaufwand war unerheblich: Schaufeln und Sandeimer brachten die Schüler von zu Hause mit. Mit der schuleigenen Schubkarre wurde der Sand von den Schülern aus den Weitsprungkästen der Freisportanlage angekarrt. Die Muster wurden von den Schülern mit Tafelkreide vorgezeichnet.

Drei Stunden lang zeichneten, schaufelten, häufelten, fegten, streuten, matschten und formten die Schüler in selbstgefundenen Kleingruppen Berge und Türme, Mauern und Straßen, Formen und Muster mit wahrer Begeisterung. Durch diesen aktiven Umgang wuchs auch das Verständnis für die Sprache der Kunst, Zugänge wurden eröffnet, das Begriffsverständnis erweitert, der Ausdrucksgehalt der Bildsprache von Formen nähergebracht.

Zwei Tage lang konnte der Sandgarten bei Zen-Musikklängen besichtigt werden, bevor er wieder verschwand. Die Präsentation des Selbstgeschaffenen, das Erläutern des historischen Vorbildes und das Befragen der Besucher gehörte zu der Gesamt-Aktion. Eine begleitende Ausstellung, die die unterrichtliche Vorarbeit aufzeigte und Erklärungen zum Sandgarten anbot, wurde vor allem von erwachsenen Besuchern beachtet, die nach gedanklichen Hintergründen und dem Sinn des Projektes forschten. Die Kinder und Schüler der anderen Klassen betrachteten vor allem das plastische Ergebnis, verglichen die Muster und fanden es, wie aufgezeichnete Interviews ergaben: „Einfach schön!“

Und was denken die teilnehmenden Schüler über die Aktion?

Der überdachte "Sandgarten" in der Schule

„Dass man nicht nur auf einem Blatt Papier etwas machen kann, sondern auch auf Straßen oder in Sandkästen.” (Stephanie)
„Muster und Linien haben etwas mit Kunst zu tun. “(Franziska)
„Ich habe gelernt, mir etwas auszudenken.” (René)
„Dass man aus Sand soviel machen kann.” (Christopher)
„Es gehört zur Kunst, denn es ist mit viel Phantasie erfunden worden.” (Alexandra)
„Ich habe gelernt, dass Sand sehr schön wirken kann.” (Patrick)
„Solche Ideen habe ich noch nie gehabt.”(Benedikt)
„Es hat etwas mit Kunst zu tun, weil Kunst so etwas wie eine Idee ist, wenn man sich etwas vorstellt und man setzt es dann in die Wirklichkeit um.” (Anja)
„Das Sandbauen im Schulhof war am besten, weil es einmal etwas anderes ist, als immer nur darüber zu sprechen, Bilder anzugucken und zu malen.” (Martin)

Thronbau zu Brunnthal

Lehm statt Lego

Nicola A. Lachner

Der Lehm ist schwer und muss mit anderen Materialien gemischt werden

Im Vergleich zu vorangegangenen Generationen treffen Kinder heute sehr viel mehr auf vorgefertigte Dinge oder Vorgaben, erleben statt der Unmittelbarkeit der Erfahrung Wirklichkeit aus zweiter Hand. Wirkliche Erfahrungen können aufgrund beschnittener Handlungs- und Gestaltungsspielräume wie auch durch vorstrukturierte Tätigkeitsangebote kaum mehr wahrgenommen werden. Kinder brauchen jedoch Anregungen und Aufgaben, die ihnen Erfahrungen im haptischen und emotionalen Bereich ermöglichen. Erst im Umgang mit den Dingen können manche Erkenntnisse bewusst gemacht und verstanden werden.

Aus diesen Gründen führte ich mit meiner 4. Klasse in Brunnthal ein Projekt durch, bei dem die Schüler durch einen intensiven Kontakt mit Lehm, mit natürlichen Gegenständen, aber auch mit naturfremden Mitteln ein Objekt erbauen sollten, das einen Platz in ihrer Lebenswelt einnimmt: Ein Thron für unseren Pausenhof.

Ausgangspunkt für diese Idee war die Betrachtung von Bildern der Ausstellung „Afrikanische Stuhlkunst" in der Stuck-Villa,

München, im Februar 1995.

Der Herausgeber des Katalogs beschreibt die Ausstellungsobjekte so:

„Neben einer Vielzahl alltäglicher, stammestypischer Gebrauchshocker, die vor allem durch ihre abstrakte Formgebung fesseln, und den mit symbolischen Darstellungen geschmückten Ritualsitzen, finden sich repräsentative Hocker und europäisch beeinflusste Stühle der Familienhäupter und Dorfchefs sowie Prestigesitze und Throne der Häuptlinge und Könige“
(Bocola, 1994, S. 9)

In dieser interessanten Ausstellung wurde den Kindern die außerordentliche Vielfalt an Formen und Verzierungen, mit denen einfache Stühle bis hin zu Häuptlingsthronen hergestellt worden waren, deutlich. In der folgenden Kunststunde entwarfen die Schüler zeichnerisch eigene Ideen im Kunstheft.

Immer wieder jedoch waren die Kinder von der Idee eines prunkvollen Häuptlings- oder Königsthrones fasziniert. Deshalb griff ich das Thema „König“ auf, und die Kinder stellten auf einer Papierrolle Typen von Königen oder Königinnen mit ihren prächtigen Insignien dar. Eine Bildbetrachtung unterschiedlicher Könige der vergangenen Jahrhunderte schloss sich an.

Ein Lehm-Stroh-Gemisch wird um die Weidenruten geformt

An diese Erfahrungen anknüpfend, schlug ich den Schülern vor, einen eigenen Thron für unseren Pausenhof zu bauen. Unter einer Pausenhofüberdachung sollte eine Sitzplastik entstehen, die sowohl der Verschönerung dieses tristen Platzes diente, als auch die Schüler zum „Thronen“ und „Verweilen“ einlädt. Der Gedanke, aus eigener Initiative den ihnen so bekannten Ort zu verändern, versetzte die Kinder in stürmische Begeisterung, und ihre Ideen und Fragen prasselten nur so auf mich nieder.

Die Eltern informierte ich im Rahmen eines Elternbriefes und anlässlich eines Eltern-Stammtisches über unser Vorhaben. Ihre Reaktion und ihre tatkräftige Mithilfe bei der Beschaffung von Arbeitsmaterial und Arbeitsgeräten zeigte mir, wie offen Eltern Projekten gegenüberstehen, wenn man neue Wege gehen möchte.

Sorgfältig und mit Gefühl wird ein Spiegel zerschlagen

Materialbeschaffung

Im Rahmen eines eintägigen Ausfluges fuhren wir, begleitet von einigen Eltern, zu einer Ziegelei. Dort machten wir eine Werksbesichtigung und die Kinder bekamen Einblicke in die Gewinnung und Verarbeitung von Lehm. Einzelne Schüler nützten bereits die Gelegenheit, um den Lehm in ihren Händen zu formen und zu kneten.

Da uns die Ziegelei für unser Vorhaben Lehm und Ziegelsteine umsonst zur Verfügung stellte, schaufelte die ganze Klasse am Ende dieses Ausfluges Lehm auf einen mitgebrachten Anhänger. Diesen Lehm luden wir auf einer Plane auf unserem Pausenhof ab.

Herstellen des Unterbaus

Am nächsten Tag begannen wir mit dem Unterbau des Thrones. Benötigt wurden neben Arbeitsgeräten wie Schubkarren, Maurerkellen, Maurerhammer, Gartenscheren, 2 Trögen, 2-3 Eimern, Verreibebrettchen; als Materialien ein Sack Stroh, Sand, 1 Sack Sägespäne, Sackleinen, Lochziegel, ca. 40 lange Weidenruten, alte Fliesenteile, bzw. Mosaiksteinchen, Spiegel und 2 Abdeckfolien zum Überdecken des Lehmes und als Arbeitsunterlage für den Unterbau. Es ist sinnvoll, Schüler und Eltern bei der Beschaffung der Materialien zu beteiligen, um Geld zu sparen und die Mitwirkenden schon in der Vorphase in den Projektverlauf miteinzubinden.

Eine Gruppe Kinder mischte aus Sand, Lehm und Wasser die Masse in einem Trog zusammen. Währenddessen breitete eine andere Gruppe eine große Plastikfolie als Arbeitsunterlage vor. Grundsätzlich wurden alle Arbeiten darauf ausgeführt, um Lehmspuren auf dem Pausenhof zu vermeiden.

Die Kinder legten den Umriß des geplanten Thrones fest und zerteilten große Ziegelsteine mit dem Hammer. Die Steine wurden mit dem angerührten Lehm-Sand-Gemisch (Lehmmörtel) verbunden und vermauert. Dabei wechselten sich die Kinder ab, so dass immer ein paar bei der Bereitung des Lehmmörtels, die andere Gruppe für das Mauern zur Verfügung standen. Nachdem jedes Kind die Möglichkeit ausprobiert hatte, mit den Händen den Lehmmörtel anzurühren, arbeiteten die Kinder mit einem elektrischen Rührgerät, das uns ein Vater zur Verfügung gestellt hatte.

Auf diese Weise kamen wir bei der Herstellung des Lehmmörtels schneller voran. Mit Kellen, oft aber mit ihren Händen, verrieben die Kinder den Lehmmörtel in die Ritzen und füllten Lükken mit kleinen Ziegelsteinen aus. Die Ziegel wurden dann mit dem Holzteil des Hammers festgeklopft.

Die Schüler mauerten mit großer Geschwindigkeit, so dass nach vier Schulstunden bereits die Grobform unseres Thrones erkennbar war. Er bestand aus einem massiven Sitzteil aus Ziegeln, an dessen Seiten die Ziegelsteine stufenförmig nach oben vermauert waren. Diese Form hatten sich die Kinder selbst ausgedacht. Meine Aufgabe bestand im Initiieren, Koordinieren, Beraten und Begleiten.

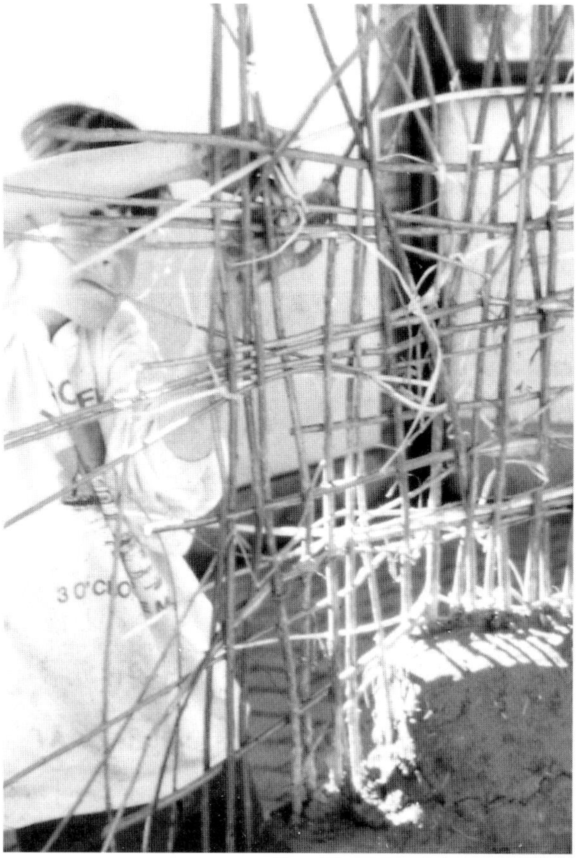

Flechten mit Weidenruten

Das Rückenteil bestand aus einer gemauerten Ziegellehne mit einem Ziegel als höchstem Punkt in der Mitte. In die obersten Lochziegel steckten die Kinder lange Weidenzweige, bei denen sie zuvor die kleinen Zweige mit der Gartenschere entfernt hatten.

Weidengeflecht

Während der dreitägigen Trockenphase stellten wir fest, dass unser Thron feine Risse bekam. Der Grund dafür war, dass in dem Lehm-Sand-Gemisch der Tonanteil des Lehmes zu hoch gewesen sein musste, und wir beschlossen, beim nächsten Projekttag den Sandanteil zu erhöhen, um dadurch das Lehm-Sand-Gemisch magerer zu machen.

Am zweiten Arbeitstag brachten die Kinder und ich weitere Weidenzweige mit, die wir wiederum in die Rückenlehne einflochten. Einige dickere Weidenzweige dienten als Stütze; mit den dünnen Weidenzweigen wurde ein engmaschiges Gitter geflochten. Die nach oben herausstehenden Enden der Weidenzweige bogen wir wie Schmetterlingsflügel nach unten und befestigten sie mit Bast am bereits vorhandenen Gitternetz.

Während sich ein Teil der Kinder mit dem Flechten beschäftigte, stellte eine andere Gruppe ein Lehm-Sand-Gemisch mit dem

Rührgerät her. Da wir dieses Mal die Außenfläche des Thrones einschlämmen wollten, wurde dem Lehm viel Sand, Sägespäne, Stroh und Wasser beigemischt. Mit diesem Lehmbrei wurden die feinen Risse des Unterbaues ausgestrichen und sowohl die Vorderseite als auch die Rückseite des Weidengeflechts bedeckt. Die Schüler arbeiteten bei der Verkleidung des Thrones weitgehend mit den Händen. Unebenheiten in der Oberfläche, Unausgewogenheiten in der Form wurden durch das genaue Fühlen der Fingerspitzen sicher wahrgenommen. Die Kinder erfuhren bei dieser Arbeit ihre Hände sowohl als „formend" wie auch als „zupackend".

Einfügen der Spiegelscherben

Feinarbeiten

Mit einem Lehmbrei (Sand, Sägespäne, Wasser, Stroh) wurden nun am 3. Projekttag notwendige Feinarbeiten übernommen. Vier in eine Lehmbrühe getauchte, aufgeschnittene Kartoffelsäcke wurden nun über Sitzfläche und Armlehnen gebreitet. Mit einem Malerwaschel wurden die Säcke nochmals mit der Lehmbrühe bestrichen und kunstvoll drapiert.

In der Zwischenzeit zerschlugen einige Schüler auf einer Unterlage vorsichtig alte Spiegel und Fliesen, die nun als Mosaik-Ornamente in den Thron integriert werden sollten. Voller Eifer machten sich die Kinder an die Arbeit, nicht aber ohne vorher einige Farb- und Gestaltungskriterien aufgestellt zu haben. Zu bunt sollte die Auswahl der Mosaiksteine nicht sein, außerdem sollte das Muster eine gewisse Symmetrie aufweisen.

Mit viel Liebe zum Detail verzierten die Schüler nun den Sitz und die Vorder- und Rückseite des Thrones. Dabei mussten die einzelnen Spiegel- oder Mosaiksteinchen tief in den Lehmbrei gedrückt werden, damit sie später nicht herausfallen konnten.

Nach etwa zwei Tagen konnten die Mosaikteile mit einem feuchten Lappen abgewischt werden, damit sie richtig zur Geltung kamen. Im Anschluss an diese Arbeiten musste der Thron vollkommen durchtrocknen.

Erschöpft, aber doch glücklich fanden wir uns nach den Aufräum- und Säuberungsarbeiten wieder vor unserer Sitzplastik ein und bewunderten sie. Dabei ließen wir die einzelnen Arbeitsschritte noch einmal wie einen Film vor unseren Augen ablaufen. „Seltsam", meinte eine Schülerin zum Schluss„„man würde gar nicht vermuten, dass im Inneren unseres Thrones Ziegelsteine und Weidenzweige versteckt sind."

Eindrücken der Mosaiksteine

Dieser Ausspruch machte mir deutlich, dass es beim projektorientierten Lernen nicht nur um die Herstellung eines Produktes, sondern auch um das Erkennen und Durchschauen von Sachverhalten und Zusammenhängen geht. Im Gegensatz zum lehrerzentrierten Unterricht geht es hier um das Erkunden, Erleben, Ausprobieren, Zusammenarbeiten, Experimentieren, Eingreifen, Verändern und Dahinterkommen anstelle eines eher passiven Aufnehmens.

Betrachtet man im nachhinein all die Aktionen und Interaktionen, die zwischen meinen Schülern stattgefunden haben, die Freude am gemeinsamen Handeln, bei dem problemlösendes und kreatives Verhalten geübt werden konnte, das Erlebnis der Anstrengung bis hin zum Stolz, etwas eigenhändig geschaffen zu haben, dann kommt man gerne zu dem Schluss, dass sich all der Aufwand und die Mühe gelohnt haben. Unser Thron ist ohne Zweifel ein Schmuckstück in der Schule und gibt jedem, der sich daraufsetzt, ein erhebendes Gefühl.

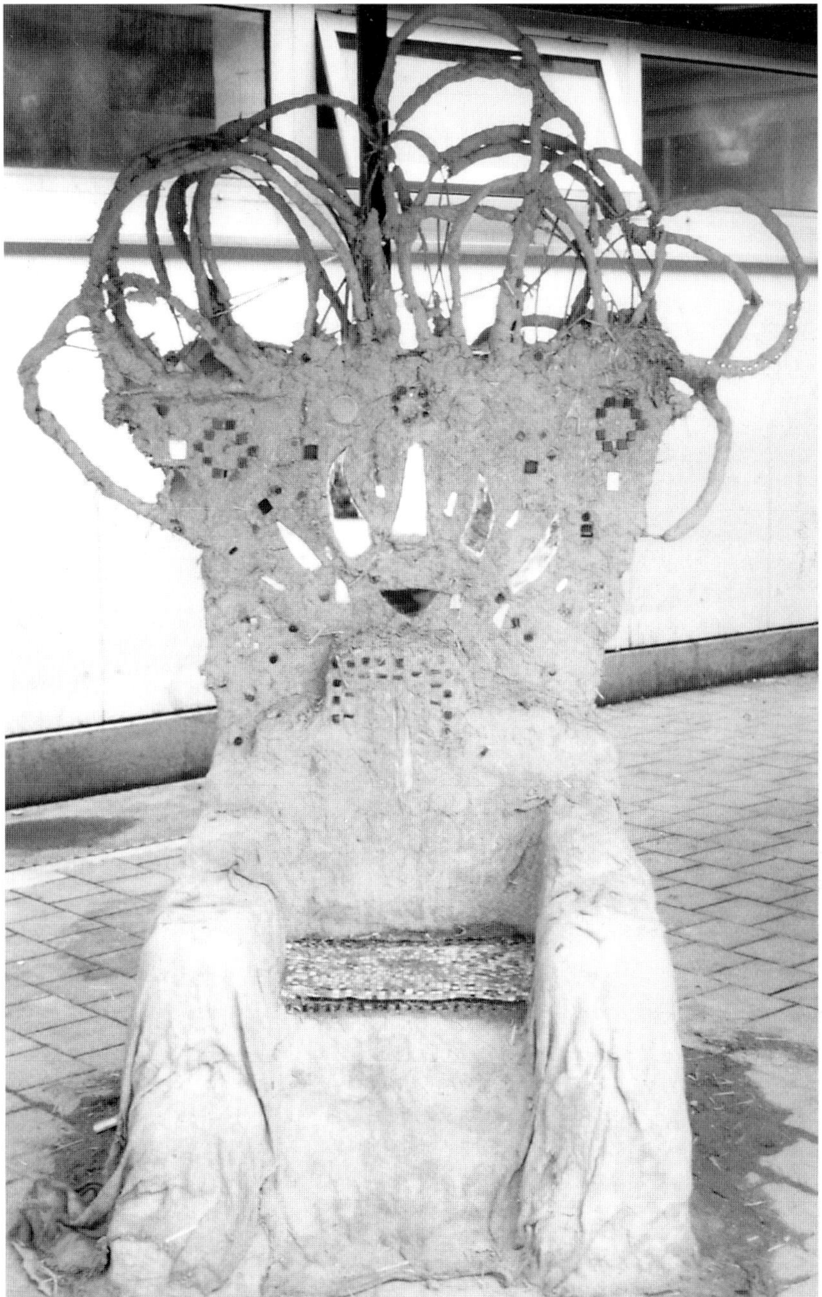

Wühlarbeit

Spurensuche im Gärtnerland

Gisela Plasa

Graben und Suchen an der Böschung

Welches Vergnügen bereitet Kindern und auch noch manchen Erwachsenen das Wühlen und Buddeln in Sand und Erde!

Wenn dabei auch noch „Schätze“ gefunden werden, die man nach Hause tragen kann, benötigt man als Lehrer nichts weiter, um seine Schüler zu motivieren.

„Suchen - finden - entdecken - sehen“, diese Begriffe sind für mich immer Leitlinien gewesen, um im Umfeld der Schule neue Anregungen für einen erlebnisreichen Unterricht zu finden.

In Bamberg wurde im Zuge eines neuen Verkehrskonzepts eine Schneise in altes traditionsreiches Gärtnerland geschlagen; der Aushub diente zur Aufschüttung der Böschung an einer neuen Brücke über die Regnitz.

Bei der Lektüre der Presseberichte über dieses große Bauvorhaben kam mir der Gedanke, dass hier alter Kulturboden „umgegraben“ würde, wodurch Spuren früherer Bamberger Gärtnergenerationen zutage treten könnten. Eigene „Probegrabungen“ in den riesigen Erdhügeln brachten denn auch ohne große Mühe verschiedene Dinge aus den letzten 50 bis 100 Jahren ans Licht.

Meine Schule liegt im klassischen Häcker-Viertel, wie in Bamberg die Gärtner seit Urzeiten genannt werden. Viele Großeltern und Eltern meiner Schüler bewirtschaften auch heute noch ihre Felder. Mit Eimern, Schaufeln, Plastiktüten und einem gewaltigen Proviant zog die Klasse also los zur archäologischen Expedition zu den aufgeschütteten Hügeln von Gartenerde, um diese zu erforschen.

Auslegen der Fundstücke

Bereits im Verlaufe eines Vormittags hatten die Schüler wahre Berge von Schätzen entdeckt:

- Scherben von Tellern, Tassen, Schüsseln und Vasen,
- Fläschchen für Tinkturen, Öle und Farben,
- Schnappverschlüsse von Bier- und Limonadeflaschen, oft mit Aufschriften von nicht mehr existierenden Brauereien Bambergs,
- Spielzeugfragmente (z.B. ein kleiner Zinnsoldat ohne Beine, ein Puppenköpfchen aus Porzellan)
- Knöpfe aller Art,
- Messergriffe, Türbeschläge usw.

Die Begeisterung beim Entdecken, Betrachten, Identifizieren und Sortieren der Fundstücke war groß.
Man kann ja Gegenstände nach vielerlei Kriterien anordnen. Wir legten die Gegenstände noch am Fundort nach Farbe, nach Material, nach vermutetem Verwendungszweck zu kleinen wechselnden Ausstellungen aus.

Je mehr Hände sie befühlten, putzten, betrachteten, aneinanderreihten, desto mehr Leben kehrte in die zunächst unscheinbaren, schmutzigen Scherben ein.

Die Fragmente begannen zu erzählen und uns ihre Geschichte und damit auch die Geschichte ihrer Besitzer zu offenbaren, die sie einmal benützt und später zerstört, verloren oder weggeworfen hatten.

Scherben und Steine mit Geschichte

Jedes Fundstück wurde in die Schule getragen, nochmals gereinigt, getrocknet und dann im Klassenzimmer zu einer neuen Ausstellung sortiert.

Die folgenden Kunststunden waren angefüllt mit neuen ästhetischen Verwendungen für diese alten Stükke:

- Glasscherben und -flaschen wurden zu einem transparenten Farbspektrum gestaltet.

- Gegenstände wurden abgemalt und zeichnerisch umgestaltet oder komplettiert (Wie könnte diese Flasche, diese Vase ausgesehen haben, von der diese Scherbe stammt?).

- Bruchstücke mit noch erkennbarem Muster wurden auf Papier geklebt und das Dekor weitergezeichnet.

- Umsetzung von materialinhärenten Farben in Farbeigenschaften auf dem Papier (z.B. wie kann man das irisierende Schillern weißer Arzneifläschchen aufs Papier übertragen, wie die Transparenz von Grünglas?).

- Bruchstücke von Spielzeug, Flaschen, Metallen ergänzte eine Schülergruppe mit Ton oder Plastilin, was neue faszinierende Figuren (Messer, Gefäße usw.) ergab.

Motiviert durch diese Form des Unterrichts, begannen die Schüler bei sich zu Hause im Garten, auf Abraumhalden und an frisch aufgeschütteten Straßenböschungen weiterzusuchen.

In diesem Projekt ging es darum, den Kindern die Sinne zu öffnen für Dinge der Umgebung, die nicht grell und laut daherkommen, die doch die Phantasie viel stärker anregen als die Konsum- und Medienwelt, und die bei näherer Betrachtung zu erzählen beginnen.

Mit Ton wurden die Fundstücke ergänzt

Tonstein

Zupackende Gestaltung eines Findlings - 2. Teil

Inge Seitz

Ein zweites Mal wollten wir unseren Findling am Dorfplatz verpacken, dieses Mal in Lehm, bzw. in Ton. Da eine etwa sechs Quadratmeter große Fläche zu beschichten war, stand zunächst die Kostenfrage im Vordergrund. Von einer Töpferin erhielten wir schließlich für einen geringen Betrag einen Anhänger voll von ihren Abfällen, lauter große, harte, aneinandergepresste Tonklumpen.

Zerkleinern des trockenen Tons

An einem Nachmittag wurden diese von den Kindern zunächst auf einer dicken Plastikfolie mit Hämmern zertrümmert. Es war interessant, mit wieviel Aggression einige Kinder anfangs ans Werk gingen, und wie sich nach und nach ein fast meditatives, sehr ruhiges Arbeiten durchsetzte.

Besonders schöne Formen, die die Kinder in den Tonklumpen freilegten, wollten sie nicht zertrümmern, sie wurden sorgfältig aussortiert und beiseite gelegt, um sie später einbauen zu können. Häufig waren es ineinander verschlungene Henkel, die später die Haarpracht unseres „Sonnenanbeters“ wurden. Der zerstampfte Ton wurde in großen Maurerwannen eingeweicht und in den folgenden Tagen immer wieder von den Kindern durchgeknetet, bis eine homogene, streichfähige Masse entstanden war. Jetzt konnte mit der Verpackung begonnen werden.

Auftragen der Tonmasse

Doch einiges mußte im Vorfeld noch geregelt werden: Da der Findling mitten im Dorf steht, holte ich vorsichtshalber noch die Genehmigung des Bürgermeisters ein, was sich bei den nachfolgenden Debatten als sehr günstig erwiesen hat. Von den Kindern wurde noch eimal der Findling genau in Augenschein genommen. Nach unserer Aktion mit Schnee sollte ja etwas Neues, Andersartiges gestaltet werden.

Modellieren des "Sonnenanbeters"

Ideen, was nach der Verpackung mit Ton möglich wäre, wurden angesprochen und diskutiert: Muster eindrükken, Naturmaterialien wie Steine, Zapfen und Holzstücke in die Oberfläche einmodellieren, Blumen- oder Kressesamen einbringen und sprießen lassen, mit Engoben bemalen.

Als ein Schüler den Felsen erklettert hatte, meinte er, es sei eine hervorragende Liege, auf der man sich sonnen könne. Dies gefiel allen, und so beschloss man, oben in die gewölbte Fläche, einen "Sonnenanbeter" zu modellieren. Innerhalb eines Vormittags war die Verpackungsaktion beendet, wobei wir sehr darauf achteten, dass die Wiese, auf der der Findling steht, nicht mitverpackt wurde.

Lustvolles Kneten und Schmieren

Viele Zuschauer hatten sich auf dem Dorfplatz eingefunden, und bald entbrannten heftige Diskussionen über das Werk. Was Christo mit seiner Reichstagsverpackung ausgelöst hatte, hatten wir nun im Kleinen mitten in unserem Dorf, eine Wirkung, die ich gar nicht bedacht hatte.

Am meisten befürchteten die skeptischen und manchmal sogar aggressiven Einwohner eine andauernde "Verschmutzung" ihres Findlings. Anders als der weiße, saubere Schnee, von dem jeder weiß, dass er schmilzt, ohne Spuren zu hinterlassen, war ihnen die allerdings auch weiße Tonmasse suspekt. Auf manche Erwachsene mag auch das lustvolle Kneten und Schmieren der Kinder provozierend gewirkt haben. Andere störte einfach der unübersehbare Eingriff in ihre vertraute Umgebung.

Diese Erfahrung und Diskussionen waren Grundlage für sehr intensive Gespräche in der Klasse über die Meinungen und Reaktionen unserer Zuschauer wie auch über die öffentliche Auseinandersetzung mit dem Kunstwerk Christos im fernen Berlin. So mündete unsere Findlingsaktion in eine lebendige und aktuelle Kunstbetrachtung.

Zwei Wochen lang beobachteten wir dann den langsamen Zerfall unseres Werkes, immer wieder gab es neue interessante Überraschungen. Während viele die schnelle Vergänglichkeit bedauerten, waren die Gegner sichtlich erleichtert, als sie ihren Findling wieder enthüllt sahen.

Ich glaube, so mancher geht seitdem wieder bewusster über den Dorfplatz und wartet vielleicht insgeheim auch schon wieder auf unsere nächste Verpackungsidee.

Die abgefallenen Tonstücke haben wir eingesammelt und wieder eingeweicht. Wir werden sie mit Strohhäcksel vermischen und damit ein Lehmhaus in unserem Pausehof bauen.

Unsere erste Aktion mit dem Findling finden Sie auf Seite 127

Die Sonne läßt den Ton trocknen und langsam abbröckeln

Spur im Sand

Ein Gedicht-Projekt

Gerhild Wortmann

Das Gedicht:

Spur im Sand

Ging da ein Weißer,
ein Schwarzer,
ein Roter?

Der Sand sagt:
Ein Mensch.

Hans Baumann

Die Schüler meiner dritten Klasse sollten sich über die praktische Auseinandersetzung mit dem Begriff “Spur“ dem Gedicht “Spur im Sand” nähern. Um ihren Assoziationen freien Lauf zu lassen, stand an der Tafel zunächst nur das Wort “Spur“. Die Kinder sollten alles aufschreiben oder zeichnen, was ihnen zu diesem Begriff einfiel. Wo findet man Spuren? Wie können Spuren aussehen? Wer hinterlässt Spuren? Wozu hinterlässt man Spuren? Alle Einfälle wurden schließlich, nach diesen Leitfragen geordnet, an der Tafel gesammelt.

Spuren erforschen

Meine Ankündigung: „Wir probieren aus, wie wir im Pausenhof Spuren hinterlassen können“ und „Wir untersuchen, wer oder was im Pausenhof Spuren hinterläßt“ löste bei den Schülern sogleich eine Fülle von Aktivitäten aus. Die erste Frage war: Wo? Auf dem Betonboden, im Teich, in der Wiese, auf der Erde? Schnell bildeten sich entsprechende Arbeitsgruppen. Sie überlegten als nächstes, wie man Spuren herstellen kann: mit Wasser, Bodenkreide, Blättern, Steinen, mit dem Körper, mit den Füßen.

Die Schüler begaben sich mit ihrem Skizzenheft, dem Fotoapparat und den Aufgabenkarten in den Pausenhof, probierten ihre Ideen aus und kamen auf neue. Nachdem sich die Arbeitsgruppen gegenseitig ihre Ergebnisse gezeigt hatten, war es für mich an der Zeit, der Klasse das Gedicht vorzustellen. Nun hatten die Kinder einen Hintergrund von selbstgemachten Erfahrungen, vor dem ihre Aufmerksamkeit für den kleinen Text zu erwarten war.

Spuren lesen

Die inhaltliche Klärung des Gedichts (Wer sind die "Weißen", die "Roten", die "Schwarzen"?) bereitete den Schülern keine Schwierigkeiten. Um sie an den Sinn, die Absicht des Schrei-

Körperspur mit Kreide

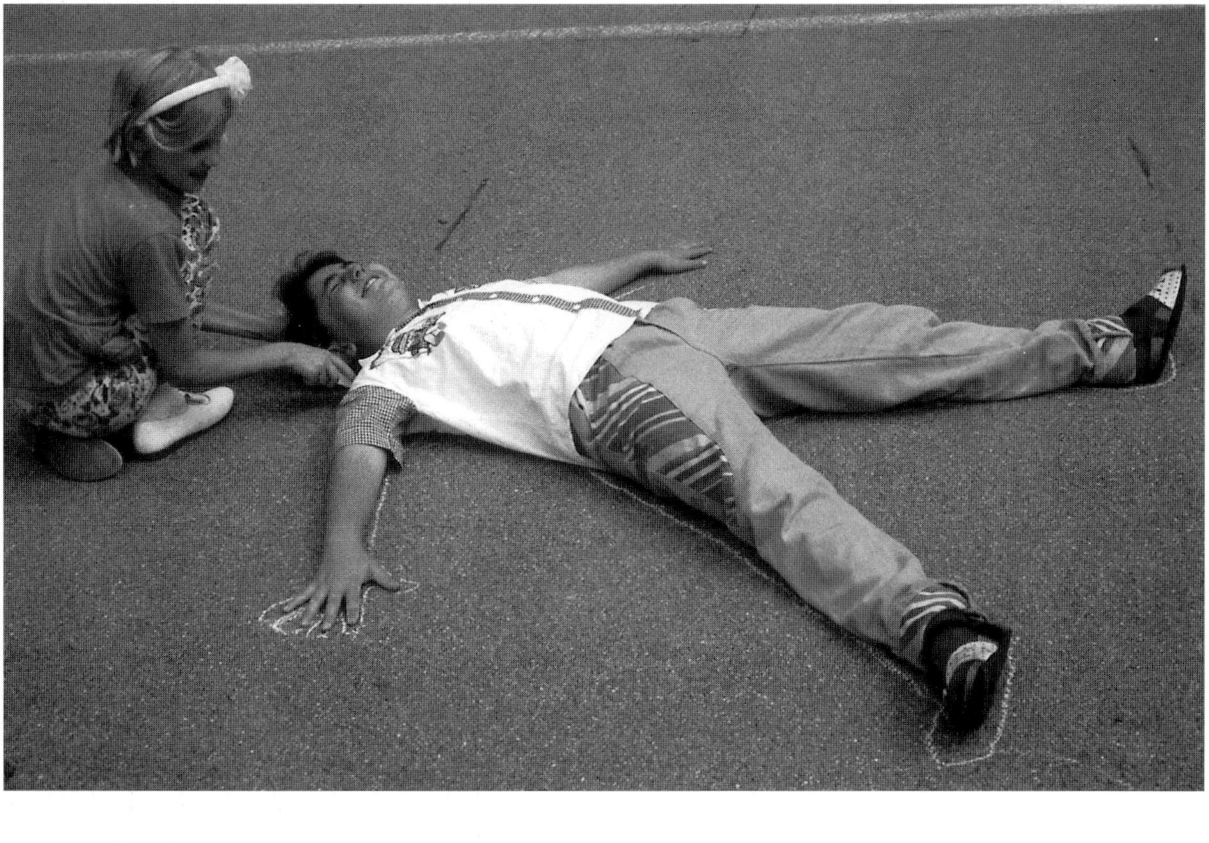

Herstellung der "Tonstraße"

bers heranzuführen, zeigte ich ihnen eine Radierung von Antoni Tapies (Peu, 1984). Der darauf abgebildete Fußabdruck des Künstlers veranlaßte die Schüler zu verschiedenen Erklärungsversuchen: „Vielleicht ist der Künstler aus Versehen in die Farbe getreten?" - „Das ist der Fußabdruck seiner Frau." - „Der Abdruck ist ein Beweis, dass er da gewesen ist."

Über diese Bildbetrachtung ließ sich nun leicht der Bogen spannen zur Deutung des Gedichts: Welche Auswirkung hat die Hautfarbe bzw. die Herkunft anderer Menschen - für den Sand? - für den Dichter? - für uns? Ohne zu moralisieren, wurde den Kindern der Bezug zur allgegenwärtigen "Ausländer-Problematik" klar.

Fußspuren hinterlassen

Eine Fußspur von jedem Kind

Eine weitere praktische Arbeitsphase sollte das Erlebnis dieses Projekts noch vertiefen. Jedes Kind durfte seinen Fußabdruck in eine vorher gemeinschaftlich angefertigte "Ton-Straße" einprägen. Das getrocknete, ca. 4m x 2m große "Werk" legten wir auf dem Vorplatz zu unserem Klassenzimmer für einige Zeit aus. Immer wieder fanden sich Kinder, die ihre Fußabdrücke suchten und mit anderen verglichen. Sie entdeckten, dass ihre Spuren, je nach Lichteinfall, mehr oder weniger deutlich sichtbar waren. Und sie beobachteten auch, dass sich der Ton, der immer mehr eintrocknete und schrumpfte, nahezu täglich veränderte.Nach den Sommerferien war die Tonstraße so stark gerissen, dass wir beschlossen, das Material abzubauen und wieder einzuweichen. Nun wird natürlich eine neue Aktion erwartet.

Ton aus der Grube

Finden - Bearbeiten - Formen

Marlies Wöhl

Durch einen Artikel in meiner Heimatzeitung ("Selbst Ton ausgraben und bearbeiten", Kindergartenkinder gestalten mit einer Keramikerin) kam ich auf die Idee, mit meiner klassenübergreifenden Arbeitsgemeinschaft „Kunst" den Kindern den Werkstoff Ton durch spielerischen Umgang "begreiflich" zu machen.

Die meisten Schüler hatten auch schon einmal mit Ton gestaltet. Aber die bisher gemachten Erfahrungen beschränkten sich auf das Arbeiten mit fertigem, gekauftem Ton, den man in Hobbyläden bekommt. Aber kennen sie das Material wirklich? Wissen sie, wo der Ton herkommt? Haben sie ihn tatsächlich mit allen Sinnen wahrgenommen?

Unsere Kinder haben ja immer weniger Chancen, ihre Umwelt in Ruhe wahrzunehmen. Immer mehr fehlen ihnen elementare Naturerfahrungen. Sie brauchen Gelegenheiten, Dinge anzufassen, auszuprobieren und mit allen Sinnen zu erfahren.

Es war eine Überraschung für die Kinder, als ich ihnen erzählte, dass es Ton auch in unserer Nähe gibt. Wir machten uns also auf, in einer Baugrube, unweit der Schule, den Ton abzubauen. Natürlich entsprach er in rohem Zustand nicht gerade den Vorstellungen der Schüler. Sie untersuchten das Material genauer. Sie rochen daran, befühlten es und fanden Gras, Steine und sonstige Dinge darin.

Es war ihnen klar, daß der Ton von Verunreinigungen befreit werden mußte. Bald kamen sie darauf, dass man ihn sieben muss. Da dies leichter geht, wenn er trocken ist, ließen wir ihn eine Woche trocknen.

Dann wurde das klumpige Material mit Stößeln zerstampft und Verunreinigungen wie Gras und Steine herausgesiebt. Wir bekamen ein ganz feines Pulver. Die Kinder fanden es herrlich, es durch die Finger gleiten zu lassen und dabei die Kühle zu spüren. Als nächstes wurde unter Zugabe von Wasser das Pulver allmählich zu einer elastischen Masse geknetet. Manchen Kindern bereitete dieser "Dreck" Unbehagen, und sie waren sehr skeptisch, ob das, was da an ihren Händen klebte, modellierfähiger Ton werden würde.

Die gefundene Lehmerde wird gesiebt .....

....und ergibt ein feines Pulver

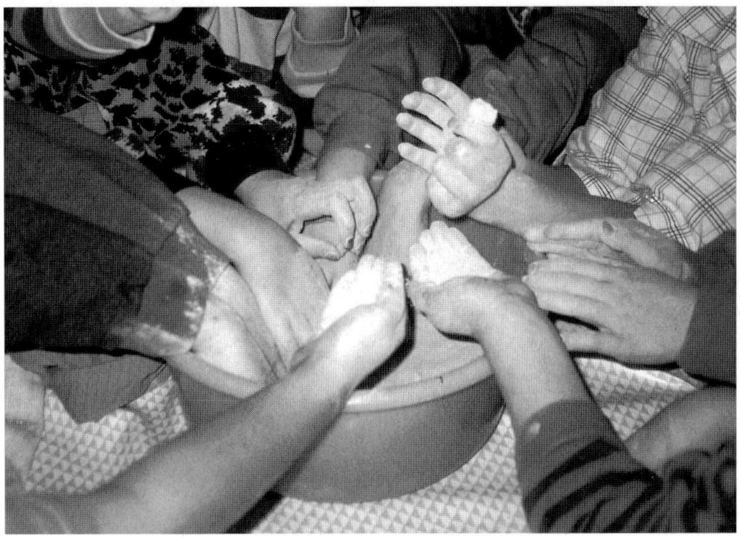

So war die Überraschung groß, als sich nach einiger Zeit des Knetens diese Masse von den Händen löste und sich wunderbar drücken, kneten, schlagen und formen ließ. Bevor wir den „selbstgemachten“ Ton aber bearbeiten konnten, mußte er noch einige Zeit ruhen.

In der nächsten Einheit sollten die Kinder spielerisch die Eigenschaften des Werkstoffs Ton kennenlernen und dabei die notwendigen Techniken erlernen. Es war mir vor allem wichtig, den Kindern die Möglichkeit zu geben, sich mit dem Werkstoff ausgiebig zu befassen und nicht gleich Gegenstände zu modellieren.
Ich teilte Vierergruppen ein und verteilte an jede Gruppe mehrere Tonklumpen. Dann stellte ich die Aufgabe: Wer bekommt durch das Aneinandersetzen und Bearbeiten der Tonklumpen den höchsten, glattesten und spitzesten "Eisberg"?

Mit Wasser vermischt und durchgeknetet...

...entsteht eine plastische Lehmmasse

Sehr schnell kamen die Kinder darauf, was zu tun war. Zuerst setzten sie die Klumpen aufeinander und waren überrascht, wie gut sie aneinander kleben blieben. Auch merkten sie bald, dass der Tonberg, wenn sie ihn von oben nach unten glattschlugen, breiter und niedriger wurde. Also formten sie die Berge von unten nach oben. So wurden sie höher und spitzer. Es entstanden wunderbare Berge. Doch "Eisberge" schmelzen auch wieder. Die Kinder setzten ihre Finger in den Ton und zogen sie von oben nach unten durch das "Eis".

So bildeten sich um den Berg Tonablagerungen. Ohne weitere Hinweise gingen die Kinder sofort daran, die Gegend um den Berg zu gestalten. Es entstanden die verschiedensten Dinge, und die Darstellungen wurden mit zunehmender Dauer immer detaillierter. Sie erkannten auch, dass zu dünne Teile sich langsam nach unten verformen oder abbrechen. Ebenso merkten sie, dass beim Gestalten der Ton allmählich abtrocknet und sich dann nicht mehr so leicht verarbeiten läßt.

Die Kinder arbeiteten mit großer Begeisterung. Vor allem war der kommunikative Anreiz bei dieser Arbeit bemerkenswert. Selbst zurückhaltende Kinder teilten ihre Gedanken und Ideen den anderen mit, entdeckten in der Gruppe Neues und arbeiteten dabei auch mit wechselnden Partnern zusammen. Die eigene Phantasie wurde durch die Ideen anderer ständig angeregt.

Zum Schluss machte jede Gruppe eine Führung um ihren Berg. Alles Mögliche war entstanden: ein Eskimodorf, eine Festung mit Türmen und Brücken, ein Zoo, Tunnel usw. Als Abschluss wurde das Ergebnis auf einem Foto festgehalten.

Gemeinsam werden Lehmberge gebaut

Kiesaktion im Pausenhof

Michael Gerner

Der kahle Pausenhof

Für viele Schüler ist die Pause im Schulalltag das „Lieblingsfach“.

30 Minuten stehen dem Schüler zur Erholung vom Unterricht zur Verfügung. Er wird auf den Pausenhof geschickt, wo Aufsichtslehrer dafür zu sorgen haben, dass möglichst nichts passiert.

Pausenhöfe sind in der Regel funktional angelegt. Schnelle Reinigung, einfaches Schneeräumen, Befahrbarkeit, leichte Pflege sind Kriterien, nach denen sie ihre Gestaltung erfahren haben. Wer hat dabei an die Schüler gedacht, die dort ihre kurze Freizeit am Vormittag verbringen sollen?

Bei meinem folgenden Projekt geht es um den Pausenhof einer kleinen Landschule, der mit unbefestigtem Kies aufgeschüttet ist. Die Schüler einer kombinierten dritten-vierten Klasse äußerten sich über die Öde des grauen Platzes. Entsprechend ihren Vorstellungen durften sie nach der Besichtigung, bewussten Wahrnehmung und einem Gespräch ihren „Wunschpausenhof' mit Deckfarben auf dem Zeichenblock entwerfen. Die Aussprache über die Arbeiten ergab schnell: Der Gemeinderat wird niemals Riesenräder, Karussells, Auto-Scooter o.ä. kaufen und aufstellen!

„Wir könnten aber den Pausenhof selbst irgendwie gestalten", schlug eine Schülerin vor.

Es zeigte sich schließlich, dass das Material Kies mit den unterschiedlich großen Steinen für die Schüler einen ähnlichen Aufforderungscharakter hatte, wie der Sandkasten für kleine Kinder.

Wir einigten uns auf folgende Lösung: Jeder Schüler sollte auf dem Pausenhof eine bestimmte, gleichgroße, gekennzeichnete Fläche zur eigenen Gestaltung erhalten. Dazu entstanden auf quadratischen (20x20 cm) Blättern einfache Skizzen, die an die Tafel geheftet als erste Ideengeber dienten. Von einer „Ritterburg" über diverse Tiere bis hin zu ornamentalen Lösungen reichte die Bandbreite. Trotz Besprechung und Vergleichsmöglichkeit beharrten die Schüler mit den gegenständlichen Vorstellungen auf ihren Ergebnissen.

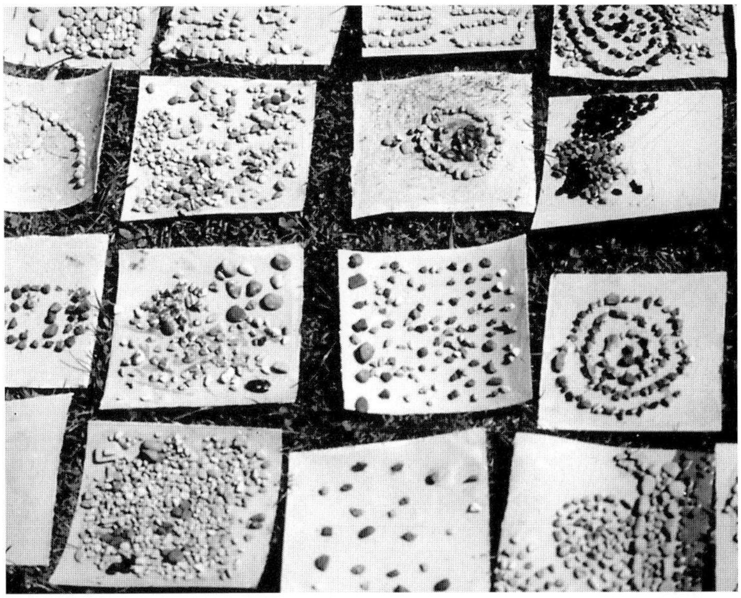

Gestalten mit Kieselsteinchen

Einige Schüler entdeckten die Möglichkeit, Steine mit Deckfarben anzumalen oder die Größen der Steine als Gestaltungselemente zu verwenden. Die Aneinanderreihung dieser Modelle ergab als Vorläufer der Pausenhofgestaltung eine erste Gemeinschaftsarbeit, die von den Schülern im Glaskasten ausgestellt wurde.

An einem schönen Maimorgen war es endlich möglich, die verschiedenen Ideen auf dem Pausenhof zu realisieren. Mit Bandmaß und staubunempfindlichen Schuhen wurde der Hof in zwei auf zwei Meter große Felder geteilt. Die Schüler einigten sich, wer Nachbar von wem sein sollte. Einer benötigte den Abraum des anderen, ein weiterer sammelte große Steine, ein dritter holte alles lose Steinmaterial, um einen Berg aufzuschichten.

Bei der Ausgestaltung zeigten sich die unterschiedliche Konzentrationsfähigkeit, Ausdauer und Kreativität. Gegen Ende der Aktion betrachteten wir die Ergebnisse vom ersten Stock aus der Vogelperspektive. Jetzt erkannten die Schüler vor allem die Stärke der eher formalen Arbeiten.

„Was wird jetzt aus unseren Werken?“ wollten die Schüler wissen, da sie merkten, dass ihre Arbeit vergänglich war. Letztenendes akzeptierten wir diese Vergänglichkeit, wenn auch mit bedauern als eine mögliche Komponente gestalterischer Tätigkeit. Wir beobachteten über die Tage hinweg den Pausenhof in seiner Rückwandlung in die ursprüngliche Öde.

Nur der Hausmeister war froh, endlich wieder seinen "ordentlichen" Pausenhof zu haben.

Steingeheimnisse

Waltraud Meier

Hören, was der Stein erzählt

„Lege den Stein an dein Ohr und lausche, was er dir erzählt. ..."

Aufmerksam und gespannt folgen die Kinder meiner ersten Klasse dieser Anregung. Sie hören hinein in den Stein und fangen an, in Gedanken ihre Vorstellungen zu entwickeln. Es herrscht eine ruhige, gesammelte Atmosphäre. Wie selbstverständlich verlassen sich alle auf ihre eigene Idee. Sie schöpfen aus sich selbst, da es keine inhaltliche Vorgabe gibt.

Vor allem jüngere Schüler lassen sich vorbehaltlos auf Wege der Vorstellung führen. Sie gehen lustvoll mit Erdachtem oder Imaginärem um und lassen sich ein auf spielerische, phantastische Situationen. Die Kinder halten ihre Steine in den Händen, spüren sie und hängen ihren Gedanken nach.

Die Schüler haben die Steine nicht im Klassenzimmer vorgefunden. Vorausgegangen war die gemeinsame Suche außerhalb der Schule. Besonders fasziniert waren wir von einer Ansammlung großer Kieselsteine.
„Entdecke einen Stein, der dich anspricht, der nach dir ruft ! "
forderte ich die Kinder auf. Jedes Kind hat gesucht und den Stein gefunden, der es ansprach.

Die Kinder haben ihren Stein aufgenommen, haben ihn angeschaut, befühlt und berochen. Momente, in denen die Sinne geweckt worden sind.

Vielfältig sind die Reize, die ein geschliffener Stein in sich trägt. Vereinzelt gewannen die Kinder eine Ahnungen von den Kräften der Natur, die den Stein geformt haben.

Mit Bleistift wird auf den Stein gezeichnet und geschrieben

Nach dem behutsamen Erfassen und Begreifen beginnt jetzt jedes Kind, hineinzulauschen in seinen Stein.

Was flüstert dir dein Stein zu? Woher kommt er? Was hat er erlebt? Befrage deinen Stein ...
Verrate noch nicht, was er dir erzählt.
Behalte für dich, was er spricht ...
Es gilt das Besondere im vermeintlich Gewöhnlichen zu entdecken.

Zeichnen auf Stein

“Zeichne auf deinen Stein, was du gehört hast ...”

Die Kinder erzählen einander zu diesem Zeitpunkt noch nichts. Sie bewahren das Erdachte für sich und machen es dadurch zum Geheimnis.

Sie zeichnen mit Bleistift auf die gerundete, porige oder glatte Oberfläche der Kieselsteine. Leise Musik unterstützt die entspannte Atmosphäre.

Vielfältige, individuelle Zeichnungen entstehen. Unbeeinflusst voneinander beziehen sie sich mutig auf die eigene Idee. Beispielsweise stellt ein Kind auf der einen Seite dar, wie der Stein in die Erde gebettet ruht, auf der anderen Seite zeichnet es weiter und kommentiert leise: „Dann bin ich zu dir gekommen und du zu mir". Ein anderes Kind malt eine Geschichte um den ganzen Stein. Es nützt alle Seiten und bildet Erlebnisse aus dem Kieselsteinleben ab.

Der Stein eines dritten Kindes wünscht sich, so groß wie die Welt zu sein. Er möchte Häuser tragen, Pflanzen auf sich wachsen lassen und Tiere auf sich krabbeln spüren.Wer seine Arbeit beendet hat, bedeckt seinen Stein mit den Händen.

Der rauhe Stein nimmt den Bleistift gut an

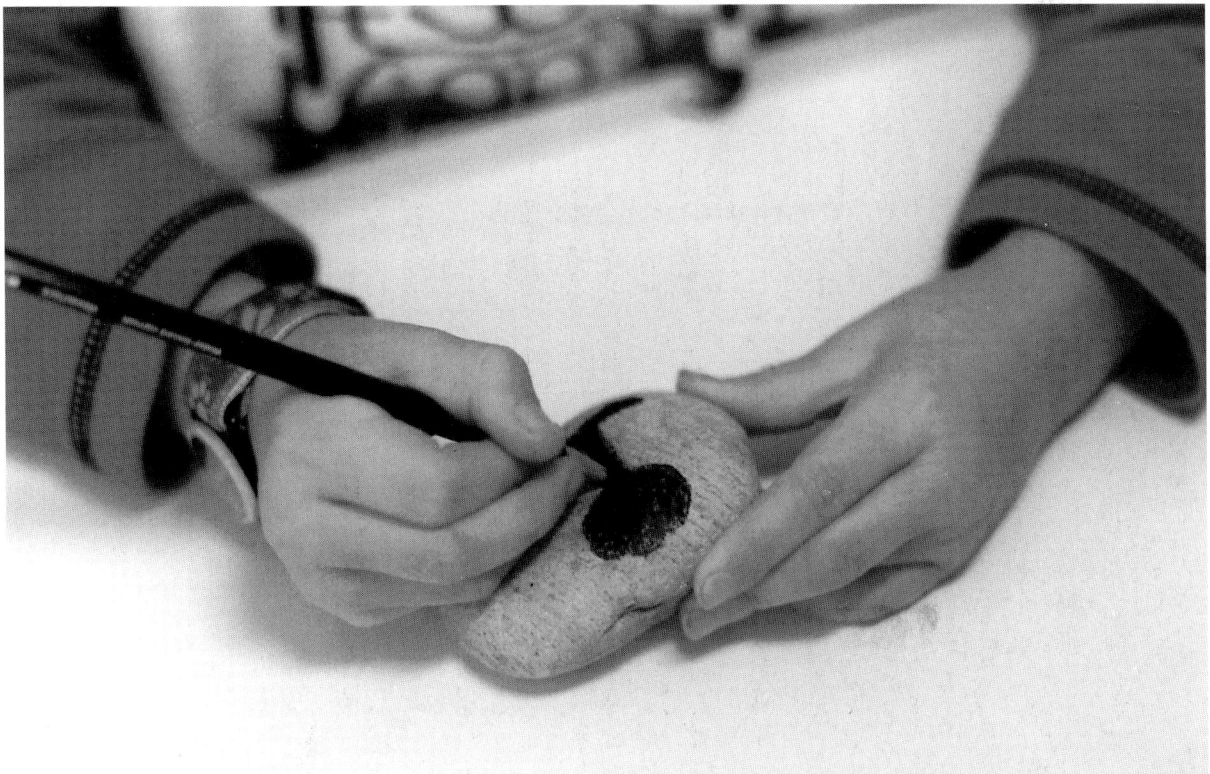

Einhüllen mit Ton

„Du spürst den Stein in deinen Händen und hältst ihn bedeckt. Irgendwann einmal hat der Stein in der Erde gelegen, eingekuschelt wie in deinen Händen. Forme eine Hülle aus Erde, die sich eng an den Stein schmiegt ..."

Der Ton steht bereit und wird in kleine Portionen geteilt. Die Kinder formen kleine Tonflächen, die sie nacheinander auf den Stein aufbringen und mit den Fingern zu einer Hülle verstreichen. Sie gehen behutsam vor und bedecken alles mit Ton, damit man das Geheimnis nicht sehen kann.

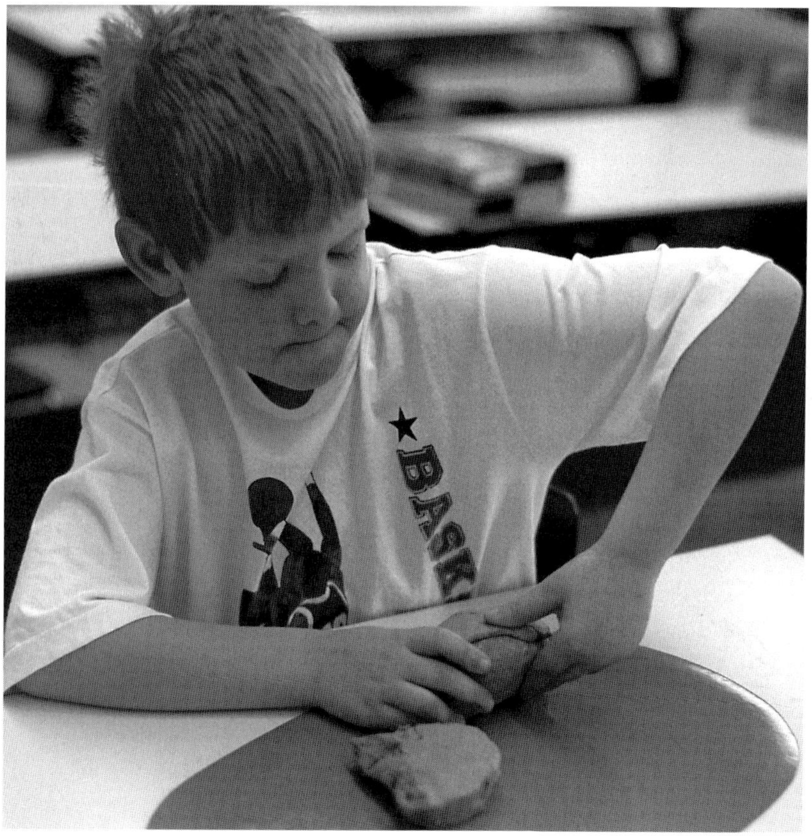

Der Stein wird mit seinem Geheimnis in Ton eingehüllt

Die Verhüllung verändert den Stein nicht und wird schon bald vergangen sein. Am Ende war sie nichts weiter als eines der unzähligen Phänomene, denen er ausgesetzt war, wie Regen, Schnee und Hitze. Die Verhüllung beeinflusst den Stein nicht, sie rückt ihn aber intensiver ins Bewusstsein.

Es stellt sich die Frage, ob Kinder nach diesen Erfahrungen neue Ausdrucksweisen und die Sprache der Kunst besser verstehen können, ob sie ihnen offener entgegentreten werden.

Zeitgleich zu unserer Aktion im Klassenzimmer fand die Verhüllung des Reichstages in Berlin durch Christo und Jean-

Claude statt. Im Gesprächskreis wurde darauf Bezug genommen. Interessiert äußerten sich die Kinder zu Bildern und Berichten, befühlten eine Stoffprobe und fragten nach Vorgehen und Absicht der Künstler. Den Reiz des Verbergens jedenfalls verstanden sie nach dieser Erfahrung gut.

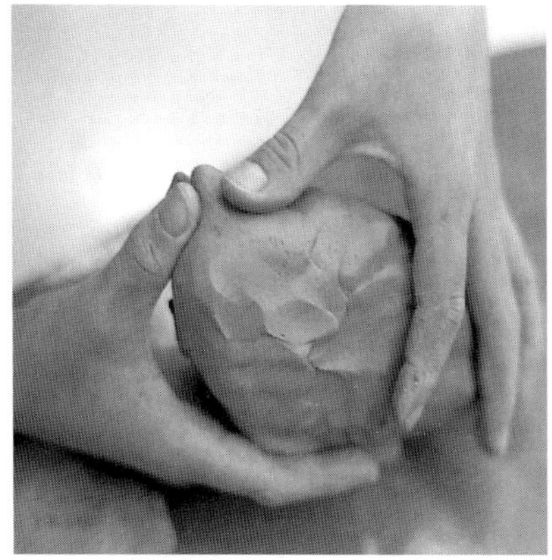

Die Außenhülle wird geformt

Veränderungen wahrnehmen

Die Steine behalten ihr Geheimnis. Sie werden für alle sichtbar mehrere Tage lang ausgelegt. Den Kindern ist klar: In ein paar Tagen reißt der Ton auf, er bröckelt ab und der Stein zeigt sein Geheimnis ...

Sie können ihre in Erde gehüllten Steine beobachten und wahrnehmen, welche Veränderungen sich zeigen. Im Laufe einiger Tage trocknet der Ton. Er wird heller und fängt beim Schrumpfen allmählich an, Risse zu zeigen. Mit gespannnter Erwartung, aber auch mit großer Geduld warten die Kinder ab. Bei jedem Betrachten können sie etwas Neues über den Stein oder sein Geheimnis erfahren.

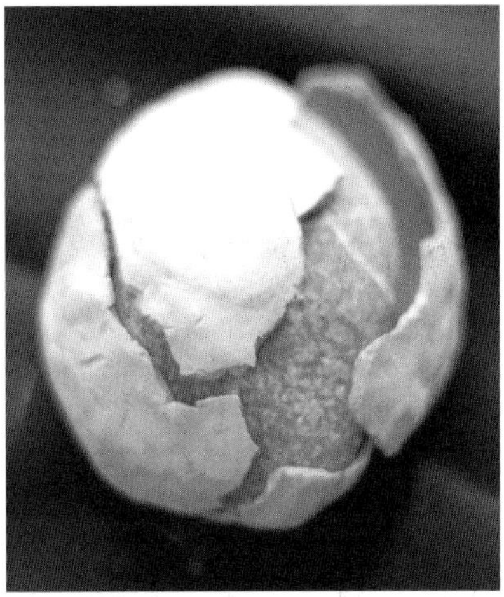

Beim Trocknen platzen die verhüllten Steine auf

Das Geheimnis wird sichtbar

Nach über einer Woche schließlich ist die Tonhülle aufgesprungen und es sind Tonstücke abgefallen. Teile der verborgenen Zeichnungen oder erste Spuren werden sichtbar. Etwas Unerwartetes kommt hinzu. Auf den glatten Oberflächen der Kieselsteine hat der Ton die Spuren des Bleistiftes weitgehend aufgesaugt. Nur Schatten sind zurückgeblieben. Die Zeichnungen selbst bleiben nun tatsächlich geheim.

Die meisten Kinder lüften ihr Geheimnis, sie zeigen und erzählen den anderen, was sie dargestellt haben. Einzelne Schüler möchten nichts preisgeben und ziehen es vor, zu schweigen. Sie lassen die Mitschüler im Unklaren mit der Begründung, sonst sei es kein Geheimnis mehr.

Eine Arbeit auf Zeit, ein vergängliches Werk, ist abgeschlossen. Sie bot die Chance, Gestaltung als etwas Lebendiges, sich Veränderndes kennenzulernen. Damit verbunden war auch ein kleiner Schritt zum Verständis aktueller Kunst.

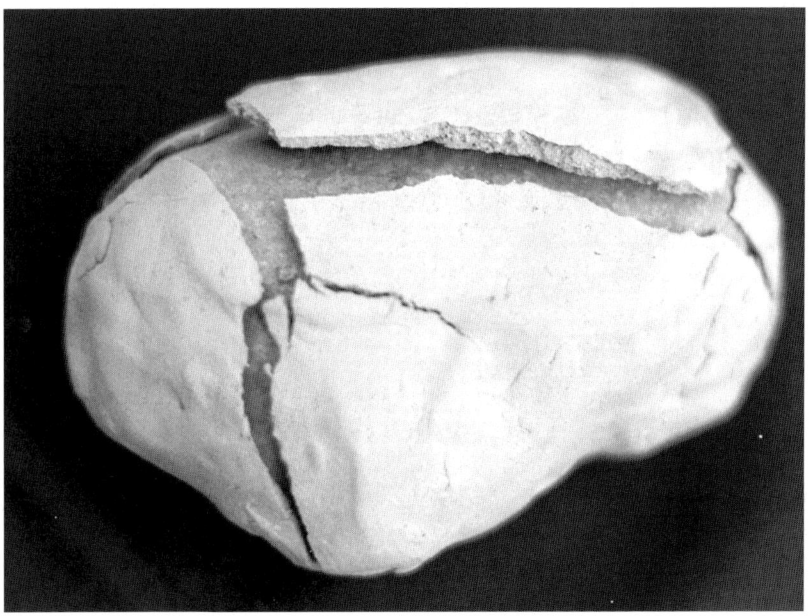

Eine Höhle im Schulhaus

Projekt Höhlenmalerei

Elke Hofmann

Die Idee zu dieser Höhle entstand durch die Lektüre des Buches“Latte Igel“, das ich meiner zweiten Klasse episodenweise vorlas.

In den Köpfen der Kinder entwickelte sich der Wunsch, das “Reich des Bärenkönigs Bantur” nachzubauen. Es befindet sich unter der Erde und beherbergt den Wasserstein, der dort gehütet wird. Nach einer Ortsbegehung im Schulhaus fand sich rasch ein geeigneter Platz: unter dem unansehnlichen Treppenaufgang sollte dieses Reich entstehen.

Ein unansehnlicher Treppenaufgang

Ich hatte vor allem in den Pausen schon oft beobachtet, wie gerne Kinder unter der Treppe hindurchkriechen. Wie wunderbar müsste es erst sein, an gleicher Stelle einen Raum zum Hineinschlüpfen, zum Wohlfühlen, zum Entdecken, zum Begehen, zum Gruseln (?) zu schaffen?

Meine begeisterten Zweitklässler lieferten auch sofort reichlich Ideen und phantasievolle Vorschläge, allerdings überwiegend die Ausgestaltung betreffend.

Für die Erstellung der Grundform, zwei rechtwinklig zueinander führende Röhren, fanden die Kinder und ich allein keine technische Lösung. Wir brauchten fachmännischen Rat und Hilfe. Der Bittbrief der Klasse an den Bürgermeister wurde positiv aufgenommen und es wurde sofort aktive Unterstützung zugesagt.

Der Höhleneingang

Um ein richtiges Gewölbe entstehen zu lassen, überzogen Mitarbeiter des städtischen Bauhofs ein Baustahl- und Maschendrahtgeflecht mit Gips. Anschließend verkleideten sie an Ort und Stelle im Schulhaus die entstandenen Zwischenräume mit Gipsplatten.

Entwürfe auf Packpapier

Im ersten Teil der Ausgestaltung ging es vor allem darum, den Röhren innen und außen ein höhlenähnliches Aussehen zu verleihen. Ganz von selbst ergab es sich: „Wir wollen die weißen Gipswände mit dunkler Farbe anstreichen."

Nachdem die Eltern der Kinder aus der "Arbeitsgruppe Kunst" in einem Rundschreiben darum gebeten worden waren, brachten die Kinder Eimer, Malerpinsel und Arbeitskleidung von Zuhause mit. Da wir schon einmal mit Lehmerde und Wasser malerisch experimentiert hatten, war es für die Kinder ein Leichtes, Erdmehl mit Wasser zu einem streichfähigen Farbbrei anzurühren.

Der organisatorische Rahmen für die Arbeiten war folgender:
Maximal zwei Gruppen mit sechs Kindern arbeiteten am „Bau“. Die übrige Klasse war mit Aufgaben aus der Freiarbeit beschäftigt. Da die Kinder mit der Zeit im Herrichten der Baustelle, im Farbanrühren, im Aufräumen, Auswaschen der Eimer und Pinsel usw. immer selbständiger wurden, konnte ich mich mehr dem Unterricht im Klassenzimmer widmen.

Höhlenmalerei mit Erdfarben

Gleichzeitig strichen einige Kinder entweder innen in der Höhle oder bildeten außen mit Pappmaché eine rauhe, felsenähnliche Oberfläche aus. Gabriel z. B. liebte es, bis zum Ellenbogen in Kleister und Papierschnipseln zu stecken und diesen Brei oben auf das Gewölbe aufzubringen. An der äußeren "Verkleidung“ arbeiteten wir und die AG mehrere Male. Parallel dazu bereitete ich in meiner zweiten Klasse die Innenbemalung vor.

Da die Kinder inzwischen so vom "Höhlenfieber“ gepackt waren, beschäftigten sie sich auch außerschulisch mit dem Thema und schleppten Bücher und Abbildungen über steinzeitliches Höhlenleben an. Die Wandbemalungen mit Tieren faszinierten sie natürlich besonders. Bei Entwürfen auf großen Packpapierbögen entstanden in den einzelnen Gruppen überwiegend Tiere: der Bärenkönig Bantur natürlich, ein elefantenähnliches Mammut, ein affenähnlicher Hund.

Als Farbe für die Höhlermalereien kamen nur Naturmaterialien in Frage. Ich hatte farbige Erdmehle (Engoben) besorgt. Diese ließen sich zwar einfach mit Wasser vermischen, aber zur besseren Haftung an den Höhlenwänden (wie bereits auf dem Pack-

Reliefartiger Farbauftrag

papier) benötigte man einen Binder. „Wenig Tapetenkleister zugeben“, lautete der telefonische Rat der Herstellerfirma. Jedoch wurde der Farbbrei ziemlich zäh und krümelig. Die Kinder trugen die Farbe geduldig und dennoch begeistert mit den Fingern auf den Papierbogen, wie auch auf die Höhlenwand auf. Es ergab sich eine interessante reliefartige Struktur.

Nachdem die Mitglieder jeder Gruppe ihr Motiv an die Wand gemalt hatten, hatten zwar alle erdverschmierte Finger und vollgekleckste Malkittel, aber die Höhlenmaler waren stolz und zufrieden. Nicht zuletzt auch, weil uns neugierige und interessierte Schüler aus anderen Klassen lobten.

Mich persönlich beeindruckte die immer weiter zunehmende Selbständigkeit der Kinder beim Arbeiten, die Absprachen und Abstimmungen innerhalb der Gruppen, sowie das verantwortungsvolle Übernehmen der Reinigung von Eimer und Pinsel. So könnte der Kunstunterricht noch eine Weile weitergehen. Meine Zweitklässler hatten aber nunmehr nur noch zwei Arbeitsphasen vor sich: Die Außenbemalung und die Gestaltung des Wassersteins.

Die Außenfläche der Höhle erhielt wieder den warmen Braunton der Erdfarbe; diese wurde wegen der besseren Haltbarkeit noch mit Tapetenkleister überzogen. Als Wasserstein wählte die Klasse einen großen Kieselstein aus, den sie bemalten und mit Glitzerpapier beklebten.

„Malen wir heute nicht an der Höhle?“, war die enttäuschte Frage meiner Klasse, wenn ich zu gewohnter Zeit niemanden zur “Baustelle“ schickte.

Gestaltung der Außenwand

Dafür waren aber die Ideen der Kinder aus der Arbeitsgemeinschaft umso mehr gefragt. Ihnen oblag die schwierige Aufgabe, entsprechend der Beschreibung im Buch, eine eindrucksvolle Halle mit glitzernden Wänden und einem See zu gestalten.

Es bildeten sich rasch verschiedene Arbeitsgruppen:

Eine Gruppe bemalte ein großes Plakat für den Innenraum (grimmiger Bärenwächter!).
Eine andere klebte außen neben den Höhleneingang ein Mosaik aus kleinen Glassteinen.
Eine weitere beschäftigte sich im Innem mit dem Verkleiden derFensterfront, der Decke, usw. Aus dem gesammelten Material erwies sich ein violettblaues Transparentpapier an den Fenstern als eindrucksvollste Lösung. Es tauchte die gesamte Höhle in ein geheimnisvolles Licht.

Die Neugierde im Schulhaus wuchs. „Wann dürfen wir endlich hinein?“ Aber Ein- und Ausgang waren noch mit Stellwänden versperrt. Die Hinweisschilder „Bitte nicht hinein!“ wurden von fast allen Schülem akzeptiert.

In einer letzten Aktion wird die Innengestaltung vollendet: Ein dunkler Teppich wird in den Gängen verlegt. Die bemalten Plakate werden innen angebracht. Der See wird noch mit schillernder Folie belegt, sie soll das Wasser darstellen, das aus dem Wasserstein hervorsprudelt, als “Seeufer“ werden Steine aufgelegt. An der Decke und an den Wänden wird ebenfalls Glitzerfolie aufgehängt.

Den Abschluss des Projektes"Höhle" bildete eine kleine Einweihungsfeier. Das Lied"Ich bau mir eine Höhle" und selbst gestaltete Plakate meiner zweiten Klasse wiesen die Gäste auf die Intentionen unserer Arbeit hin. Die abschließende, klassenweise Höhlenführung durch "Latte Igel und Eichhorn Tjum" ermöglichte nun allen Schülern und Lehrern eine erste Begehung. Einige, vor allem Erstklässler, kostete es tatsächlich eine Überwindung, in dieses dunkle Loch zu kriechen. Andere wiederum fühlten sich sofort wohl darin. Jeder darf hinein, aber jeder ist auch verantwortlich für die Erhaltung der Höhle.

Ein beliebter Aufenthaltsraum

Botschaften in Lehm

Projekt Lehmstampfmauer, bemalt

Franz Hilbert

Im Herbst 1994 entdeckten drei Höhlenforscher in Frankreich im Ardèche eine Höhle mit Malereien, die der Anzahl und der Qualität nach derjenigen von Lascaux gleichkommen. Diese archäologische Sensation dokumentierte der“Stern“ in einem reich bebilderten Artikel, der meine Schüler und mich nicht nur durch die dargestellte Vielfalt, die farbenprächtige Art und Größe der Zeichnungen von Menschen, Gegenständen und Tieren begeisterte, sondern in uns auch den Wunsch weckte, mehr von dieser Zeit zu erfahren.

Informationen aus Sachbüchern, Zeitschriften und Lexika halfen uns Hobbyforschern, die wesentlichen Kulturzeugnisse unserer prähistorischen Vergangenheit kennenzulernen, auszuwerten und “ins Klassenzimmer zu holen.“

Die gemeinsame Auseinandersetzung mit Abbildungen der steinzeitlichen Malereien, die bis zu 30 000 Jahren zurückreichen, wurden von den Schülern ebenso vielschichtig interpretiert, wie es wissenschaftliche Ansätze zu diesem Thema gibt. So reichen die bekannten Deutungsversuche dieser Wandmalereien von der “bewussten Darstellung steinzeitlicher Mythen“, von ”Spontanornamenten“ bis zu “magischen Zeichen“, aber auch von “Bildergeschichten, rituellen Symbolen und mystischen Schlüsseln“

ist die Rede, deren Sinn nach neuesten Aussagen darin bestanden haben könnte, Heranwachsende in das Weltverständnis dieser Zeit einzuführen und sie in die Gemeinschaft aufzunehmen.

Dieser Einstieg erwies sich als überaus motivierend. Die gesammelten Materialien, die von Hand zu Hand in den Gruppen weitergereicht wurden, waren Anlass zu reger Auseinandersetzung und Diskussion.

Etwa 6 Tonnen Lehm wurden benötigt

Die Idee von der eigenen Höhlenwand

Der Baustoff Lehm ließ mich seit einem Lehrgang in Dillingen und der Begegnung mit dem Künstler Roger Kroetz nicht mehr los. So entwickelte sich die Idee, eine Stampflehmwand aus erdfeuchtem Lehm als Höhlenwand zu bauen .

Bevor die Ideen, Vorstellungen und Fantasien realisiert werden konnten, waren allerdings viele organisatorische und konzeptionelle Vorbereitungen notwendig.

Zunächst mussten die Eltern über das geplante Projekt unterrichtet werden. Abgesehen von der passenden Arbeitskleidung für die Kinder, ging es zum Beispiel um die Frage der Unterrichtsverlegung und -ausweitung auf den Nachmittag und um die Bereitstellung von Naturmaterialien für selbst gefertigte Werkzeuge zum Bearbeiten der Lehmwand. Schließlich aber sollten die Schülereltern auch angeregt werden, an der Stampflehmwand mitzuarbeiten, da diese körperlich anstrengende Tätigkeit die Schüler und Schülerinnen einer ersten Klasse zweifellos überfordert hätte.

Ein ortsansässiges Bauunternehmen stellte der Schule kostenlos die notwendige Fertigschalung zur Verfügung. Das Baumaterial Lehm (insgesamt 6 Tonnen) musste ausgebaggert und in die Schule gebracht werden. Der Kurierdienst einer angesprochenen Firma übernahm den kostenlosen Transport der benötigten Erdfarben.

Wieder einmal bewies sich im Gesamtverlauf des Projekts, wie sehr Schule auf die konstruktive Mitarbeit vieler Eltern bauen kann, wenn der Dialog zwischen Elternhaus und Schule gepflegt wird. So half während eines Samstags ein Großteil der Eltern beim Bau der Stampfwand mit, und der Einsatz bereitete allen Beteiligten viel Freude.

Der Reiz geht vom Material aus

Eine besondere Eigenschaft des Materials Lehm liegt darin, dass es großen Spielraum für Experimente und Erfahrungen bietet. Jeder von uns erinnert sich an Kindheitserlebnisse mit Erde, Sand und Lehm.

Von Beginn an hat dieses Baumaterial auch meine Schüler in den Bann gezogen. Zudem ist Lehm als Bauaushub in unseren Breiten in großer Menge vorhanden und kann ohne großen Aufwand von örtlichen Baufirmen beschafft werden, da er nicht über große Entfernungen transportiert werden muss. Darüber

Eltern helfen bei der Verschalung

Der Lehm wird eingestampft

Die Verschalung wird abgenommen

hinaus ist Lehm voll"recyclebar", was unter dem Gesichtspunkt des Umweltgedankens ein wichtiges Argument ist. Insofern kann die erstellte Lehmwand durchaus in einigen Jahren als neues Ausgangsmaterial für andere Aktivitäten, etwa für den Bau eines Lehmofens, verwendet werden.

Schüler gestalten ihre eigene "Höhlenwand"

Bei ihrer Beschäftigung mit der Steinzeit entwickelten die Schüler verschiedene Vorstellungen davon, welche neuzeitlichen Darstellungen ihre eigene „Höhlenwand" als Spurensicherung für die Nachwelt erhalten sollten.

Es sollte Wichtiges aus ihrem Leben bildnerisch festgehalten werden: Lebenssituationen aus unserer Zeit, sportliche Aktivitäten, Spielgeräte, Freizeitgestaltung etc.

Die Skizzen jedes einzelnen Schülers wurden nach der Vorstellung in der Klasse und einer ausführlichen Würdigung der Beiträge mit Jaxonkreiden auf große Pappen übertragen. Als preiswertes Trägermaterial eignen sich hier stabile Kartonagen, die in der Industrie zum Abdecken von gestapelter Ware auf Paletten verwendet und danach nicht wiederverwertet werden. Gemeinsam trafen die Schüler eine Vorauswahl, wo die einzelnen Bilder an der Lehmwand ihren Platz finden sollten.

Dabei wurden die Entscheidungen in Hinsicht auf den Gesamteindruck der beiden Wandflächen und nach dem Aussehen und der Größe der einzelnen Darstellungen getroffen. Meine Aufgabe in dieser Phase bestand lediglich darin, die zuvor besprochene Flächeneinteilung der Lehmwand mit Holzkohle vorzunehmen.

Arbeit an der Lehmwand

Erdpigmente bereiten

Lernen mit allen Sinnen

Der nun beginnende Arbeitsabschnitt war gekennzeichnet von der Freude am Gestalten mit dem neuen Material Lehm. Die mit viel Kraftaufwand gestampfte Lehmwand sollte aber nicht bloß einer Flächenbemalung dienen. Ich ermutigte die Schüler dazu, durch Ritzen, Herausschaben und Kratzen die Oberflächengestaltung reliefartig vorzunehmen, um in gestalterischer Vielfalt und kreativer Freiheit die ideenreichen Bilder voll zur Geltung kommen zu lassen. Mit Drahtschlingen, spitzen Stöcken und Steinen als Schabwerkzeugen bearbeiteten die Schüler das feuchte Naturmaterial. Der experimentelle Umgang und das Durchhaltevermögen waren bei dieser Tätigkeit wesentliche Erfahrungen, die die Schülerinnen und Schüler in dieser Phase sammeln konnten.

Mir fiel auf, dass die plastische Umsetzung der dargestellten sportlichen Aktivitäten deutlich mit den selbst erlebten Körpererfahrungen, z. B. beim Basketballspiel oder beim Fußballspiel in einem Sportverein übereinstimmten. Auch andere Darstellungen wurden sehr lebensnah gezeichnet und modelliert.

Die bei dieser Gemeinschaftsarbeit mit 30 Schülern zwangsläufig auftretenden Koordinationsschwierigkeiten während der gleichzeitigen Bearbeitung der Wand von oben und unten konnte durch folgende Angebote vermieden werden: Zum einen waren noch die für den geplanten Höhlenabend erfoderlichen Kulissen auf Papierrollen zu gestalten, zum anderen mussten in unserer "offenen Werkstatt", dem Innenhof vor der Lehmwand, die benötigten Erdfaben gemischt oder durch Pulverisierung selbst hergestellt werden.

Die Schüler organisierten ihre Arbeit weitgehend ohne Zutun des Lehrers und übernahmen die Verantwortung für ihren jeweiligen Reliefabschnitt selbst .

Nach der plastischen Gestaltung und der Ausarbeitung wichtiger Details konnte die Malaktion mit Erdfarben beginnen. Als Farben wurden ausschließlich natürliche Farbstoffe verwendet, die auch die Künstler der prähistorischen Zeit für ihre Höhlenzeichnungen genutzt hatten. Eisenoxide von Rot, Gelb, Schwarz und Ocker, Holzkohle, Knochenkohle und Kreiden wurden in pulverisiertem Zustand mit

Wasser gemischt und durch Kunstharzbinder (Caparol) gebunden. Die Kinder trugen die Farben direkt mit dem Finger auf oder verwendeten selbstgefertigte Pinsel aus Haselnuss- und Weidenstöcken, deren Spitzen mit einem Stein weichgeklopft wurden, um die Pflanzenfasern pinselartig zu spreizen.

Malen mit Pinsel und Finger

Verschlüsselte Botschaften

Viele Künstler der Moderne haben Symbole und Zeichen in ihren Grafiken und Bildern verarbeitet, zum Beispiel A. R. Penck und Keith Haring. In der Klasse habe ich einige ausgewählte Bilder dieser Künstler vorgestellt und besprochen, um ihnen den Zugang zur Kunst der Gegenwart zu öffnen. Die Kinder gingen unbefangen an diese Bilder heran, zeigte sich doch bei der Besprechung, daß diese Künstler der Gegenwart sich Gedanken machen, wie ihre Botschaften weiterzugeben sind. Die Kinder sahen auch ähnlich gelagerte Probleme bei ihrer eigenen Arbeit. Auch die Deutung unserer Lehmwand wird künftigen Betrachtern einige Zeit des Nachdenkens abverlangen.

Das Höhlenfest

Gemeinsam mit Eltern, Geschwistern und Großeltern wurde zum Abschluss ein großes Höhlenfest gefeiert. Hier bestand die einmalige Chance, sich von den "Künstlern" persönlich die Botschaften an der Lehmwand erklären zu lassen. Viele nutzten nicht nur dieses Angebot, sondern ließen sich auch von der Höhlenmusik der Schüler auf Orff-Instrumenten verzaubern, die ein Kollege arrangiert hatte. Die einzelnen Phasen der Entstehung unserer Bilderwand wurden den Gästen in einer Dia-Show vorgeführt.

Die Arbeiten kommen zum Abschluss

Nachschlag

Die Freude über das gelungene Zusammenwirken von Schülern, Lehrern, Eltern und Förderern am Ende eines solchen Projekts lässt dennoch auch dunklere Seiten des pädagogischen Alltags und eher negative Erfahrungen nicht ganz vergesssen.

Unternehmen wie unsere „Höhlenwand“ sind sicher keine Spielerei, sondern vereinen eine Fülle von pädagogischen Zielen, sie bewirken bei Schülern und Eltern eine außerordentlich positive Haltung gegenüber der Schule und fördern dadurch die Freude am Lernen auch in schwierigen Lernbereichen bei den Kindern. Das müssen hinreichende Argumente sein, um die gelegentlichen Unannehmlichkeiten und Störungen des Schulalltags mit Gelassenheit zu ertragen.

Eine wichtige Rolle spielt hier der Hausmeister. Seine Hilfsbereitschaft und sein Engagement können dazu beitragen, Schule nicht nur als Lehranstalt, sondern als Lebensraum zu verwirklichen.

Presseecho

Das Projekt wurde nicht nur in der regionalen, sondern auch in der bundesweiten Presse beachtet.

Die Kinder erzählen einander Geschichten zu ihren Bildern

Vergiss Arielle

Eine Alternative zu Disney

Barbara Weigand

Die Meerjungfrau in Kopenhagen

Im Märchen "Die kleine Seejungfrau" von Hans Christian Andersen vereinen sich die vier Elemente:
Die dem Element Wasser zugehörende Meerjungfrau entbrennt in Liebe zu einem menschlichen Prinzen, was durch ein Feuerwerk angekündigt wird. Mit Hilfe eines brennenden Trankes erhält sie die menschliche Gestalt. Auf dem fremden Element Erde bewegt sie sich mit scheinbarer Leichtigkeit. Doch jeder Schritt bereitet ihr Schmerzen. Ihr schwebender Gang weist bereits auf die nächste Metamorphose hin. Da sie die Liebe des Prinzen nicht erringen kann, muss sie ihre menschliche Hülle verlassen. Sie verwandelt sich jedoch nicht in Schaum auf dem Meer, wie das andere Wasservolk, sondern findet ihre Erlösung als Luftwesen, und darf hoffen, eine unsterbliche Seele zu erlangen.

Wie viele andere Klassiker der Weltliteratur, erlitt auch Andersens Märchen das Schicksal, als Stoff für einen Zeichentrickfilm verarbeitet zu werden, der vor einigen Jahren erfolgreich unter dem Titel "Arielle, die Meerjungfrau" in den Kinos lief.
Zusammen mit dem Film wurden Video-und Audiokassetten, Bücher des Films von Disney und Arielle-Puppen auf den Markt gebracht. Im Fernsehen lief eine abenteuerliche Zeichen-

trickserie, die mit dem Original nahezu nichts mehr gemein hat. Die Mehrzahl der Kinder meiner Arbeitsgruppe Kunst (4. Klasse) hatte drei Jahre zuvor die Bekanntschaft mit der lustigen Arielle und ihrem Gefolge gemacht. Als damalige Klassenlehrerin hatte ich vor allem die Mädchen im Arielle-Fieber erlebt.

Bekanntlich sind solche Ersteindrücke prägend. Und neben dem aufwendigen und reichlich kitschigen Disney-Werk hat es das Original schwer, vor den Kindern zu bestehen.

Um Andersens Märchen nicht nur zu lesen, wollte ich mit der Kunstgruppe ein Buch entwickeln, das die magische Stimmung der Originalerzählung wiedergeben sollte. Dazu wählte ich Szenen aus, die sich auf die vier Elemente bezogen oder für den Fortgang der Handlung wichtig waren.

Um die Gruppe nicht sofort mit der Nase auf die Märchenfigur zu stoßen und nicht sogleich Assoziationen zu Arielle zu wecken, ließ ich die Kinder zunächst "Strandgut" mitbringen, das berochen und befühlt wurde. Das "Meeresrauschen" der Muscheln übte wie immer seine Faszination auf die Kinder aus. Mit diesem Material wurde anschließend frei gestaltet. Es fand in Legebildern und schließlich in einer Sandcollage Verwendung. Im Kunstheft wurde das Strandgut grafisch festgehalten. Dies diente als Vorübung für den Umschlag unseres Buches.

"Vorbild" Arielle und Schülerarbeit

Die Kinder kamen nach einem langen Schulvormittag zum nachmittäglichen Kunstunterricht. Daher gewöhnte ich es mir an, unsere Arbeit mit Entspannungsübungen zu beginnen, um Abstand vom Alltag zu gewinnen und die Kinder auf das Thema einzustimmen. Dabei ließ ich mich von den vier Elementen anregen.

"Alle Fische, kleine und große, schlüpften zwischen den Zweigen hindurch, ebenso wie hier oben die Vögel in der Luft."

„...die Jüngste war die Schönste von allen..., aber wie all die anderen Meerprinzessinnnen hatte sie keine Füße, ihr Körper endete in einem Fischschwanz."

Wenn es um die Gestaltung des Elementes Wasser ging, hatten die Kinder zuvor konkreten Umgang mit Wasser selbst, mit Muscheln, Schneckenhäusern oder Sand und Steinen. Auch Phantasiegeschichten von Muscheln oder Wasser-Musik ließen den Alltag schnell vergessen.

Mit Kerzenmeditationen näherten wir uns dem Thema Feuer.

„Draußen vor dem Schloss war ein großer Garten mit Blumen wie brennendes Feuer."

Bevor wir das Feuerwerk des Märchens zu Papier brachten, ließen wir mit Hilfe des Tageslichtprojektors, eingefärbten Folien und Scherenschnitten phantastische Feuerwerke an der Wand des Klassenzimmers aufsteigen, deren Explosionsgeräusche von den Kindern treffend nachgeahmt wurden. Als Vorübung für das Feuerwerk im Märchen, das sich im Wasser spiegelt, experimentierten die Kinder mit Klatschbildern. Die Wirkung der Ergebnisse wurde begutachtet. Interessante Beispiele wurden wie andere Vorübungen auch im Kunstheft fixiert.

„Nie hatte sie solche Feuerkünste gesehen. Große Sonnen sprühten herum. Prächtige Feuerfische flogen in die Luft, und alles glänzte in der klaren, stillen See wider."

Ein Riesenloch in der Landschaft, eine Kiesgrube, das war unser Zugang zum Element Erde.

Der Besitzer der nahe gelegenen Kiesgrube hatte uns den Zugang und unsere Materialbeschaffung vor Ort erlaubt. Nach Informationen über die Gefährlichkeit einer Kiesgrube schwärmten die Kinder aus, um Material für einen "Barfußpfad" zu sammeln, der ausschließlich aus erdgebundenen Materialien bestehen sollte. Sie fanden Kies verschiedener Körnung, Sand mit und ohne Kieselsteinen und Lehm.

Nach der mühevollen Arbeit in der Kiesgrube, wo sich die Hitze staute, erklärten die Kinder diesen ungewohnten Ort zum "Abenteuerspielplatz". Ich beobachtete, wie die kleine Gruppe, eingeschlossen durch die hohen Erdwände, das fremde, mir lebensfeindlich erscheinende Terrain im Spiel erkundete und eroberte.

Fundort Kiesgrube

In der folgenden Woche wurde der Barfußpfad auf der Wiese des Schulgartens angelegt. Zuerst wurde der Verlauf des Pfades gemeinsam bestimmt. Mit Papierblättern wurde er ausgelegt, verbessert und schließlich festgelegt. Die Begrenzung bildeten große Kieselsteine, zwischen die das aufgelesene Material aus der Kiesgrube gebreitet wurde. Bald war klar, dass das vorhandene Material kaum ausreichen würde. Auf dem Schulgelände fanden sich noch Waldboden, Moos und Rindenmulch. Die restlichen Lücken wurden mit Gartenerde geschlossen.

Jetzt war es soweit: Die ersten Schritte der "kleinen Seejungfrau“ empfanden die Kinder nun auf dem Fühlpfad nach. Zunächst sehr vorsichtig im Storchenschritt, dann zunehmend mutiger beschritten sie den engen Pfad. Im Gegensatz zur „kleinen Seejungfrau“, die nie schmerzfrei gehen konnte, begannen die Kinder das Barfußgehen nach kurzer Zeit zu genießen. Besonderes Vergnügen bereitete der matschige Lehm. Der stachelige Waldboden mit Nadeln und Zapfen entwickelte sich zu einer Art Mutprobe. Für die Verwandlung der "kleinen Seejungfrau“ in einen Erdling war in unserem Buch eine Monotypie (Einmaldruck) vorgesehen.

Auslegen des Pfades mit Papier

Sorgfältig werden die verschieden Materialien auf dem Fühlpfad ausgebracht

Unten: Luftwesen

Mit den nackten Füßen fühlen

Mit Atemübungen, Hauchen und Blasen näherten wir uns dem Element Luft. Viel Puste war nötig für die Meeresungeheuer der Meerhexe, die der "kleinen Seejungfrau" zu einer menschlichen Gestalt verhalf.

Mit der letzten Verwandlung der Märchenfigur in ein Luftwesen endete das Buch. In Gestalt von eingefärbten Streifen aus Batikpapier, die sich beim Umblättern durch den Luftzug leicht bewegten, zeigten sich die "Töchter der Luft".

Luftwesen

„...ohne Schwingen schwebten sie vermittels ihrer eigenen Leichtigkeit durch die Luft. Die kleine Seejungfrau sah, dass sie einen Körper hatte wie diese, der sich mehr und mehr aus dem Schaume erhob. „Zu wem komme ich?“ „Zu den Töchtern der Luft.“

Als die Bücher gebunden waren, konnten die Kinder erstmals das Märchen im chronologischen Ablauf erfahren und das Geheimnis der Verwandlungen im Zusammenhang mit den vier Elementen lüften. Zuvor hatten sie beim Umsetzen des Märchens in Bilder nur Teilaspekte der Handlung kennengelernt. Sie ließen sich nun unmittelbar in den Bann des Märchens ziehen. Ich hatte den Eindruck, dass in der Vorstellung der meisten Kinder schließlich ein neues Märchen entstanden war, das nichts mehr mit “Arielle“ zu tun hatte.

Inwieweit hat aber "Arielle" dennoch Einfluß auf unsere Arbeit genommen? Als "Die kleine Seejungfrau", anders als "Arielle", die Liebe des Prinzen nicht dauerhaft erringen konnte und es damit nicht zu dem erwarteten "Happy End" in Form einer Vermählung kam, äußerte ein Schülerin:

„Arielle war doch lustiger!"

Der Großteil der Gruppe aber akzeptierte durchaus das tragische Ende des Märchens.

Die Bildunterschriften entsprechen den Textseiten des Projektbuches. Sie wurden entnommen: Hans Christian Andersen, Märchen, München, Droemersche Verlagsanstalt, 1964, S.238-261, und zum Teil geringfügig abgeändert.

Empfehlenswert:

Elias Bredsdorff, Hans Christian Andersen, Des Märchendichters Leben und Werk, München, Hanser Verlag, 1980.

Walter Kahn (Hrsg.), Märchenspiegel, Zeitschrift für internationale Märchenforschung und Märchenkunde, 5/95, S.6-8: Märchen in der Schule.

Ist es "Arielle" auch gelungen, sich in unsere Bücher einzuschleichen? In einigen Büchern finden sich Anzeichen dafür. „Die kleine Seejungfrau" erhielt in ein paar Fällen die roten Haare oder das Bikinioberteil aus Muschelschalen von Arielle. Gegen Ende unseres Projektes war ich bereit, mich Arielle zu stellen. Doch als es darum ging, die verschiedenen Arielle-Produkte zur Ansicht in den Unterricht zu bringen, war das Interesse gering.

"Arielle" wurde ganz einfach vergessen.

Ein Bild unserer Erde

Rundbild der Welt

Waltraud Meier

„Auf der anderen Seite der Welt steht alles auf dem Kopf."
Manfred, 7 Jahre

Kinder sind fasziniert, wenn sie beginnen, sich bewusst mit unserem Planeten zu beschäftigen. Sie hören und lesen von unserer Welt. Sie beginnen, sich Gedanken zu machen, wie die Welt aussehen könnte außerhalb ihres Erfahrungsraumes Ideen und Vorstellungen, Ahnung und Wissen wechseln sich ab, wenn die Kinder einander erzählen. Es ist eine reizvolle Aufgabe, unsere Welt, den Planeten Erde zu malen.Obwohl es für uns Erwachsene äußerst komplex ist, macht es die Kinder der 1. Klasse nicht unsicher. Sie haben ihre eigene Zugriffsweise, ihre erlebnisbetonten Erfahrungen und Ideen, die sie in der Erddarstellung zum Ausdruck bringen.

Die Technik ist einfach. Wir malen mit Ölpastellkreiden, die leicht zu handhaben sind. Die Kinder sind somit frei für die Entwicklung ihrer Bildideen.

Die Darstellung der Erde, die Heimat für uns alle ist, legt eine besondere Form des Vorgehens nahe. Die Kinder gestalten gemeinsam und zusammenwirkend, eine Gemeinschaftsarbeit soll entstehen.

Kunsterziehung als soziales Lernfeld nutzen

Gemeinschaftsarbeiten haben eine besondere pädagogische Bedeutung. Es handelt sich um die Gestaltung einer Klasse oder einer Gruppe, bei der das einzelne Kind seinen Beitrag zu einem Ganzen leistet. Im Gegensatz zur individuellen Gestaltung in einzelnen Bildwerken kann die Gemeinschaftsarbeit Eindrükke aller integrieren und verarbeiten, die Schüler müssen sich aber auch in ein gemeinsames Darstellungskonzept einbinden. Neben der ergebnisorientierten Zielsetzung haben prozessorientierte Schwerpunkte und Arbeitsbereiche große Bedeutung. Alle Kinder wirken bei der Gestaltung eines Gesamtbildes mit. Auch weniger begabte Schüler können ihren spezifischen Teil beitragen und sich im Gesamtwerk wiederfinden.

Während der Gestaltungsphasen wechselten sich folgende Arbeitsschwerpunkte ab:

Gestalten der Erde, des Erdkörpers in 4 Gruppen

Im Sitzkreis wurden die Kinder an das Arbeitsthema herangeführt. Auf vier Kartons, die aneinandergelegt wurden, zeichnete die Lehrerin einen Kreis auf. Die Kinder äußerten spontan ihre Assoziationen. Die Segmente wurden ausgeschnitten und in Gruppen mit Wachskreiden bemalt. Da die Themenstellung sehr offen gehalten war, ergaben sich unterschiedliche Gestaltungen.

Zwei Gruppen wählten erdfarbene Wachskreiden und malten in unterschiedlichen Braun- und Rottönen. Der Eindruck von Humus und Sand wurde erweckt, der Blick in die Erde war damit gemeint. Die anderen beiden Gruppen verständigten sich untereinander und stellten die Erde „aus dem All“ dar.

Beim Zusammenlegen der gestalteten Teile wurde überlegt, wie sie optisch aneinandergebunden werden könnten. Bunte Steine, die bereits gemalt und ausgeschnitten waren, wurden aufgelegt und brachten den notwendigen Farbausgleich.

Zeigen und Erzählen

Von besonderer Bedeutung war das Vorstellen der eigenen Darstellung und das Erzählen dazu. Alle sollten erfahren, welche Gedanken sich die einzelnen Kinder gemacht hatten. Die Gruppe traf sich erneut zum gemeinsamen Gespräch im Kreis. Einzelne Elemente wurden in Absprache verschoben, Fehlendes wurde noch festgelegt und zur Gestaltung von einzelnen übernommen.

Aufkleben der Bildteile

In der abschließenden Klebearbeit fand die Gemeinschaftsarbeit ihre Vollendung. Hier mußten sich die Kinder abwechseln, da die Bildteile nacheinander aufgeklebt und teilweise noch kurze Zeit angepresst werden mussten. Als Bildträger war von mir eine quadratische Papierfläche mit Randverstärkung vorbereitet worden.

Das fertige Rundbild

Schlussgedanken

Das entstandene Bild ist geprägt vom Bemühen der Erstkläßer um eine Wiedergabe der Erde in ihrer runden Erscheinungsform. Es hat gleichzeitig narrativen und kontemplativen Charakter, es erscheint sowohl als statisch-ruhend wie dynamisch-bewegt.

Die Bewegung wird im Kopf des Betrachters freigesetzt, wenn er das Bild nicht nur flüchtig betrachtet, sondern sich einlässt auf die farbige Erzählung.

Grüne Spirale 1

Silvia Reitz

„Unser Schulhof soll schöner werden!“

So lautete die Aufforderung eines schulhausinternen Wettbewerbs kurz vor den Pfingstferien. Unser Schulhof ist eine mit roten Klinkersteinen gepflasterte Fläche, der mindestens eines fehlte: Die Farbe Grün in Form von Pflanzen. Wie aber bringt man diese ein, ohne dass der vorhandene Untergrund kostspielig ausgewechselt werden muß?

Zunächst kam mir der Gedanke, Bilder aus Naturmaterialien auf dem roten Klinkerboden auszulegen. Die Klasse ließ sich dafür auch recht schnell begeistern. Ich zeigte ihnen verschiedene Aufnahmen der berühmten prähistorischen Kreidebilder, die man in Südengland vorfindet.Auch Maria Reiches geheimnisvolle Zeichen und Linien in derWüste von Nazca beeindruckten die Kinder, jedoch wussten sie nicht, wie man diese Ideen in unserem relativ kleinen Schulhof nachvollziehen könnte.

„Vielleicht machen wir Blumenbilder wie an Fronleichnam,“ schlug Sabine vor. „Die weht der Wind doch gleich wieder weg!“gab die Nachbarin zu bedenken. „Die anderen Kinder machen sie in der Pause kaputt, wenn sie über den Platz laufen!”

Johannes brachte dann das alles entscheidende Argument: „Was können wir denn mit so einem Bild anfangen? Wir sollen doch etwas planen, mit dem wir in der Pause spielen und uns beschäftigen können!“ Ein Bild war sicher schön zum Anschauen, aber Unterhaltungswert für die Pause hatte es keinen. Also legte ich die Idee beiseite.

Aber nur für kurze Zeit! In einem Buch über Schulhofgestaltung fand ich eine neue Anregung und die ließ sich, in abgeänderter Form, gut verwirklichen. Der Autor beschrieb das Anlegen eines Irrgartens aus eingepflanzten Weidenruten. Ein "Irrgarten“ war unser neues Projekt! Labyrinthe üben auf alle Kinder eine Faszination aus. Die meisten waren schon einmal durch ein Spiegellabyrinth auf dem Volksfest gelaufen. Ich zeigte ihnen

Erde wird im Kreis aufgetragen

Fotos der englischen Irrgärten, die man in vielen Schloßanlagen findet. So etwas wollten wir für unsere Mitschüler anlegen!

Einen geeigneten Platz hatten wir schnell gefunden. Wir einigten uns auf die Fläche rund um den Brunnen. An vier Ecken war der Platz mit je einem Akazienbaum eingerahmt. Die Fläche wurde vermessen und maßstabsgetreu auf große Packpapierbögen übertragen. Nun zeichneten die Schüler Entwürfe für die geplanten Layrinthe. Dabei stellte sich sehr rasch heraus, dass die kleine Fläche die zahlreichen Ideen sehr einschränkte. Ein Labyrinth war nach Ansicht der Klasse nur spannend, wenn es möglichst viele Verwinkelungen und Abzweigungen hatte.
Jede Arbeitsgruppe durfte ihre Wege mit Zeitungsbahnen auslegen, und jede scheiterte mit ihrem Entwurf aufgrund des be-

Die Erde wird mit Sand gemischt

engten Raumes. Nach vielen, zum Teil auch hitzigen Diskussionen mussten wir alle einsehen, dass nur die einfachste Form, die Spirale, in Betracht kam. Sie sollte von einem Baum ausgehen und nach mehreren Runden im Brunnen enden. Nun ging es wieder in die Planung!

Leider hatte die erste Motivation etwas unter den Rückschlägen gelitten, und ich musste nun viele Ideen zur weiteren Gestaltung liefern. Die Kinder legten Spiralen aus Sand, Steinen, Schnüren und Blättern auf ihren Papierbögen aus.
Jeder Entwurf war auf seine Weise schön und orginell, aber niemand hatte das Anlegen eines gepflanzten Irrgartens in Erwägung gezogen. Ich machte die Klasse auf diese Möglichkeit aufmerksam.

Das ausgesäte Getreide ist aufgegangen

„Das geht doch nicht auf dem Pflaster!“ „Da wächst nie etwas!“ „So viele Hecken kosten viel zu viel!“ Trotz der zahlreichen Einwände wurden unsere Klassensprecher in die Stadtgärtnerei geschickt.Sie sollten bei den Fachleuten nähere Informationen einholen. Und tatsächlich, die Spirale konnte auch auf unserem schönen roten Klinkerstein gepflanzt werden.

An einem heißen Nachmittag war es soweit.Die Form wurde mit Kreide aufgezeichnet und mit Vliesstoff ausgelegt. Anschließend schaufelten wir vorsichtig dunklen Humus auf die Bahnen. Eine Höhe von 10 cm erschien uns genügend. Hecken konnten wir darauf natürlich nicht anpflanzen, aber für einen kleinen „Wall“ aus Weizen- und Haferhalmen müsste die Erde ausreichen. Außerdem musste unser Werk rasch entstehen, da wir durch unsere Planungsphase viel Zeit verloren hatten und die großen Ferien immer näher kamen.

Nach rund drei Stunden hatten wir es geschafft. Ich forderte die Kinder auf, unser Kunstwerk aus dem Klassenzimmerfenster im ersten Stock zu betrachten. Wie ich es mir gedacht hatte, beeindruckte das „Bild“ aus der Vogelperspektive noch mehr als vom Boden aus.

Vier Tage später, an einem Montagmorgen, war unsere Saat aufgegangen. 5 cm hoch spross das frische Grün rund um den Brunnen. Die Wirkung war erstaunlich. Der gepflasterte Hof war plötzlich lebendig geworden! Die Spirale fügte den Brunnen und die Akazienbäume zu einer Einheit zusammen. Und natürlich hatte sie Aufforderungscharakter!

Zunächst nur zögernd, dann immer mutiger spazierten die Kinder durch den Irrgarten.Stolz gaben meine Schüler Auskunft, wie sie es geschafft hatten, Getreide mitten auf dem Schulhof wachsen zu lassen!

In den letzten Schultagen hielten wir eine kleine Rückschau. Die vier Elemente „Wasser - Erde - Luft - Feuer“ hatten uns ein ganzes Schuljahr im Kunstunterricht begleitet. Die gepflanzte

Spirale, die beim Brunnen endete, versinnbildlichte noch einmal das Wasser und die Erde. Luft und Feuer fügten wir noch hinzu.

Windspiele, Windräder, Mobiles und Fahnen wurden hergestellt und rund um unseren Brunnen aufgestellt. In der letzten Nacht vor den Sommerferien fügten wir noch das vierte Element Feuer hinzu! Wunderkerzen und eine übriggebliebene Silvesterrakete ließ unser Werk in einem magischen Licht erscheinen!

Windspiele und Mobiles ergänzen die fertige Spirale

Grüne Spirale 2

Wie man die Idee des Labyrinths oder einer Spirale auf einem eher langweiligen Rasenstück verwirklichen kann, zeigt unser Versuch auf dem Akademiegelände in Dillingen.

Wir markierten den Verlauf der Spirale mit Sand. Damit man später zwischen den bepflanzten Erdstreifen laufen und mähen kann, fuhren wir den Gehweg mit dem Rasenmäher ab, um die notwendige Breite zu erhalten. Dabei zeigte es sich, dass man

Die Spiralform wird mit Sand aufgezeichnet

zu enge Kurven vermeiden und den Weg breiter als die Mäherspur anlegen muss.

Anschließend hoben wir die Rasensoden aus. Wir kompostierten sie, aber es wäre auch denkbar und reizvoll, damit in der Mitte der Spirale einen Hügel aufzuschichten.

Die ausgehobenen Spiralstreifen füllten wir mit einem Gemisch aus Blumenerde und Sand, weil uns keine Gartenerde zur Verfügung stand.

In die Erde säten wir Samen von einheimischen Wiesenblumen und ein paar Salatpflanzen. Leider ging die Saat wegen anhaltender Trockenheit nicht auf und auch der Salat verkümmerte. Heute ist die Rasenfläche wiederhergestellt.

Am schönsten wäre es wohl, aus einer solchen Spirale einen Duftpflanzenweg zu machen, auf dem man das Geruchsempfinden sensibilisieren kann.

Aus den Fenstern des dritten Stocks ergab sich ein reizvoller Blick auf die Spirale

Körperbemalung mit Erdpigmenten, so alt wie die Menschheit (Teilnehmerin des Fortbildungsmodells)

Drei Erdgrazien

Erdkinder

Body-Painting mit Engoben

Inge Seitz

Die Engoben werden angerührt

Bei der Verpackung unseres Findlings(S.128) genossen die Kinder sichtlich den körperlichen Kontakt mit dem weichen, streichfähigen, schnell trocknenden Ton. Sie bewunderten ihre "Krokodilhände" und äusserten den Wunsch, sich selbst doch einmal ganz „verpacken" zu dürfen. Ich erinnerte mich an meine eigene Kindheit, als wir ähnliche Aktionen in dem Moor an unseren Weihern gemacht hatten, und stimmte zu.

Was wir brauchten, war schönes, heißes Wetter und eine Wiese, wo wir uns mit dem Gartenschlauch abspritzen konnten, denn das Abwaschen in einem See schien mir zu gefährlich, und Duschen im Haus werden durch den Ton leicht verstopft. Ich besorgte weißes, gelbes und rotes Tonmehl, das wir in Eimern mit Wasser anrührten und durchkneteten.

Nachdem sich die Kinder mit gegenseitiger Hilfe verpackt hatten, ging es an die Feinheiten. Besonders die Mädchen modellierten mit ihren langen Haaren originellen Kopfschmuck, der immer wieder verändert wurde. Manche Schüler griffen zu einer der anderen Tonfarben und malten sich Muster auf ihre Körper. Beim Trocknen wurde die dünneErdschicht rissig und runzelig wie eine zweite, alte Haut.

Schließlich versuchten die Kinder Standbilder zu stellen, was angesichts der glitschigen Haut ein ziemlich schwieriges Unterfangen war und einiges Geschick, aber auch gegenseitige Rücksichtnahme verlangte.

Am Ende durften sich die Schüler mit Riesenwasserpistolen, die ja sonst in der Schule immer streng verboten sind, eine Wasserschlacht liefern, was ihnen großen Spaß machte und auf ihren Körpern oft sehr merkwürdige Spuren hinterließ.

Letzte Tonreste wurden dann noch mit dem Gartenschlauch abgespritzt. Bestimmt würden sich diese Erdfiguren auch gut in ein Theaterstück einbauen lassen.

Mit der feinen Erdmasse lassen sich abenteuerliche Frisuren formen

Blätterling und Löwenzahnsonne

Inge Seitz

An einem Herbsttag betrachteten wir im Morgenkreis ein Foto des Kunstwerks von Andy Goldsworthy: „Ebereschenlaub um ein Loch geordnet".

Ähnlich einem Mandala umgeben konzentrische Kreise einen Mittelpunkt. Die Kinder erkannten schnell die Gestaltungsmerkmale. Um das schwarze Loch werden sorgfältig zuerst die hellsten, die gelben Eschenblätter in dieselbe Richtung gelegt. Nach außen hin werden die Kreise immer dunkler, zunächst orange, dann hell- und schließlich dunkelrot. Der äußerste Kreis verschmilzt farblich fast mit dem Untergrund, auf den das Kunstwerk gelegt wurde. Die strenge Anordnung der Blätter wurde hier unterbrochen, die Blattspitzen zeigten nun nach außen.

Im Anschluss an diese Kunstbetrachtung wollten die Kinder sogleich eigene

Gestaltungsversuche mit Herbstlaub machen. Sie beschlossen, einen Riesenschmetterling zu legen. Vermutlich waren sie durch die Klecksbilder, die wir im Geometrieunterricht angefertigt hatten, inspiriert. In Kartons sammelten sie farblich sortiert verschiedene Blätter, steckten in der Wiese mit Schnüren die Umrisse ab und verteilten die Arbeiten innerhalb der Gruppe.

Vier Flügel, ein Kopf mit Fühlern, ein zweigeteilter Körper, das war genügend Aktionsraum für 16 Kinder. Wie sich während der Arbeit herausstellte, förderte dieses Werk auch den sozialen Umgang der Kinder untereinander. Immer wieder waren Absprachen nötig, damit die Symmetrie des Schmetterlings in Form und Farbe einigermaßen gewahrt blieb. Nebenbei war es

Die Blätter werden mit der Gießkanne befeuchtet, damit der Wind sie nicht fortweht

Eine Sonne aus Löwenzahnblüten

ein hervorragendes Anwendungsbeispiel für den Mathematikunterricht.

Besonders die Anordnung der Blätter in den "Pfauenaugen“ war von einigen Kindern nur mit sehr großer Konzentration zu schaffen. Häufig wurden die Blätter gedreht und in ihrer Lage verändert, um die gewünschte Form und Ordnung zu erhalten.

Beinahe hätte uns der aufkommende Wind noch ein Schnippchen geschlagen. Doch als wir das Laub mit Gießkannen befeuchtet hatten, trotzte es nicht nur dem Luftzug, es glänzte auch viel schöner als zuvor.

„Wenn ich mit Blättern, Steinen oder Stöcken arbeite, beschäftige ich mich mit ihnen nicht nur in ihrer Eigenschaft, sie ermöglichen mir zugleich einen Zugang zu dem Leben, das in ihnen ruht und das sie umgibt. Das Wetter - Regen, Sonnenlicht .... Wind - ist die spürbare Form dieses äußeren Raumes“, sagt Andy Goldsworthy. (A.G. FfM, 2001 Verlag, 1991, S.6)

Ich glaube, dass die Kinder von dieser Arbeit in und mit der Natur tatsächlich sehr berührt waren. Mit großer Begeisterung griffen sie während des Schuljahres immer wieder zu den beiden Büchern des Künstlers. Dass ihre Wahrnehmung für Phänomene in der Natur sensibilisiert war, zeigte sich auf Wanderungen und an den Gegenständen, die sie mit in den Unterricht brachten.

So entstand im Frühjahr ohne gezielte Vorarbeit im Unterricht auf dem Weg zum Sportplatz die „Löwenzahnsonne“. Auf der frisch gemähten Wiese sammelten die Kinder Löwenzahnblüten und legten sie schnell zu einer Sonne. Eigentlich begleitete uns Goldsworthy das ganze Jahr hindurch und inspirierte auch die beiden Verpackungsaktionen auf dem Dorfplatz.

Das Kunstbuch

Wegbegleiter im projektorientierten Kunstunterricht

Nicola A. Lachner

Auch die Lehrerin führt ein "Kunstbuch". Erdpigmente aus Frankreich

Bücher sind in unserer Kultur vorwiegend Gebrauchsgegenstände, die dem Wissenserwerb oder der Unterhaltung dienen.

Im Kunstunterricht kann sich jedoch ein kreativer und phantasievoller Umgang mit dem Buch als einem ästhetischen Objekt entwickeln. Fachübergreifend kann hier ein Handlungsspielraum geschaffen werden, mit Kindern Bücher zu gestalten oder diese in einen neuen Zusammenhang zu setzen. Buchtitel können erfunden werden, eigene Titel können entwickelt und Geschichten dazu geschrieben werden.

Das Buch kann als "Gesamtkunstwerk" in Angriff genommen werden, um mit den Kindern eigene Bücher zu entwickeln: das Buch der Farben, das Buch der 4 Elemente: Wasser, Feuer, Erde, Luft.

Die Techniken hierzu sind vielfältig. So können die Kinder mit Farben, Papier, Fellen, Kalenderblättern, Wellpappe oder Stoffen experimentieren.

Dabei kann die Freude des Kindes am phantasievollen Gestalten wie auch seine Mitteilungs- und Ausdrucksfähigkeit spielerisch entfaltet werden. Bereits im ersten Schuljahr können praktische Aufgaben durch Experimentieren vor- und nachbereitet werden.

Das Buch kann dazu anregen, spontane Einfälle, Ideen und Beobachtungen zu skizzieren oder malerisch festzuhalten. Denn oftmals werden derartige lose Blattsammlungen achtlos in eine Mappe gestopft oder gar weggeworfen. Gerade aber diese noch unfertigen Teilergebnisse sind wichtiger Bestand ästhetischer Prozesse, bei denen es nicht nur auf das Endresultat ankommt.

Mit zunehmender Schreibfähigkeit können Einsichten zu Techniken, Kompositionen und Bildbetrachtungen langfristig gesichert und strukturiert werden, ebenso wie eine Bilder- oder Skizzensammlung alter Meister.

Fächer- und jahrgangsstufenübergreifend soll das Buch , das zuerst vielleicht nur ein schmales Heft ist, mit den Schülern mitwachsen. Ist die Entscheidung für ein Kunstbuch gefallen, kann es in unterschiedlicher Weise geführt werden. Als Einstieg erweist sich ein unliniertes, weißes Heft, DIN A4 mit Einlageblatt für die schriftlichen Einträge, als sinnvoll. Man kann jedoch gestaltete Einzelblätter selbst binden oder binden lassen. Dabei lassen sich die verschiedenen Eintragungen nach Zeichnungen, Bildideen oder nach kompositorischen Gesichtspunkten ordnen. Oder man nimmt ein fertig gebundenes Skizzenbuch, das allerdings teuer ist.

Papiere mit Leimfarben

Bucheinband

Sehr interessant ist das Buch, wenn an einem Thema über Monate hinweg oder an einem Jahresprojekt gearbeitet wird. Erwähnt sei noch die Möglichkeit, ein Buch (Spiralbuch) für die Klasse zu führen, als Nachschlagewerk zur individuellen Einsichtnahme. Diese Form kann jedoch das durch eigene Gedanken und Ideen bestimmte Buch der Schüler nicht ersetzen, sondern lediglich ergänzen.

In welcher Form die Idee "Buch" auch immer verwirklicht wird, unbestreitbar bleibt die Fülle an Möglichkeiten, die daraus erwachsen. Ein Buch läßt sich nicht auf einen Blick erfassen, es muss in die Hand genommen, geöffnet, betrachtet, gelesen werden. Es dokumentiert einen Weg, Entwicklungen und Erfahrungen über einen langen Zeitraum, und bewahrt sie.

Blätterspuren

Waltraud Meier

Der Künstler Andy Goldsworthy arbeitet fast ausschließlich mit Materialien, die er in der Natur vorfindet. Seine Kunstwerke gestaltet er an den Orten, an denen er das Material findet: Blätter, Steine, Kiesel, Erden ...

Seine Kunst ist meditativ, sie lebt vom Einfühlen in die Natur, von der Erfahrung des Wandels und der Ewigkeit. Viele seiner Objekte sind vergänglich wie die Natur, das Einzige, was bleibt, sind Fotografien.Für den Kunstunterricht können wir viel von ihm lernen und Anregungen aufnehmen. Seine Ideen begeistern Erwachsene ebenso wie Kinder, aber für die Schüler kommt dazu, dass sie durch eigene Erfahrung Wesentliches lernen können. Ihre Wahrnehmung wird durch Sinnesarbeit sensibilisiert, das Verständnis für die Natur intensiviert sich, die Vorstellungen von der Natur müssen neu überdacht werden.

1. Schritt: Sensibilisierung der Wahrnehmung

Die Kinder der 1. Klasse sammelten Herbstblätter. Sie erhielten den Auftrag, von nur einer Blätterart, evtl. an einem Baum, möglichst viele verschiedene Farbabstufungen zu entdecken. Die Kinder suchten gleiche Blattformen in verschiedenen Farbtönen, die sie später gruppieren sollten.

2. Schritt: Spielerisches Gestalten

Die Kinder stellen ihre Funde vor, indem sie für die Präsentation spontan kleine Ornamente oder Rosetten legen und von ihrer Sammeltätigkeit berichten.

Sie benennen die Blätter und vergleichen Form und Farbe, sie ordnen und finden teilweise Assoziationsnamen für Farben.
Neben realen Sinneseindrücken sollen auch fiktive Vorstellungen angesprochen werden. Mögliche Impulse dazu könnten sein: Was riechst du? Was siehst du?

Die Blätter beginnen sich zu bewegen, fliegen weg ... Die Blätter bleiben liegen und werden von Schnee bedeckt ... Was könnte werden?

Die farblich sortierten Blätter werden ausgelegt

3. Schritt: Legen von Spuren

Danach legen wir Blätterspuren im Garten an, wobei das Laub in seinen farblichen Abstufungen angeordnet wird.
Die Kinder beginnen individuell Linien, Kurven oder Wellen zu legen. Ihre Spuren kreuzen sich und beziehen einzelne Ornamente mit ein. Allmählich breiten sich die Spuren aus und überziehen, durchziehen die Wiese.

Intuitives Arbeiten in der Natur und die Werke, so flüchtig sie auch sein mögen, zeigen eine einfühlende Beziehung zur Natur.

4. Schritt: Die Arbeit des Künstlers

Eine Betrachtung der Farbfotografien ähnlicher Werke Goldsworthys schließt sich an.

In der Betrachtung seiner künstlerischen Gestaltungen erkennen die Kinder Elemente ihrer Arbeiten wieder. Aus dem Gefühl von Stolz und Freude über ihre Arbeiten entwickelt sich ein Staunen über Goldsworthys farbenprächtige Kunstwerke. Aus dem Staunen wird Faszination über die Möglichkeiten, die eine ansonsten oft unbeachtete Natur bietet. Der Künstler hat ohne künstliche Mittel nur mit der Natur gestaltet.

Die eigenen Erfahrungen der Schüler in der Natur erweisen sich als Verständnisgrundlage und Motivationsquelle für einen sich erweiternden Kunstbegriff.

Wenn das Betrachten von Phänomenen nicht nur der Spontaneität und der sporadischen Bereitschaft überlassen werden soll, muss im Schüler eine dauernde und sich festigende Disposition grundgelegt werden. Nur so wird es möglich sein, dass aus dem Sich-Öffnen für Bilder ein Offen-Sein für Kunstwerke entsteht.

„Jede Arbeit entsteht, vergeht - die Fotografie zeigt die Arbeit am Höhepunkt ihres Daseins, in dem Moment, wo sie am lebendigsten ist ..."
A.G.

5. Schritt: Die Natur wirkt

Die Blätter-Spuren werden dem Wind überlassen. Wir sind gespannt auf den nächsten Tag. Das Wetter verändert die Spuren, bricht in sie ein, löst sie auf. Nur an geschützten Stellen bleiben sie noch unverändert.
Unsere Aktion bleibt nicht unbemerkt. Vor allem ältere Schüler zeigen sich interessiert und fragen nach unseren Absichten und Gedanken. Dass wir unsere Arbeit dem Wetter und damit der Vergänglichkeit aussetzen, macht sie nachdenklich.

6. Schritt: Erneutes Gestalten

Später gehen die Kinder zu einem Baum ihrer Wahl und sammeln herabgefallenes Laub auf. Sie entnehmen den Laubdecken unter den Bäumen einen Ausschnitt.
Im Raum gestalten wir mit den Blättern auf Papier. Teilweise trocknen und pressen die Kinder ihr Laub. Gepresste und nicht gepresste Blätter werden dann mit Kleister auf Transparentpapier aufgeklebt. Die meist regelmäßig aufgebrachten Blätter wirken in ihrer Gesamtheit wie Teppiche.

Die Blätter werden auf Transparentpapier geklebt und dem Baum zurückgegeben

7. Schritt: Blätter-Teppiche an den Bäumen

Die gestalteten Blätterteppiche werden, wenn sie getrocknet sind, hinausgebracht und aufgehängt. Sie werden ihren Bäumen zurückgegeben. In veränderter Weise zurückgeführt, sind sie wiederum der Natur, dem Wetter überlassen und ausgesetzt. Die Herbstsonne bringt die Farbenpracht der Teppich-Blätter nochmals zum Leuchten.

„Die Frage, ob Kunst von Dauer sein sollte oder nicht, stellt sich in dieser Form für mich nicht. Die Vergänglichkeit meiner Arbeiten reflektiert lediglich, was in der Natur bereits vorhanden ist, und sollte nicht mit einer prinzipiellen Kunstauffassung verwechselt werden." A.G.

Erneut an den Bäumen angebracht, verwandeln die Blätter die Sehgewohnheiten der Betrachter.

Der Verfall der Blätter und das Verblassen ihrer Farbenpracht wird uns in besonderer Weise vor Augen geführt und ins Bewusstsein gehoben.

„Ich bin mir darüber klar geworden, dass sich die Natur in einem Zustand des ständigen Wandels befindet und dass diese Erkenntnis der Schlüssel zu ihrem Verständnis ist. Mir ist daran gelegen, daß meine Kunst sensibel und wachsam gegenüber dem Wandel von Materialien, Jahreszeiten und Wetter ist.“ A.G.

Ein "Blätterteppich" am Baum

Literatur:

Andy Goldsworthy, Verlag Zweitausendeins 1991

Kunst in der IBM Deutschland, Stuttgart 1989

Elementare Annäherung

Günther Köppel

Mit Kindern den vier Elementen zu begegnen, könnte heißen, sie untereinander zu vergleichen. Einen Vergleich kann der Versuch liefern, die Elemente tragen, holen oder bringen zu wollen.

So beginnt unser Problem mit den Elementen bereits in dem Moment, wo wir sie festhalten, ergreifen, mitnehmen wollen. Mit der Erde scheint uns das am besten zu gelingen. Wir heben sie auf; eine Handvoll Erde, matschig oder krümelig, ist leicht wegzutragen; höchstens, dass wir uns dabei schmutzig machen.

Das Feuer anzufassen, versuchen wir erst gar nicht. Kinder mögen dieses versuchen, doch nur einmal: „Gebranntes Kind scheut das Feuer". Es direkt anzufassen, ist schmerzhaft, indirekt aber geht es: Mit Kohlen auf der Schaufel, mit einer Fackel, mit der Kerze oder einem Stück Holz überbringen wir das Feuer. Feuer zu tragen, war früher eine große Aufgabe für den Menschen, als das Feuermachen noch ein Zauber war – und noch immer ist es von großem

symbolischen Wert (z.B.olympisches Feuer, Fackelzüge). Heute tragen wir nicht mehr das Feuer selbst, sondern die Möglichkeit, es zu entzünden, mit uns herum: als Streichholz, als Feuerzeug usw. (vgl. das italienische Wort für Streichholz: fiammifero = Feuerträger).

Luft zu tragen, haben wir als Kinder nie versucht. Luft ist das erste Element, dessen ein Kind bedarf, wenn es auf die Welt kommt - und das letzte, das als Element bewußt entdeckt wird, weil man es ja eigentlich nicht sehen und nicht fassen kann.

Gerade in der Begegnung mit dem Element Wasser werden wir uns der Notwendigkeit des Mitnehmens von Luft bewußt. Wir müssen tief Luft holen, und unter Wasser geht sie uns nur zu schnell aus. Das reizt zum Wettbewerb: Wer kann die Luft länger anhalten? Wir können Luft einsperren, sie in Luftballons und Luftmatratzen blasen; uns so von der Luft auf dem Wasser tragen lassen.

Wasser zu tragen ist leicht, wenn man ein Gefäß hat: eine Flasche, einen Eimer, etwas Wasserdichtes. Schwieriger ist es, Wasser mit der Hand zu tragen – und weit kommt man damit nicht – es rinnt uns zwischen den Fingern davon.

Fotos: Helmut Hertel

Temperamentssache
Die vier Elemente im darstellenden Spiel

Günter Köppel

In vielfältiger Form wird mit den vier Elementen im dramatischen Gestalten, vor allem in der Pantomime und in der Commedia dell‘ Arte gespielt. Pantomimische Übungen zu den Elementen regen dazu an, in verschiedene Bewegungsmuster zu schlüpfen. Besonders drastisch wird dies, wenn die gleiche Rolle mit wechselnden Elementen besetzt wird. Man stelle sich eine Bedienung in einem Restaurant vor, die ihre Rolle analog zu den vier Elementen darstellen soll - als Feuer, Wasser, Luft und als Erde. Diese Haltungs- und Bewegungsschwerpunkte lassen sich nach Werner Müller etwa wie folgt charakterisieren.

Vgl. Müller, Werner: Körpertheater und Commedia dell' Arte, München 1984

Erde

Wie die Säulen eines Gewölbes ruhen beide Beine auf dem Boden. Der Bauch ist Schlussstein dieses Gewölbes, die Haltung gleicht etwa der eines Gewichthebers, der mit beiden Beinen fest auf der Erde steht und seine Kraft aus dieser Erde zu ziehen scheint. Der Atemschwerpunkt liegt auf dem Ausatmen, die Stimme wird eher tief, fest und bestimmt. Die Arme und Hände weisen eher nach unten – sparsamer, langsamer Gestus mit “erdenden” Pausen. Dröhnendes, rollendes Lachen.

Luft

Nun orientiert sich im Gegensatz zur Erde der Körperschwerpunkt im Oberbauch und in der Lunge. Sie füllt sich, bläht sich auf. Das Einatmen als Körperschwerpunkt verstärkt dieses "Aufgeblasensein". Der feste Stand löst sich auf in einen wippenden Wechsel zwischen Ferse und Fußspitze, der Körper hebt sich insgesamt, Arme und Hände gestikulieren, fast dirigierend im Schulter- und Kopfbereich, langsam und schwebend. Die Stimme wird höher, leise bis säuselnd, die Sprache ist bestimmt von unbestimmten, verfliegenden Wortfetzen und hohem Pathos. Angedeutetes Kichern, huldvolles Lächeln.

Wasser

Der Körperschwerpunkt ist mittig zwischen Erde und Luft, wir empfinden einen weichen, fast schwerelosen Zustand (Vorstellung: Wasser bis zum Hals), die Bewegungen sind fließend, ohne ruckartige Veränderungen, lässig, getragen vom Rhythmus der Wellenbewegung des Wassers. Standbein und Spielbein wechseln weich und langsam tänzelnd. Typisch "cooler" Gang. Der Atemschwerpunkt liegt im bewußten, gleichmäßigen Ein- und Ausatmen, dem Kommen und Gehen einer Meeresbrandung vergleichbar. Die Sprache plätschert dahin in einlullendem Geplapper ohne besondere Höhen und Tiefen. Glucksendes, gurgelndes Lachen.

Feuer

Hektik am ganzen Körper. Ständig verändert sich der Körperschwerpunkt, nervös und flackernd. Der Atem kommt ruckartig, fast hechelnd aus der Körpermitte über Zwerchfell und Bauchdecke. Großer, zuckender Gestus, schnelles Zupacken und Loslassen, Arme und Hände bewegen sich mit großer Amplitude in alle Richtungen. Plötzliche Tonschwankungen zwischen laut und leise, hoch und tief begleiten ein Feuerwerk an Ideen und Einfällen, die sich ständig neu entzünden. Mitreißendes, aber auch bisweilen hysterisches Lachen.

Elementares Theater

Eine Tuchmeditation zu Feuer, Wasser, Erde, Luft

Günther Köppel

Arbeitsmaterial ist ein großes Tuch aus Futterstoff (wahlweise blau oder rot-orange), drei Bahnen miteinander vernäht, ergeben eine Fläche von etwa 4,5 mal 4,5 Metern.

Das Tuch ist am Boden ausgebreitet, die Teilnehmer setzen sich gleichmäßig verteilt um das Tuch und spannen es leicht. Die Meditation kann durch musikalisch-akustische Akzente live oder vom Band unterstützt werden. Als Musik eignen sich z.B. Händels Feuerwerks- oder Wassermusik, Smetanas Moldau u.ä. Der Raum ist halbdunkel, Licht fällt schräg auf den Stoff aus einem am Boden stehenden Overheadprojektor, der mit zwei Kartonblättern abgedeckt ist. Ein schmaler Spalt zwischen den Blättern ermöglicht einen schmalen Lichtschein auf dem Tuch. Ruhe. Nichts.
Durch Auseinanderschieben der Blätter auf dem OHP erweitert sich die Lichtfläche, das gespannte Tuch ist jetzt voll ausgeleuchtet. Formlosigkeit. Glätte. Nichts.

Fotos: Daniela Brehms

Fotos von einer ähnlichen Aktion im Freien

Erde

Auf ein Zeichen hin lassen die Teilnehmer das Tuch gleichzeitig los, es zieht sich etwas auf die Raummitte hin zurück, wirft Falten. Durch die schräge Beleuchtung werden Gebirge, Täler, Hügel, Landschaften sichtbar. Langer Blick auf diese „Erde", die sich langsam beruhigt. Form.

Wasser

Das Tuch wird weiter gehoben, das Wasser steigt bis zum Hals, nur die Köpfe der Teilnehmer über dem Tuchrand bleiben sichtbar. Wellenbewegungen suggerieren die Bewegung in einem Wasserstrudel.

Luft

Die Wellen werden größer, die Teilnehmer stehen mit dem Tuch auf, große gemeinsame Auf- und Abbewegungen erzeugen Wind. Die strömende Luft wird erlebbar. Zwei bis vier Teilnehmer (vorher vereinbart) schlüpfen unter das Tuch, kauern sich in der Mitte zusammen, machen sich klein. Das Tuch senkt sich wieder, wird über den Kauernden abgelegt. Bewegungslosigkeit.

Feuer

Langsam beginnt es unter dem Tuch zu zucken, die Hände der Kauernden fahren ruckweise nach oben, die Finger züngeln unter dem Tuch. Ruckartige Armbewegungen auf und ab lassen für die Umsitzenden das Bild züngelnder Flammen entstehen.Die Flamme kann sich steigern, die Kauernden stehen auf, gestikulieren wild, fallen in sich zusammen, legen sich flach unter das Tuch. Das Feuer ist erloschen.

Licht aus. Ruhe. Nichts.

Die Schule der Vier Elemente

Ein Versuch, beim Schulhausneubau eine Schule mit "Profil" zu entwickeln

Rupert Jung

„Seine Blume hatte ihm erzählt, dass sie auf der ganzen Welt einzig in ihrer Art sei. Und siehe! Da waren aber fünftausend davon, alle gleich, in einem einzigen Garten! Er fühlte sich sehr unglücklich darüber."
(aus: "Der Kleine Prinz" von Antoine de Saint-Exupery)

Die uniforme Schule ist nicht unsere

Geht es den Lehrkräften und Schülern nicht auch so wie dem kleinen Prinzen? Wir sind unglücklich, wenn wir in einer „Massen-Schule" arbeiten müssen, wir fühlen uns aber wohl, wenn wir das Glück haben, an einer „einzigartigen" Schule unterrichten zu können. Erst wenn wir eine Schule selbst mitprägen, selbst mitgestalten dürfen, wird sie uns vertraut und sie wird „unsere Schule". Eigentlich verwundert es ja, dass es so viele uniforme Schulen gibt. Denn in einer Schule arbeiten ja schließlich Menschen, die individuelle Ansichten, Arbeitsstile oder Charaktere besitzen. Warum¸ so fragte ich mich vor Jahren schon, warum eigentlich wirkt sich die Individualität der Lehrkräfte so wenig auf die einzelne Schule aus?

Ein eigenes Profil entwickeln

Im September 1992 beschloss der Stadtrat von Aichach den Bau einer zweiten Grundschule. Als ich zum Schulleiter ernannt wurde, griff ich die eingangs gestellte Frage auf, und schon bald kam mir die zunächst noch recht unscharfe Idee, dieser Schule Raum für ein eigenes Profil, eine eigene Schulphilosophie zu

geben. Eine "Schule der Sinne" nahm in meinem Kopf Gestalt an. Dabei sollte auch schon der Schulhausbau miteinbezogen werden. Ideengeber waren jetzt gefragt.

In einer Tageszeitung las ich wenig später einen Bericht mit der Überschrift: „Kunst fürs Altenheim: tasten, fühlen, sehen". Uni-Dozent Hans Malzer aus Augsburg hatte zusammen mit der Heimleitung ein Projekt entwickelt, bei dem Studenten in einem Seminar daran gingen, einen langen, öden Flur umzugestalten.

Die Schule der "Vier Elemente" in Aichach. Sie wurde im September 1996 bezogen und war zum Zeitpunkt, als dieser Artikel geschrieben wurde, noch weitgehend unfertig, was die Gestaltung im Sinne der vier Elemente betrifft.

Schnell war der Kontakt zu Hans Malzer geknüpft. Der Kunsterziehungs-Dozent erklärte sich ohne Zögern bereit, an der Uni ein Seminar zum Thema „Gestaltung der Volksschule Aichach-Nord" anzubieten und durchzuführen. Acht Studenten meldeten sich schließlich und gingen im Wintersemester 1995/96 daran, ein Gestaltungskonzept für unsere neue Schule zu entwickeln.

Schule als "Raum der Sinne"

Die Gruppe erhielt die Baupläne der Schule und machte sich nach einem ersten Gespräch mit mir an die Arbeit. Vier Wochen später wurde ich zu einer Zwischenbilanz eingeladen, bei der die Gruppe ihre Vorstellungen so zusammenfasste: „In einer Zeit, in der die Erfahrungsräume für Kinder von Jahr zu Jahr immer kleiner werden, versuchen wir unser Konzept einer Schulgestaltung in einem "Raum der Sinne" anzusiedeln. Als Repräsentanten einer sinnlich wahrnehmbaren Welt wählten wir aus diesem Grund die vier traditionellen Grundelemente der Natur: Wasser, Erde, Luft und Feuer."

Dies war der grundsätzliche Vorschlag der Projektgruppe, der zunächst in einem Gespräch mit dem Schulleiter diskutiert wurde. Nach vielen beiläufigen Gesprächen im Lehrerzimmer diskutierten wir auch innerhalb der Lehrerkonferenz im großen Kreis diese Grundidee.

Die Lehrkräfte unserer Schule waren begeistert, und so konnte die Projektgruppe darangehen, dieses Grundkonzept zunächst auf die äußere Gestaltung der Schule zu übertragen. In einer gemeinsamen Runde mit Architekt, Lehrkräften und Projektgruppe wurden dann die konkreten Ausgestaltungsvorschläge diskutiert.

Schul-Logo

Schul-Logo

Auf Anregung des Schulleiters hin sollte zunächst das Grundkonzept von „Feuer, Wasser, Erde, Luft" in einem Schul-Logo grafisch realisiert werden. Die Projektgruppe entwarf mehrere verschiedene Logos, die aber nicht den Beifall des Kollegiums fanden. Das Logo sollte nach Meinung der Lehrkräfte Motive aus dem Erfahrungsbereich der Grundschulkinder beinhalten.

Entwurf mit den vier Elementen

Eine begabte Kollegin unserer Schule machte sich darauf hin an die Arbeit und entwarf unser Logo, das die vier Grundelemente an kindgemäßen Beispielen (Wasser-Fisch; Luft-Vogel; Erde-Baum, Feuer) recht dynamisch darstellt. Dieses Logo ziert den Schuleingang, die Flureingänge, den Briefkopf der Schule, auch alle weiteren Drucksachen der Schule und wird auch bei Festen verwendet. Bei der „kleinen Schuleinweihung" erhielt jedes Kind sogar eine Münze mit dem Schul-Logo.

Aula

Aula

In der Aula als zentralem Ort sollen alle Elemente in einem Mobile aus farbigen Glasplatten vereinigt werden. Die Glasflächen sind in den Elementfarben gehalten.
Zwei Flächen an den Hallenseiten sind für eine weitere Gestaltung unter dem Aspekt der vier Grundelemente freigehalten.

Eingangsbereich

Eingangsbereich

Der Eingangsbereich wird den Elementen Wasser und Feuer zugeordnet.

Ein Brunnen mit beweglichen Fontänen steht im Mittelpunkt. Der nötige Wasserdruck wird durch Sonnenkollektoren erzeugt.Die Kinder können den Zusammenhang zwischen Sonneneinstrahlung und Kollektorleistung erfahren. Zudem kann die Solarkraft durch eine Handpumpe ersetzt werden. Die Kinder erfahren auf diese Weise, welche Kraft die Sonne anbieten kann.

Pausehof

Pausehof

Der Pausehof wird vor allem dem Element Luft zugeordnet. Ein Windrotor erzeugt Strom. Ein Lämpchen zeigt an, ob viel oder wenig Strom erzeugt wird. Klangspiele verdeutlichen, dass die Luft Töne weitertragen kann. Auch ein Telegraf macht diese Eigenschaft deutlich.

Musischer Hof

Musischer Hof

Der „Musische Hof“ ist ein zweiter, kleinerer Pausehof. Dieser ist den Elementen Erde (Schulgarten, Fußfühlpfade) und Feuer (Backofen, Lagerfeuerstelle) und Luft (Klangspiele) zugeordnet.

Gestaltung des Schulhauses

Gestaltung des Schulhauses

Die vier Grundelemente haben auch im Schulgebäude eine Gliederungs- und Organisationsfunktion. Die vier Gebäudeflügel werden den einzelnen Elementen zugeordnet. Erkennbar sind die Elemente zunächst an den Zugangstüren, in denen ein Elementzeichen (z.B. ein Fisch) zu sehen ist. Eine Seite des Flurs, die Türumrahmungen und das Türblatt selbst sind in der Elementfarbe gehalten.

Selbstbemalte Fliesen

Viel Spaß hat es den Schulkindern gemacht, die Fliesen für die Waschbeckennischen selbst zu gestalten. Alle 250 Kinder bemalten eine Fliese, sie wurden gebrannt und schließlich im entsprechenden Gebäudeflügel eingebaut.

Aufforderung zur Weitergestaltung

Unser Schulkonzept ist mit der Fertigstellung und Gestaltung des Gebäudes nicht abgeschlossen. Jetzt geht es darum, das Konzept auch im Inneren umzusetzen und möglichst viele Kolleginnen und Kollegen für diese Umsetzung zu gewinnen, damit die Profilbildung kein Sandkastenspiel bleibt. Schließlich ist so ein Schulprofil ja kein Selbstzweck, sondern soll Kindern, Lehrkräften, Eltern und der Schule insgesamt dienen.

Einbeziehung der Medien, des Computers, Glasfaserkabel zu jedem Klassenzimmer, "Schulen ans Netz"

Bei unserem Konzept von den Vier Elementen ist selbstverständlich die moderne Medienwelt einbezogen, zum Beispiel sind alle unsere Klassenzimmer für die Computertechnik vorbereitet, ein Glasfaserkabel führt in jedes Klassenzimmer. Unseren Online-Anschluss im Rahmen von "Schulen ans Netz"erwarten wir in nächster Zeit. Viele Projekte der "Vier Elemente" werden wir erst zusammen mit dem Computer sinnvoll gestalten können.

Elementares Lernen im alltäglichen Unterricht

Zwei große Verwirklichungslinien sehe ich für das Elementare Lernen. Die erste betrifft den täglichen Unterricht. Die Lehrkräfte sollen es sich allmählich zum Prinzip machen, den Kindern primäre Elementarerfahrungen zu ermöglichen. Einige Beispiele: Keine OHD-Folie über die Wiese, sondern Unterrichtsgang; von verschiedenen Erdarten nicht erzählen, sondern draußen die Kinder damit durch Befühlen, durch die Hände rieseln usw. Erfahrungen machen lassen; einen Bach nicht von draußen betrachten, sondern in den Bach steigen; Ton nicht nur im Brennofen brennen, sondern auch draußen in einer Feuergrube usw.

Projektwochen

Die zweite Verwirklichungslinie betrifft jährliche Projektwochen. Für dieses Schuljahr haben wir eine Projektwoche geplant, die dem Grundelement "Wasser" gewidmet ist. In den nächsten Jahren wird in den Projektwochen jeweils ein anderes Grundelement im Mittelpunkt stehen. Dabei werden wir nicht das ganze Schuljahr hindurch unsere Schulkinder ständig mit den Vier Elementen "traktieren". Eine vernünftige Schule braucht auch ruhige Zeiten ohne Projekte und Aktionen.

Corporate Identity

Corporate Identity ist heute in aller Munde. Auch bei Schulen sprechen viele Gründe für C.I. Zum Beispiel mag ein individuelles Erscheinungsbild, das auch für Schulen in Zukunft sicherlich unerläßliche Sponsoring erleichtern. Diese profitablen Tatsachen allein aber sind nicht der Grund für unser Bemühen, unsere Schule zu profilieren.

Für unser Projekt ist eine Überlegung von entscheidender Bedeutung: Erst in einer Schule, in der sich viele Beteiligten wohlfühlen, entsteht Leistung. Und Leistung führt dann wiederum dazu, dass sich viele immer mehr wohlfühlen, zufrieden sind und wiederum daraus die Kraft für neue Leistungen holen. Diesen Kreislauf kann eine Schule in Gang bringen, die Profil hat, die einen eigenen, unverwechselbaren Charakter besitzt.

Der Autor:
Rupert Jung ist seit 1995 Schulleiter der Volksschule Aichach Nord

Das Logo der Schule der "Vier Elemente"
Entwurf von Angelika Ströbele

Gedanken zum Elementaren Lernen in der Grundschule

H.C.Rainer Büchner

Die Projekte und Ideen, die wir in diesem Buch vorstellen, werden kaum auf grundsätzliche Ablehnung stoßen. Wer sollte diesen vielen kleinen und größeren Aktivitäten seine Sympathie versagen? Immerhin wird hier Schule von ihrer besten Seite gezeigt: Lernfreude statt Druck, Selbstbestimmung statt Fremdsteuerung, Teamarbeit statt Konkurrenz, und vieles mehr.

Hintergründe und Ziele

In dieser auf den ersten Blick problemlosen Konsensfähigkeit liegt aber auch die Gefahr von Missverständnissen hinsichtlich der Hintergründe und Ziele unseres Projektes. Aus diesem Grund sollen im Folgenden einige Überlegungen und Argumente dargelegt werden, die das Thema der "vier Elemente im Kunstunterricht" in einem größeren und übergreifenden Zusammenhang darlegen und zur Diskussion stellen.

Altersgemäß und lehrplankompatibel

Auch andere Themen möglich

Die vier Elemente haben sich als ein altersgemäßes und vielfältig mit den Lehrplänen zu verknüpfendes Thema erwiesen, aber natürlich lassen sich viele andere Themen finden, die sich ebenso gut für fachübergreifende, kreative Projekte eignen. Das heißt, Ziel und Ergebnis unseres Fortbildungsmodells sind nicht an das Thema an sich gebunden oder erschöpfen sich darin. Sonst hätten wir hier nur einmal mehr ein Rezeptbuch zur Themenfindung im Kunstunterricht vorgelegt.

Das Rezeptbuch gibt Antworten auf die Fragen des Lehrers nach interessanten neuen Themen und Techniken für seinen Unterricht, möglichst fix und fertig aufbereitet mit Kopiervorlagen.

Was brauchen unsere Schüler heute?

Unser Fortbildungsmodell versucht hingegen Antworten auf die Fragen zu finden: „Was brauchen unsere Kinder heute? Inwieweit gehören diese Bedürfnisse in den Zusammenhang schulischer Allgemeinbildung? Was kann und sollte das Fach Kunsterziehung oder Bildende Kunst dafür leisten?"

Vom Kind ausgehen

Wie ernst es uns damit war, vom Kind auszugehen, demonstriert die Dokumentation in vielerlei Hinsicht: Mehr als die Hälfte der Abbildungen zeigt die Schüler beim Arbeiten und Gestalten, in einigen Artikeln kommen die Kinder selbst zu Wort und schließlich betont fast jeder der Autorinnen und Autoren in seinen Berichten den hohen, entscheidenden Beitrag der Schüler zum Gelingen der Projekte.

Siehe: Sandgarten, S. 195

Wenn eine Grundschülerin im Anschluss an das Projekt "Sandgarten nach japanischem Vorbild" feststellt: „Es hat etwas mit Kunst zu tun, weil Kunst so etwas wie eine Idee ist, wenn man sich etwas vorstellt, und man setzt es dann in die Wirklichkeit um.", hat dieser Unterricht nicht nur ein Verständnis vom Wesen der Kunst bei diesem Kind ausgelöst, das man sogar selten bei Erwachsenen findet, sondern es drückt sich in dieser Bemerkung auch indirekt die Zufriedenheit des Mädchens darüber aus, dass sie Ideen entwickeln und realisieren kann und darf.

Thema als Auslöser für Ideen

Das Thema ist also der Anlass, der Auslöser für den Prozess des Ideen-Produzierens bei den Kindern. Und im besten Falle finden sie auch selbst die nötigen technischen Mittel und Wege für die Realisation und Gestaltung. Allerdings sollten wir nicht übersehen, dass die Einfälle der Schüler im Rahmen des jeweiligen Projektes entstehen und deshalb nicht spielerischer Selbstzweck sind, sondern Probleme lösen helfen und somit Bestandteil von Lernprozessen sind.

Mit dem Begriff "Elementares Lernen" schlagen wir vor, die in unserem Fortbildungsmodell im Mittelpunkt stehenden Formen des Lernens "elementar" zu nennen. Deshalb findet dieser Begriff in mehreren Artikeln Verwendung, um unsere Zielsetzung zu beschreiben.

Siehe z.B. Bildnerisches Verhalten und Synästhesie, S. 319

Braucht der Leser dieser Dokumentation den Begriff "Elementares Lernen"? Oder ist der Begründungshintergrund der beschriebenen Projekte so offensichtlich, dass sich jeder weitere Kommentar erübrigt? Gibt es überhaupt einen begründeten Anlass, danach zu fragen, was unsere Kinder, die ja erst in zweiter Linie Schüler sind, heute brauchen?

Der auch von Grundschullehrern viel gelesene amerikanische Autor Neil Postman konstatierte bereits 1982 ein "Verschwinden der Kindheit", dessen Anfänge er für die USA in die 50iger Jahre datiert. Rechnet man für Europa eine mindestens 10jährige Verzögerung dazu, dann darf man annehmen, dass alle heutigen Lehrer, die früher als etwa 1965 geboren wurden, diese Entwicklung nicht aus ihrer eigenen Kindheitserfahrung her kennen.

Neil Postman, Das Verschwinden der Kindheit, FfM, 1983

Postman begründete seine Diagnose damals unter anderem damit: „ ...es ist für die elektronischen Medien unmöglich, irgendwelche Geheimnisse zu bewahren. Ohne Geheimnisse aber kann es so etwas wie Kindheit nicht geben." Er konnte sich in dieser Zeit nur auf die Auswirkungen des Kinos und des Fernsehens beziehen. Mittlerweile hat sich die Entwicklung durch die Digitalen Medien verändert und beschleunigt.

Zitiert nach dem Titeltext s. o.

Siehe dazu in diesem Buch:
Ein Geheimnis im Wasser, S. 101.
Steingeheimnisse, S.223

„Die Schule nun ist die einzige uns verbliebene öffentliche Einrichtung," fasst Postman schließlich zusammen, „die auf der Annahme ruht, dass es wichtige Unterschiede zwischen Kindheit und Erwachsenheit gibt und dass die Erwachsenen den Kindern etwas Sinnvolles zu vermitteln haben."

Ebd. S. 169

Aber selbst der fundamental-konservative Neil Postman erwartet von der Schule keine Hilfe für die Kinder, wenn sie einfach so weitermacht wie bisher, wenn sie nicht auf der Basis genauer Analyse der veränderten Lebensbedingungen unserer Schüler neue Schwerpunkte, Ziele und Strategien findet.

Entwicklung ohne historisches Vorbild

Und da wir uns nach wie vor im Fluss einer Entwicklung ohne historisches Vorbild befinden, können die Beobachtungen von heute vielleicht schon morgen obsolet werden. Auf jeden Fall gibt es keinen Zweifel, dass die Frage, was unsere Kinder heute brauchen, nicht überflüssig und keineswegs bereits beantwortet ist.

Die hier vorgestellten Beipiele für elementares Lernen mit Feuer, Wasser, Erde, Luft begründen sich also auf dem Hintergrund einer veränderten und noch im Wandel begriffenen Kindheit. Dabei ist der dynamischste Faktor zweifellos die mediale Umwelt, die digitale Zweitwelt, deren Wesen und Folgen wirklich und tiefgehend zu kennen kein Pädagoge ernstlich behaupten wird.

Die mediale Zweitwelt

Dennoch lassen sich konkrete Beobachtungen machen und Tendenzen feststellen, die nicht unbedingt neu sind, aber immer mehr an Bedeutung gewinnen und deshalb beachtenswert sind.

Körperliche Passivität

Mediale Informationen werden von Kindern wie von Erwachsenen in weitgehender körperlicher Passivität über das Auge und auch das Ohr empfangen. Wir betrachten "die Welt" über den Bildschirm wie durch ein Fenster und meinen, etwas Wirkliches zu erleben. Das heißt, schon Grundschulkinder sind sich weitgehend im Klaren über die Fiktionalität der Fernseh- und Computerbilder, was ihnen aber in der Regel nicht bewusst ist, und das ist ein häufig beschworenes Problem in der Mediendiskussion: die Reduzierung ihrer Informationsaufnahme auf die visuell-akustische Wahrnehmung, auf den Augenkanal mit Geräuschbegleitung.

Reduzierung auf Augenkanal

Sollte man sich über diese Wahrnehmungsreduzierung Gedanken machen? Sind damit konkrete Gefahren für die Entwicklung der Kinder verbunden?

Vermutlich ist die Medialisierung der Gesellschaft noch zu jung, um die Folgen im einzelnen nachweisen zu können. Allerdings kann man in den Tendenzen der Medienprodukte selbst viele Indizien für die These finden, dass die Reduzierung auf das Visuelle eine Eigendynamik besitzt, die unsere Vorstellungen von Wirklichkeit zu verschieben in der Lage ist.

Eigendynamik der Medien

Die auffälligste Tendenz ist die immer noch zunehmende Geschwindigkeit des Bildangebots. Viele Filme, die Kindern und Jugendlichen gefallen oder die sie ganz selbstverständlich und mit Vergnügen konsumieren, lassen Erwachsene sofort zum Umschaltknopf greifen, weil sie einen solchen "Bildersturm" nicht ertragen können oder wollen. Kinder wiederum erleben ältere, betuliche Filme wie einen langweiligen Diavortrag.

Bildwirksame Effekte

(MTV = Musik-Fernsehsender)

Ein zweites Phänomen ist die Zunahme bildwirksamer Effekte, die zum Beispiel in den MTV-Clips, aber nicht nur dort, zum Selbstzweck werden, und letztlich Handlung überflüssig machen. So gibt es praktisch keinen Actionfilm ohne Explosionen und Feuer, irgendein Anlass findet sich immer. Gut gedrehte Feuerwerke sind einfach ein wunderbares visuelles Spektakel, und sie gehören noch zu den harmlosesten Reizen der Medienprodukte, die von Kindern geschätzt werden.

Die Welt hinter dem Bildschirmfenster

Zweifellos ist die Welt hinter dem Bildschirmfenster bunter, intensiver und deshalb für viele Kinder faszinierender als ihre Alltagswelt, weil ein auf das Auge trainiertes Wahrnehmungsverhalten im realen Leben viel weniger angenehme und aufregende visuelle Reize vorfindet. Dem trägt auch die Spielzeug- und Bekleidungsindustrie Rechnung. Ein Kinderzimmer ist heute angefüllt mit grellbunten Plastiksachen, und die Kinderkleidung ist in der Regel auch ein wahres Farbengewitter.

Was verlieren die Kinder?

Neil Postman weist darauf hin, dass eine quantitative und qualitative Zunahme in einem Bereich der Gesellschaft oder der Kultur zu entsprechend großen Verlusten in anderen Bereichen führt. Die Frage stellt sich also, was verlieren unsere Kinder im Gegenzug zu ihrer übergroßen visuellen Wahrnehmungsfähigkeit den Medien gegenüber?

Vernachlässigung der Sinne

Die Frage ist gefühlsmäßig leicht zu beantworten, aber schwer zu konkretisieren, wenn man nicht eine Negativliste aufstellen möchte. Einmal werden durch die Fixierung auf das Visuelle die anderen Sinne, wie Tastsinn und Geruchssinn, vernachlässigt. Aber das trifft es nur ungenügend.

Wirklichkeitserfahrung

Umweltangebot

Der Prozess des Welterlebens und der Wirklichkeitserfahrung in der Entwicklung eines Kindes ist hochkomplex und wohl keineswegs bis in die letzten Winkel erforscht. Es ist aber zweifellos zutreffend, dass Kinder je nach "Umweltangebot" unterschiedliche "Lebenserfahrung" erwerben. Früher wurde das zum Beispiel deutlich bei Kindern, die in ländlichen Gegenden aufwuchsen, im Vergleich zu solchen aus Großstädten. Die Medien haben es wohl mittlerweile fertiggebracht, dass fast alle Kinder in unserem Land als Großstadtkinder und bald als "Global-Village-Bewohner" aufwachsen.

Großstadtkinder

Wer als Lehrer sowohl Landkinder als auch Großstadtkinder kennengelernt hat, weiß von der Pfiffigkeit, aber auch der gewissen Labilität letzterer und andererseits von der Zurückhaltung der Landkinder, die wiederum in der Regel mit dem verbunden ist, was wir "sicheres Insichruhen" nennen können. Vielleicht ist es ein brauchbarer Weg zur Problembeschreibung, wenn wir davon ausgehen, dass die "Informationsgesellschaft" unsere Kinder unabhängig vom Wohnort zu Großstadtkindern macht.

Lebenserfahrung auf dem Lande

Daraus folgt die Frage, welche Umwelterfahrungen, bzw. welche Lebenserfahrungsstrategien führten bei Kindern, die früher im ländlichen Raum aufwuchsen, den wir damit allerdings nicht glorifizieren möchten, zu einer häufig zu beobachtenden inneren Stabilität, einem wachen Realitätssinn und nicht selten zu praktischer Intelligenz und einer großen Neugierde und Lernbereitschaft?

Aneignung von Welt

Wir nennen hier diese Art der kindlichen Entwicklung und ihrer Aneignung von Welt und Wirklichkeit "Elementares Lernen". In vielem meint dieser Begriff ganz unspektakuläre Erfahrungsstrategien, die wohl noch nie besondere Beachtung fanden, weil sie so selbstverständlich waren. Kleinkinder wollen zum Beispiel alles Greifbare anfassen, in den Mund stecken und auf seine Haltbarkeit überprüfen. Etwas Ältere plätschern gern in und mit Wasser, zündeln ausdauernd mit Feuer herum oder wühlen lustvoll in Erde und Sand.

Ganzheitliches Weltverstehen

Wir glauben, dass diese Bedürfnisse nicht unzivilisiert und überflüssig sind, sondern unverzichtbare Voraussetzungen für ein ganzheitliches Weltverstehen darstellen. Wenn diese Erfahrungen fehlen, entsteht ein Defizit, ein Verlust an Welterleben, das die Substanz der kindlichen Entwicklung angreift.

Natürlich können wir unseren "Medienkindern" keine Heidi-Idylle neben den Computer und Fernseher herbeizaubern. Was macht andererseits eine "Kindheit auf der Alm" wirklich aus? Man spielt beispielsweise nicht mit qietschgrünen und schrillvioletten Plastikfiguren "Meine kleine Tierwelt", sondern erlebt als Kind praktisch alle Aspekte des Lebens von der Geburt bis zum Tod auf der Ebene der Tiere, die man versorgt. Unmöglich, solche Erfahrungen heute noch jenseits einsamer Bergtäler zu realisieren. Aber wir können aus dieser verlorenen Welt einige Grundprinzipien herausfiltern und in unsere Zeit übertragen.

Grundprinzipien einer verlorenen Zeit

Das Verschwinden des Feuers

Nehmen wir das Feuer, das die Kulturgeschichte des Menschen vom prähistorischen Lagerfeuer bis zum Atompilz begleitet. Bemerkenswert scheint mir auch das "Verschwinden des Feuers" aus der unmittelbaren Erfahrungswelt zu sein. Noch vor 30, 40 Jahren wurde in den Haushalten mit Holz- und Kohleöfen geheizt, warmes Wasser bereitet und gekocht.

Feuer ist als Quelle von Wärme und Hitze fast unsichtbar geworden. Ein besonderes Phänomen ist das Microwellengerät, dessen Wirkungsweise wohl nicht nur denen unverständlich ist, die einmal versucht haben, darin ein Ei zu kochen.

Die Urgewalt Feuer im Teelichtformat

Lediglich die Kerze, das Teelicht und vielleicht der sommerliche Holzkohlengrill, die die Eigenschaften des Feuers als archaische Licht- und Wärmequelle demonstrieren, gehören noch zum Erfahrungsbereich unserer Kinder. Ist es übertrieben, in dieser Verniedlichung der Urgewalt Feuer auf Teelichtformat eine elementare Wirklichkeitsreduzierung zu sehen? Können Worte, Belehrungen, Bilder und Filme die persönliche, wiederholte Erfahrung ersetzen? Oder sind solche Erfahrungen für die Entwicklung von Kindern letztenendes überflüssig?

Keine wissenschaftliche Untersuchung

Wir müssen betonen, dass diese Dokumentation keine Anstrengungen unternimmt, diese Fragen wissenschaftlich zu beantworten. Die Behauptung, dass unsere Kinder in einer Lebensumwelt aufwachsen, die sich von derjenigen vorausgegangener Generationen insbesondere durch gravierende Wirklichkeitsreduzierung unterscheidet, ist eine Prämisse, zu der wir empirisch gelangt sind. Die positiven Reaktionen der Schülerinnen und Schüler und die Ergebnisse unserer hier beschriebenen Projekte betrachten wir allerdings als eine Bestätigung unserer Grundthesen.

Für das Selbstverständnis und die Zielsetzungen von schulischer Bildung im Primarbereich ergeben sich daraus einige Konsequenzen. Die Schule konnte von der Antike bis in unser Jahrhundert hinein immer davon ausgehen, dass ihre Klientel, die Kinder, mit einer relativ homogenen und konstanten "Lebenserfahrung" ausgestattet sind, wenn sie eingeschult werden, und dass diese Erfahrungen im Verlauf der weiteren Entwicklung unabhängig von der Schule selbstverständlich und kontinuierlich anwachsen. Von dieser Grundlage aus konnte sich schulische Bildung auf die "Abstraktion" des Lebens und der Welt mit den Medien Sprache, Zahl und Bild konzentrieren.

Lebenserfahrung unabhängig von Schule

Die Vermittlung elementarer Lebenserfahrungen war früher eine Aufgabe der Familie. Auch dazu sagt Postman schon 1982: „Möglicherweise aufgrund des verstärkten Einflusses der Medien haben viele Eltern das Vertrauen in ihre Fähigkeit, Kinder zu erziehen, verloren; sie halten ihr Wissen und ihre Ansichten in Erziehungsfragen nicht mehr für zuverlässig." Und das ist manchmal sogar zutreffend.

Ebd., S. 168

Auch viele Lehrerinnen und Lehrer konstatieren heute einen Rückzug vieler Eltern aus der Erziehung ihrer Kinder. Aus der Vielzahl von Gründen für dieses Phänomen soll hier nur angedeutet werden, was unmittelbar in diesen Zusammenhang gehört.

Rückzug der Eltern

Wir müssen die Tatsache akzeptieren, dass sich in unserer westlichen Welt eine "Kinderwelt" konstituiert hat, die nicht einmal mehr vorgibt, Kindheit als eine notwendige biologische und kulturelle Vorbereitungsphase für ein Leben in der Wirklichkeit als Erwachsener zu sehen, sondern ganz unverholen als bessere Gegenwelt, als das eigentliche, reale Paradies, aus dem man durch das Erwachsenwerden ausgeschlossen wird.

"Kinderwelt" als eigene Welt

Diese Kinderwelt existiert nicht nur in den Medien, sie umfasst möglichst und weitgehend alle Lebensbereiche von der Nahrungsaufnahme über die Kleidung bis zu den Fortbewegungsmitteln, seien es schnitzelähnliche Kinderspeisen in Tierform, Jogurt mit Colageschmack, markierte Kleidung nach Art einer Litfaßsäule oder die neueste Art, Räder unter den Füßen zu befestigen.

Für die Lebenserfahrung von Eltern und ihre Erziehungsbemühungen besteht in dieser Kinderwelt im Prinzip kein Bedarf. Da das Erwachsensein eigentlich nicht mehr die Voraussetzung für ein erstrebenswertes Leben darstellt, besteht auch wenig Interesse an einem elterlichen Vorbild. Die Autorität der Eltern wird in der Regel zudem durch die Unzulänglichkeit ihrer technischen Fähigkeiten im Umgang mit den Medien untergraben. Elternschaft wird somit eine Art Dienstleistung, deren

Autorität der Erwachsenen?

Wert sich an der Versorgungsbereitschaft und dem Level der finanziellen Mittel bemisst.

Autorität der Grundschule

Die Autorität der Grundschule ist ungleich stabiler. Die Kinder empfinden den Erwerb der Kulturtechniken Lesen, Schreiben, Rechnen als Notwendigkeit. Aber darüberhinaus hat auch die Grundschule das überkommene "Informations-Monopol" verloren. Die Schule ist nicht mehr das einzige Fenster zur Welt, das Schulbuch nicht mehr ein "Orbis sensualium pictus".

Comenius: ein Begriff der ganzen Welt

Comenius beschreibt 1617 im Vorwort seinen Prototyp des Schulbuches: „Es ist / wie ihr sehet / ein kleines Büchlein: aber gleichwohl ein kurzer Begriff der ganzen Welt und der ganzen Sprache / voller Figuren und Bildungen / Benahmungen und der Dinge Beschreibungen." Wir müssen hier nicht den religiösen Hintergrund seines Orbis pictus berücksichtigen, weil in der Folge auch das säkularisierte Schulbuch den Anspruch erhebt, den Kindern einen "Begriff der ganzen Welt" zu bieten.

Zugang zu Wissen

Strukturlosigkeit der Information

Es lohnt sich, daran zu erinnern, dass noch in der Bildungseuphorie anfang der 70er Jahre unter dem Schlagwort der "Chancengleichheit" der Zugang zu Wissen und Information für alle Kinder ein vorrangiges Ziel gewesen ist, und dass dies die Schule leisten sollte. Wir dürfen wohl feststellen, dass dank der Medien, insbesondere des Fernsehens und zunehmend des Computers, kein Kind mehr unter Informationsmangel leidet. Im Gegenteil, die Kinder leiden unter der Übersättigung und noch stärker als viele Erwachsene unter der Strukturlosigkeit der Informationsflut.

In der "Informationsgesellschaft", so können wir zusammenfassen, sind die Bereitstellung von Wissen und die Zugangsmöglichkeiten kein vordringliches Problem mehr. Die Schulen und Hochschulen sind häufig nicht mehr die bevorzugten Orte, an denen Wissen vermittelt wird, nicht zuletzt aufgrund ihrer Schwerfälligkeit und mangelnden Aktualität angesichts der immer kürzer werdenden "Halbwertzeiten" von Wissen. Andererseits ändert sich auch an den Universitäten Grundlegendes. Während zum Beispiel früher jede Dissertation in einer Auflage von 200 Stück vervielfältigt und in Universitätsbibliotheken schwer zugänglich abgelegt werden musste, genügen heute 40 Exemplare, sofern der Text auch im Internet "veröffentlicht" wird. Dort ist er in völlig anderer Weise verfügbar und direkt weltweit dialogfähig. Sage doch niemand, dass dies kein Symptom für gravierende Veränderung darstellt.

Grundlegene Kulturtechniken

In der Grundschule spielt nun das Wissen als Fachwissen keine dominierende Rolle. Ihre Aufgaben liegen, wie bereits erwähnt, in der Einübung grundlegener Kulturtechniken wie Lesen, Schreiben und Rechnen und in der Förderung der sozialen und individuellen Entwicklung des Kindes. Dennoch wirken die Folgen unseres Weges zur Informations- und Digitalgesellschaft in die Grundschule hinein, weil auch das Grundlegende und bisher Selbstverständliche in den Wandel einbezogen ist.

Was brauchen unsere Kinder?

Zugang zur realen Welt und der Medienwelt

Auf die eingangs gestellte Frage:„Was brauchen unsere Kinder?"muss man, vereinfacht ausgedrückt, zwei mit einander korrespondierende, komplementäre Antworten geben: Zugang zur realen Welt und Zugang zur Medienwelt. Und das eine definiert sich aus dem Unterschied zum anderen. Deshalb soll hier am Schluss eines Buches über elementares Lernen in der realen Welt diese andere digitale Welt angesprochen werden, weil im Leben und Aufwachsen der Kinder beides zusammengehört. Außerdem ist es uns wichtig zu betonen, dass wir mit unseren Projekten zu den vier Elementen nicht in eine ideologisch-alternative Schublade abgelegt werden möchten.

Keine "alternative" Schublade

"Dialektische Verknüpfung"

Die "dialektische Verknüpfung" dieser beiden Erfahrungsfelder bildet geradezu den Motivationshintergrund unseres Fortbildungsmodells. Die Idee eines ausgleichenden Gegengewichtes macht nur Sinn, wenn wir uns einlassen auf eine Welt, die für unsere Kinder mehr und mehr selbstverständlich wird, vielen Erwachsenen aber nach wie vor fremd ist.

Gefahr der Unglaubwürdigkeit

Mit unseren Backöfen und Erdpigmenten machen wir uns als Lehrer den Kindern gegenüber letztenendes unglaubwürdig, wenn uns die virtuellen Welten unbekannt sind. Ohne zu wissen, wie Kinder Feuer heute in erster Linie medial erleben, können wir gar nicht richtig abschätzen, warum das reale Feuer ein so wichtiges Erlebnis für die Heranwachsenden ist und wie wir es ihnen nahebringen müssen.

Graben zwischen den Generationen

Nicholas Negroponte, Total digital, München, 1995, S. 12

Es ist ein Graben entstanden zwischen den Generationen, der weiter wächst, wenn die Erwachsenen von sich aus zu wenig tun, um ihn zu überbrücken. Das betrifft auch insbesondere die Lehrer. „..die eigentliche kulturelle Kluft entsteht zwischen den Generationen.", sagt N.Negroponte, der Direktor des Media Lab in seinem Buch "Total digital", „Wenn ich einem Erwachsenen begegne, der mir von den Vorteilen der CD-ROM erzählt, ist die Wahrscheinlichkeit groß, dass er ein Kind im Alter zwischen fünf und zehn Jahren hat. Treffe ich dagegen eine Frau, die etwas von America Online versteht, kann ich davon ausgehen, dass in ihrem Haushalt ein Teenager lebt."

Persönliche Erfahrungen?

Notwendigkeit der Lehrerfortbildung

Wir können es uns aber als Pädagogen heute und in Zukunft nicht mehr leisten, von solchen eher persönlichen Erfahrungen abhängig zu sein. Hier liegt ein großes Feld der Lehrerfortbildung. Wir müssen erkennen, dass die wirklich weltbewegenden Erkenntnisse und Entdeckungen seit einem halben Jahrhundert von den Wissenschaftlern geleistet werden, die wir Väter der Computertechnologie nennen.

Die Herausforderungen der "Digitalen Revolution"

Im Folgenden soll es darum gehen, die Herausforderungen der "Digitalen Revolution" als Basis für ein neues Bild von Kindheit zu beschreiben, um daraus eine über das Offensichtliche hinausgehende Begründung für das "elementare Lernen" unseres Projektes anzusprechen.

Der Begriff "Lernen" wird in der Regel von der Mehrzahl der Lehrer immer noch als ureigene und exklusive Qualität des Menschen verstanden, höchstens in begrenztem Maße noch einigen tierischen Lebewesen zugestanden.

Die Tatsache, dass Computer, also nach allgemeinem Verständnis "Maschinen", heute schon lernen können und dies auch tun, wird in der Regel entweder ignoriert, geleugnet oder in seiner Tragweite nicht verstanden. Die gewisse Primitivität der gebräuchlichen PCs ist weniger eine Kosten- oder Entwicklungsfrage, sondern eher Ergebnis unserer zu geringen Erwartungen und Ansprüche.

Computer können denken

Wir müssen allmählich wahrnehmen, dass wir über unsere menschliche Fähigkeit des Lernens neue Aufschlüsse bekommen durch die Anstrengungen, die Lernfähigkeit des Computers weiterzuentwickeln. Deshalb ist es sinnvoll, im Zusammenhang unseres Themas, dem "Elementaren Lernen", das wir dem Leser dieser Dokumentation in praxisnahen Beispielen vorgelegt haben, darüberhinaus Erkenntnisse und Überlegungen vorzustellen, die über den Rahmen des Üblichen und Altbekannten hinausgehen.

Neue Erkenntnisse über das Lernen

Es sind seltsamerweise die außerordentlichen Fähigkeiten und andererseits die zum Teil unerwarteten Grenzen des Computers, die unser Wissen über das Lernen und Denken des Menschen wieder zu einer zentralen und neuen Frage gemacht haben. Es steht hier nicht der Ort und der Raum zur Verfügung für eine historische Darstellung der Kognitionswissenschaft und verwandter wissenschaftlicher Forschungen wie die der Künstlichen Intelligenz (KI). Aber als Begründungshintergrund für den Begriff "Elementares Lernen" in der Praxis der Grundschule sollen hier einige wesentliche Probleme und Ergebnisse dieser Forschungen zur Sprache kommen.

Fähigkeiten und Grenzen des Computers

Kognitionswissenschaft und Künstliche Intelligenz

Es war wohl der Erfolg des Schachcomputers, der die Frage nach der "Intelligenz" der Maschine im Vergleich zum Menschen ins allgemeine Bewusstsein gebracht hat. Niemand bezweifelt mehr, dass ein Computer den menschlichen Schachweltmeister besiegen kann. Wir können also Maschinen konstruieren, die auf höchster Ebene denken können? Wenn Computer sogar das Schachspiel erlernen können, gibt es dann überhaupt noch Grenzen für künstliche Intelligenz?

Die Intelligenz des Schachcomputers

Das Problem des “Alltagswissens”

Seltsamerweise traten die ersten Desillusionierungen hinsichtlich der “intelligenten“ Leistungsfähigkeit der Computer nicht auf den Feldern hoher Ansprüche zutage, sondern in den Bereichen des Alltäglichen. Es zeigte sich, dass KI-Systeme in besonders und eindeutig abgegrenzten Problemgebieten das menschliche Expertenwissen mühelos einholen und übertreffen können, aber einstweilen unfähig sind, die alltägliche Sprache zu verstehen. Die Bemühungen von Wissenschaftlern, einem Computer soviel “Alltagswissen“ einzugeben, dass er einen intelligenten oder auch nur sinnvollen Dialog mit einem Menschen führen kann, sind faszinierend nachzulesen.

Pädagoge und “Computagoge”

Für einen Lehrer, dessen Aufgabe es ist, bei Kindern und Jugendlichen “Lernen“ auszulösen und anschließend den “Lernerfolg“ zu messen, haben die Bemühungen der KI-Wissenschaftler den Anschein einer Parallele zu ihrer eigenen Arbeit. Wir dürfen aber nicht übersehen, dass der “Computagoge“ etwas ziemlich anderes tut als der Pädagoge. Der Lehrer wirkt ein auf menschliche Wesen, die ein angeborenes Lern- und Denksystem mitbringen.

Seine Kunst und sein Dilemma bestehen darin, angesichts dieser Gegebenheiten vom “Lehrplan“ vorgegebene Inhalte in diesen einzelnen Individuen zu implantieren. Der Computagoge muss erst ein “System“ in seinem Objekt erschaffen, das Lernen und Denken überhaupt simuliert. Allerdings gewinnt er dabei Erkenntnisse über die Grundbedingungen kognitiver Strukturen, die außerordentlich interessant für das Verständnis menschlicher Informationsverarbeitung sind.

Lernen simulieren

Kognitionswissenschaft ist eine Herausforderung für unsere Vorstellung von Bildung und die Projekte der Künstlichen Intelligenz werden unsere Vorstellungen vom menschlichen Denken und Lernen in der Zukunft noch erheblich in Bewegung bringen. Einstweilen möchte ich die Aufmerksamkeit auf etwas lenken, das mich bei diesen Forschungen beeindruckt und eng mit unserem Fortbildungsmodell und dem Ergebnis dieser Dokumentation verbunden ist.

Maschinen, die Probleme lösen

Die Möglichkeit, nicht nur Maschinen zu bauen, die uns Handarbeit abnehmen, sondern auch solche, die Denkarbeit leisten, rührt an die Substanz unseres menschlichen Selbstverständnisses. Die Tatsache, dass es bereits heute Maschinen gibt, die relativ komplexe Probleme nicht nur berechnen können, sondern die uns auch Angebote zu Lösungsmöglichkeiten unterbreiten, klingt nach Science-Fiction. Allerdings sind wir noch weit davon entfernt, den Maschinen die Entscheidungen über unser Leben zu überlassen.

Bewältigung von Lebenswirklichkeit

Als Pädagogen interessiert uns die Frage, ob am Ende dieser Forschungen das menschliche Denken und Lernen dem simulierten Äquivalent der Maschine hinsichtlich der Bewältigung von Lebenswirklichkeit unterlegen sein könnte. Anders gesagt, müssen wir befürchten, dass der Computer sich als die evolutionäre Fortentwicklung von uns als Spezies Mensch herausstellt und wir deshalb von ihm lernen müssen, wie man besser lernt und damit überlebensfähig bleiben?

Hubert L. Dreyfus: Was Computer nicht können. Königstein, 1985

MIT: Massachusets Institut of Technology

An dieser Stelle möchte ich einige Überlegungen von Hubert L. Dreyfus, einem amerikanischen Philosophen am MIT, einfügen, die nicht den Anspruch unmittelbarer Aktualität erfüllen (1972), aber direkt zu noch ungelösten Fragen führen, die unser Verständnis von Lernen und Denken betreffen.

...die gewaltigste Erfindung, die je von Menschen hervorgebracht wurde....

Ebd. S. 179

Dreyfus unterschätzt den Computer nicht und sieht ihn als Ergebnis der abendländischen Entwicklung. „Die zweitausendjährige Entwicklung und ihr Produkt, die gewaltigste Erfindung, die je von Menschen hervorgebracht wurde, haben sich wechselseitig dermaßen verstärkt, dass diese Entwicklung nicht aufgehalten, nicht abgelenkt und noch nicht einmal vollständig verstanden werden kann.“

Wenn wir seine Ausführungen unter dem Titel „What Computers can’t do – The Limits of Artificial Intelligence“ verfolgen, kommen wir zu einem Statement, das aufhorchen lässt: „ Wir werden“, sagt Dreyfus, „ die drei Bereiche erkunden, die bei der Erforschung der Kognitiven Simulation und der Künstlichen

Intelligenz zwangsläufig vernachlässigt werden, die jedoch allem intelligenten Verhalten zugrunde zu liegen scheinen:

Die Rolle des Körpers

die Rolle, die der Körper für die Organisation und Vereinheitlichung unserer Erfahrung spielt;

Die Rolle der Situation

die Rolle der Situation, die den Hintergrund abgibt, auf dem Verhalten zwar geordnet, aber dennoch nicht regelgeleitet ist;

Die Rolle der menschlichen Bedürfnisse

und schließlich die Rolle, die die menschlichen Bedürfnisse und Zwecke bei der Organisation dieser Situation spielen, so dass Gegenstände als relevant und zugänglich erkannt werden.“ (S. 182)

Eine wirklich intelligente Maschine müsste also über einen Körper verfügen, sie müsste auf Situationen geordnet, aber nicht regelgeleitet reagieren können und eine Vorstellung von ihren Bedürfnissen haben? Diese Thesen sind meiner Ansicht nach deshalb so interessant, weil sie nicht einfach einem sentimentalen Abwehrgefühl entspringen, sondern auf den Erfahrungen mit der Künstlichen Intelligenz beruhen, die ursprünglich von der Annahme ausging, dass Lernen, Denken und intelligentes Verhalten nur auf einer körperlosen und regelhaften Informationsverarbeitung beruhen.

Zwischen Dreyfus und den KI-Forschern wie Minsky hat es darüber vor über 20 Jahren heftige Auseinandersetzungen gegeben.

Marvin Minsky: Gedanken zur Künstlichen Intelligenz, in : KI, das Zeitalter der Künstlichen Intelligenz, Raymond Kurzweil, München, Wien, 1993

Aus heutiger Sicht und in dem Zusammenhang, um den es hier geht, war die damalige Diskussion fruchtbar und ist immer noch aktuell, denn der Kontrahent Marvin Minsky schreibt 1990 unter dem Titel “Gedanken zur Künstlichen Intelligenz”:

Ebd. S. 217

„Warum ist es leichter, Programme zu entwickeln, die Experten imitieren, als Programme, die Anfänger simulieren? Die Antwort ist verblüffend: Experten sind simpler als Neulinge!”

„Die Methoden, mit denen man alltägliche Probleme löst, mögen für sich genommen vielleicht einfacher wirken als die Methoden der Experten, doch die Methodensammlung unseres gesunden Menschenverstandes bewältigt weitaus mehr unterschiedliche Probleme und Situationen. Wie viele verschiedene Dinge muss ein Kind nicht über die scheinbar einfachsten physikalischen Objekte lernen! Dann muss das Kind noch die vielen verschiedenen Strategien lernen, wie man mit Flüssigem und Festem umgeht; mit Fäden, Bändern und Kleidungsstücken; mit Pudding und Schlamm oder auch mit Dingen, die verboten oder giftig sind, mit denen man sich schneiden kann oder die vielleicht beißen."

Ebd. S. 218

Respekt vor der kindlichen Entwicklung

Wo haben wir je von einem größeren Respekt vor den alltäglichen Leistungen der kindlichen Entwicklung gehört? Messen wir nicht gerade im Bildungssystem, sogar in der Grundschule, dem "Expertenwissen" eine einseitige Bedeutung zu, und unterschätzen wir nicht täglich den "gesunden Menschenverstand", ein Begriff, der überhaupt eher negativ besetzt ist?

Körperliche Erfahrung mit Feuer, Wasser, Erde, Luft

Minsky spricht ausdrücklich von dem, was wir in unserem Modell "Elementares Lernen" nennen. Er betont die Notwendigkeit der körperlichen Erfahrung im Umgang mit dem Flüssigen (Wasser), dem Festen (Erde) und dem Verbotenen (Feuer), einzig die Luft mag fehlen.

Die unscharfen, nicht eindeutigen Intelligenzleistungen

Der Versuch, eine Maschine zu konstruieren, die denken, lernen und intelligent handeln kann, führt offensichtlich nicht dazu, den Menschen mit seinen alltäglichen Fähigkeiten als minderwertig zu demütigen, sondern schafft auf einer völlig neuen Ebene Respekt für die ungenauen, unscharfen, nicht eindeutig definierbaren Intelligenzleistungen, zu denen insbesondere Kinder fähig sind. Leistungen, die auch Minsky mit einem körperlichen, sinnlichen, weitgehend experimentellen "Erfahrungen-Sammeln" beschreibt.

Lebenslanges Spielen

Es ist anrührend, wenn er beschreibt, wie er einem mit einem Arm versehenen Computer beigebracht hat, mit "Bauklötzchen" zu spielen. Grundschulkinder sind natürlich weiter, aber das Prinzip des Welterlebens und -begreifens durch "Spielen" gilt auch noch in den ersten Schuljahren und bei kreativen Menschen lebenslang. Die in diesem Buch dokumentierten Projekte zielen nicht darauf ab, den Kindern Expertenwissen zu vermitteln, obwohl viel lehrplanrelevantes Wissen integriert ist.

Komplexe Erfahrungen

Die Lehrerinnen und Lehrer, die in diesem Buch ihre "elementaren" Projekte beschreiben, wissen, wie wert voll diese komplexen Erfahrungen für ihre Kinder sind. Ohne den Hintergrund der Künstlichen Intelligenz, liegt ihre Motivation zu diesen zum Teil ungewöhnlichen Unterrichtsprojekten in der Gewissheit, dass sie damit Lernen, Denken und intelligentes Verhalten bei ihren Kindern fördern.

Handlungsorientiertes Lernen

Eines der wesentlichsten Merkmale unseres Fortbildungskonzeptes war das, was man heute handlungsorientiertes Lernen nennt. Um es einfach zu sagen, man kann über Feuer, Wasser, Erde und Luft reden, lesen und schreiben. Das Handeln mit diesen Elementen heißt, dass die Hände, eben der Körper beteiligt sind. Und das bedeutet, wie wir gesehen haben, keine nachteilige Trübung der Erfahrung und des Wissenserwerbs.Im Gegenteil, ohne Handeln kann sich Intelligenz nicht entwickeln.

Die Hand, ein Schlüsselelement der Evolution

Natürlich ist es die menschliche Hand, das erste "Werkzeug", mit dem die Menschen zu "Handelnden" werden, indem sie anfangen, die Welt zu "manipulieren", ein Begriff, der vom lateinischen manus, Hand stammt. Die Hand ist ein Schlüsselelement der menschlichen Evolution.

Künstliche Handarbeit

Was uns die Künstliche Intelligenz erst noch beweisen muss, die Künstliche Handarbeit ist seit langem Realität. Die Arbeit unserer Hände, ihre Geschicklichkeit und Kraft, brauchten wir Jahrtausende, aber heute nur noch sozusagen privat. In der Arbeitswelt haben wir das "Manipulieren" längst den Maschinen überlassen. Und dem trauert eigentlich auch niemand nach.

Die Hand ist viel zu schnell "überflüssig" geworden, als dass die träge Evolution darauf schon mit einer körperlich sichtbaren Regression hätte reagieren können. Wir dürfen nicht übersehen, dass unsere Hände in besonderer Weise mit der spezifisch menschlichen Intelligenz verbunden sind und auch mit unserer menschlichen Identität. Wir müssen uns überlegen, ob die ökonomische Überflüssigkeit der Hand bedeuten darf, dass wir sie "verkümmern" lassen.

Die "Überflüssigkeit" der Hand

Der Paläontologe und Anthropologe André Leroi-Gourhan beschreibt in seinem 1964 erschienenen Buch "Hand und Wort" die Geschichte unseres primären "Handwerkzeugs" , seine Bedeutung für die Entwicklung des homo sapiens und die Evolution der menschlichen Zivilisation, und er macht sich Sorgen über die Zukunft: „Das artspezifische operative Verhalten des Menschen ist über mehrere hunderttausend Jahre hinweg total und in einen kollektiven Zusammenhang eingebettet, der unmittelbar signifikativ und untrennbar mit der menschlichen Qualität verbunden ist."

André Leroi-Gourhan, Hand und Wort, Die Evolution von Technik, Sprache und Kunst. FfM, 1980

Ebd. S.318

„Es wäre nicht sonderlich wichtig, dass die Bedeutung der Hand, dieses Schicksalsorgans, abnimmt, wenn nicht alles darauf hindeutete, dass ihre Tätigkeit eng mit dem Gleichgewicht der Hirnregionen verbunden ist, die mit ihr in Zusammenhang stehen. Mit seinen Händen nichts anzufangen wissen wäre auf der Ebene der Spezies nicht sonderlich beunruhigend, denn es dürften noch Jahrtausende vergehen, bevor ein so altes neuro-motorisches Dispositiv sich zurückbildet; aber auf individueller Ebene liegt die Sache ganz anders.

Die Hand als Schicksalsorgan

Mit seinen Händen nicht denken können bedeutet einen Teil seines normalen und phylogenetisch menschlichen Denkens verlieren. Auf der Ebene des Individuums und vielleicht auch auf der Ebene der Spezies stehen wir also in Zukunft vor dem Problem einer Regression der Hand. Ich werde (...) zeigen, dass die Störung des manuellen Gleichgewichts jenes Band, das zwischen der Sprache und dem ästhetischen Bild der Realität bestand, bereits teilweise zerrissen hat."

Mit den Händen denken können

Ebd. S. 320

Leroi-Gourhans Werk ist eine eindringliche Mahnung, einerseits die stammesgeschichtliche Schlüsselstellung des Organs Hand in seiner ganzen Bedeutung zu sehen, und andererseits auf diesem anthropologischen Hintergrund das Schicksal der Hand heute und in der Zukunft als eine Kernfrage für die Situation des Menschen zu erkennen.

Gleichgewicht zwischen Hand und Wort

Die Störung des Gleichgewichts zwischen Hand, Wort und unserem Verhältnis zur Wirklichkeit beruht nicht zuletzt auf einer langen Tradition der Geringschätzung des Manuellen. Die Handarbeit war und ist eine in der Regel diskriminierte Leistung der Angehörigen der unteren Gesellschaftsschichten, der Sklaven, Bauern, Handwerker oder Arbeiter. Da aber die "Künstliche Handarbeit" und die "Künstliche Intelligenz" in absehbarer Zeit die menschliche Arbeit im hergebrachten Sinn insgesamt überflüssig machen, verlieren auch die alten Wertmaßstäbe ihre Grundlage. Wir können und müssen also die Frage nach der "Intelligenz der Hand" heute losgelöst von den Hierarchien einer vergangenen Arbeitswelt betrachten.

Geringschätzung des Manuellen

Über den Menschen nachdenken...

Der Anthropologe Leroi-Gourhan hat die Einzigartigkeit dieser Entwicklung schon vor mehr als 30 Jahren betont: „So müssen wir also über den Menschen nachdenken, der sich als zoologisches Wesen nicht innerhalb eines Jahrhunderts verändern kann, und uns fragen, welche Auswege sich ihm bieten, (...)."

Ebd. S. 318

Es steht hier nicht zur Diskussion, welche politischen, gesellschaftlichen oder kulturellen Konsequenzen möglich und notwendig sind, um für uns Menschen eine Rolle in einer eines Tages nahezu arbeitsfreien Gesellschaft zu finden.

Auswirkungen auf Kinder und Schule

Als Lehrer müssen wir uns aber Gedanken machen über die Auswirkungen der geschilderten Entwicklungen auf die Kinder und notwendige Folgerungen für die Aufgaben der Schule. Die Ausflüge einerseits in die Hochtechnologie und andererseits zu den anthropologischen Grundlagen zeigen die beiden Pole, zwischen denen Kindheit gesehen werden muss. Dabei ist deutlich geworden, dass sich der technologische Pol dynamisch weiterentwickeln wird, während sich die biologische Konstitution des Menschen körperlich, seelisch und geistig nicht merklich verändern kann.

Der KI-Forscher und der Anthropologe geben uns versteckte Hinweise, welche Wege eine Pädagogik zwischen diesen Polen aufsuchen sollte. Minsky fragt am Schluss seines Artikels:

„Was ist mit Gefühl, Intuition, Mut, Inspiration, Kreativität und so weiter? Es ist doch sicherlich leichter, zu verstehen, was Intelligenz ist, als jene anderen Aspekte unserer Persönlichkeit zu analysieren! Nein, behaupte ich, weil traditionelle Unterscheidungen wie die zwischen Intellekt und Emotion törichterweise Wissen und Bedeutung von Ziel und Zweck zu trennen versuchen."

Marvin Minsky, Gedanken zur Künstlichen Intelligenz, in: KI, das Zeitalter der Künstlichen Intelligenz, R. Kurzweil, München Wien, 1993, S. 220

Lernen in der Schule

Nun ist die Trennung von Wissenserwerb und zweckgerichtetem oder gar emotional bestimmtem Handeln ein Charakteristikum der Schule, auch der Grundschule. Bestenfalls lernt man als Schüler für ein Leben nach der Schule. Das Lernen selbst wird in der Regel als ein rein rationaler Prozess betrachtet, der frei von gefühlsmäßigen Verunreinigungen abzulaufen hat. Je abstrakter die Inhalte und die Form sind, umso höher schätzen wir die Lernleistung ein.

Vielleicht gibt es uns aber doch zu denken, wenn wir akzeptieren müssen, dass diejenigen intelligenten Leistungen, die wir in der Schule am höchsten bewerten, die ersten sind, die uns die Denkmaschinen abnehmen werden. Minsky rät uns, weder die Einzigartigkeit hochkreativer Genies noch die Einseitigkeit abstrakter logischer Formelhaftigkeit zum Vorbild zu wählen. „Statt dessen sollten wir sorgfältiger untersuchen, was wir normalen Menschen tun, wie wir Dinge tun, die wir zum gesunden Menschenverstand rechnen und kaum je beachten."

Den gesunden Menschenverstand untersuchen

Ebd. S. 220

Lernen mit Gefühl und Körperbewusstsein

Lernen also mit Gefühl, Intuition, Mut, Inspiration und Kreativität? Lernen in Verbindung mit Zwecken, Zielen, direkten, menschlichen Bedürfnissen? Lernen im Rahmen von realen Situationen, die nicht hundertprozentig voraussehbar sind? Lernen, das Handeln, Körperbewusstsein, soziales Miteinander und nicht zuletzt den gesunden Menschenverstand einbezieht?

So lernt der Mensch, so lernen Kinder. Und in diesem keineswegs so klaren und rationalen Beziehungskomplex denken und handeln wir auch relativ erfolgreich als homo sapiens. Mit Recht hat sich die Schule immer bemüht, unsere Schwächen auszugleichen, zum Beispiel unser relativ beschränktes Gedächtnis zu trainieren oder eben unserer Kalkulationsfähigkeit auf die Sprünge zu helfen.

Rückzug auf leisen Sohlen

Unspektakulär und auf leisen Sohlen hat die Schule aber das Gedächtnistraining in den vergangenen Jahrzehnten eingeschränkt, niemand muss heute noch die "Glocke" auswendiglernen. Und auch der Taschenrechner, einst ein Fremdkörper in der Schule, ist sinnvoll integriert.

Gleichzeitig wird aber auch der "handwerkliche" Bereich der schulischen Bildung, und dazu darf man getrost auch das Fach Kunst oder Ästhetische Erziehung zählen, abgebaut. Auch das ist auf den ersten Blick verständlich.

Vorbereitung auf das Arbeitsleben?

Die Schule magert sich ab. Als Einrichtung, die auf das Leben vorbereiten will, versteht sie darunter in erster Linie das Arbeitsleben. So ist sie jenseits der Grundschule auch strukturiert: Hauptschule für zukünftige Arbeiter und Handwerker, Realschule für Verwaltung, Handel, Dienstleistung und das Gymasium als Vorbereitung für ein Studium. Die Gesamtschule verschleiert diese Struktur, ändert aber nichts grundsätzlich.

Die Schule magert einerseits ab und bläht andererseits ihr Angebot auf, indem sie Aufgaben von Verkehrserziehung bis Drogenprävention übernimmt und andererseits nach wie vor

Auslese betreibt. Und angesichts der schwindenden Bedeutung handwerklicher Fähigkeiten scheint es ihr folgerichtig zu sein, diese allmählich aus den Lehrplänen verschwinden zu lassen.

Antwort auf Hochtechnologie

Wenn wir in diesem Fortbildungsmodell und mit diesem Buch für Formen eines handwerklich orientierten Projektunterrichts werben, dann tun wir das nicht im Sinne einer wie immer gearteten Berufsvorbereitung oder als Einstimmung auf ein Arbeitsleben, das derartige Fertigkeiten voraussetzt, weil es das nicht mehr gibt. Wir sehen diese Projekte als angemessene und notwendige Antwort auf die Auswirkungen der Hochtechnologie auf das Leben der Kinder im Sinne eines notwendigen Angebots an ihre, an unsere biologische Konstitution.

Angebot an biologische Konstitution

Es ist wohl klar geworden, wir werden mehr und mehr zu archaischen Wesen in einer von uns selbst geschaffenen Welt, die es uns schwer macht, zu entscheiden, wie "die Wirklichkeit" aussieht, weil wir ein Überangebot an möglichen Wirklichkeiten haben. Was muten wir damit unseren Kindern zu? Wir dürfen sie damit jedenfalls nicht allein lassen.

"Archaische" Bedürfnisse

Es sollten auch die archaischen Bedürnisse und Bedingungen sein, die uns zu dem leiten, was wir den Kindern zur Orientierung geben können. Lesen, Schreiben, Rechnen, das lernen die Kinder schon, die meisten ziemlich schnell, aber sie lernen jenseits der Schule nicht mehr das, was immer selbstverständlich war: das "Sich zurechtfinden in der Welt".

Eingeschränkte Möglichkeiten zu handeln

Das Problem unserer Kinder ist nicht mangelnde Information über was auch immer. Enorm eingeschränkt ist ihre Möglichkeit zu handeln und damit die Möglichkeit, über das Handeln Erfahrungen zu sammeln, die eine Vorstellung von Wirklichkeit entstehen lassen. Deshalb muss Lernen heute mehr als je zuvor mit Tätigkeit verbunden werden, mit komplexen Situationen, die Problemlösen nicht nur simulieren, sondern in Echtzeit erfordert. Deshalb müssen wir in der Schule neben den klassischen Kulturtechniken des Lesens,

Schreibens und Rechnens einerseits die Beherrschung des Computers und andererseits das "elementare, archaische Lernen" zu Inhalten des Unterrichtens machen.

Leroi-Gourhan fasst unsere Situation so zusammen:

Die Unmöglichkeit, ins Abenteuer zu flüchten

„Die Maschinisierung und die Unterwerfung der Erde haben im Verlaufe von fünfzig Jahren in großen Gebieten das Spektrum verengt, auf dem die einzelnen sich entfalten konnten. Mit der Verminderung individueller, schöpferischer Möglichkeiten und der zunehmenden Unmöglichkeit, ins Abenteuer zu flüchten, entstand eine ganze Palette von Kompensationen, die sich immer weiter vom wirklichen Leben entfernen; Sport und Hobby, alljährlich unterbrochen durch das gelenkte Abenteuer auf den Autobahnen und Campingplätzen, haben heute die Aufgabe, ein neues Gleichgewicht herzustellen,(...)"

Ebd. S. 495

Wenn die Abenteuerlust und die Neugier ein positives, stammesgeschichtliches Erbe darstellen, das ganz entscheidend zur Entwicklung von Zivilisation und Kultur beigetragen hat, und alles spricht dafür, und wenn wir andererseits feststellen müssen, dass dafür heute der Freiraum fast nicht mehr da ist, dann darf so etwas wie "Abenteuer-Lernen" kein Tabu sein.

Beitrag des Kunstunterrichts

"Elementares Lernen" meint eben dies. Es meint unsere menschliche Art zu lernen und zu denken, deren Wert uns, wie ich versucht habe darzustellen, die Konstrukteure Künstlicher Intelligenz und auch Anthropologen überraschenderweise neu vor Augen führen. Das Fach Kunst leistet dazu einen wesentlichen Beitrag, weil viele dieser hier vorgestellten Aktionen der Schüler mit Gestaltung im weitesten Sinne verbunden sind. Das Gestalten ist dabei in einem gleichsam archaischen Sinne Einwirkung und Inbesitznahme, nicht Technik oder Dekoration.

Bildnerisches Verhalten und Synästhesie

Max Kläger

Die in diesem Buch veröffentlichten Unterrichtsbeispiele sprechen ein Verhalten an, das mit den üblichen Begriffen "Kinderzeichnung" oder "Kinderkunst" nicht abgedeckt wird, bzw. mit kindlicher ästhetischer Kreativität im allgemeinen nicht in Verbindung gebracht wird. Dies hängt mit der konzeptionellen Einseitigkeit der herrschenden Begrifflichkeit und der daraus folgenden Praxis zusammen. Man spricht vom visuellen Denken und der visuellen Wahrnehmung, die dem bildnerischen Ausdruck des Kindes zugrunde lägen.

Landschaftliches Ambiente im Wohnzimmer

Das hier vorgestellte "Elementare Lernen" im Kunstunterricht der Grundschule eröffnet neue und grundlegende Perspektiven für einen Unterricht, der diese Einseitigkeit überwindet und gleichzeitig eine Fülle ganzheitlich-sinnlicher Erlebnisse für die Kinder erfahrbar macht.

Der Begriff "Bildnerisches Denken" ist dem Visuellen Denken gegenüber umfassender. Er spricht die Gesamtpersönlichkeit des Kindes in synästhetischer Manier viel nachhaltiger an und wird so dem kindlichen Ausdrucksbedürfnis eher gerecht.

Konkret heißt dies, dass an die Seite des Augensinnes nun auch der haptisch-taktile Sinn, der Muskelsinn (Kinästhesie), der Gehör- und der Geruchssinn treten. Das heißt weiterhin, dass im praktisch künstlerischen Tun der Kinder dem ein- oder mehrfarbigen Zeichnen das malerische Malen, insbesondere das des farbdominanten Kindes, sowie das Plastizieren mit Brennton, das Bauen und Montieren, das Installieren, das gestaltende Aus- und Zusammenlegen, das aktionistische Plazieren an die Seite treten. Ja, dass im Zuge einer gesamtkörperlichen Aufwertung des spielerischen Ausdrucks das rhythmisch-tänzerische Tun und das damit einhergehende prosodische (siehe rechts unten) Verhalten aktiviert werden.

Nimmt man an, dass das konventionelle öffentliche Zeichnen seine Legitimation nicht nur aus dem Lehrplan, sondern auch aus der sogenannten freien, das heißt privaten Kinderzeichnung, erhält, dann ist zu fragen, ob dies auch für die hier postulierte Ausweitung, insbesondere im Bereich des dreidimensionalen, räumlichen und dem rhythmisch-sprachlichen Bereich gilt. Oder ob diese bisher unkonventionellen ästhetischen Verhaltensweisen etwa nur mode- oder zeitgeistabhängig sind und damit in ihrer schulischen Form lediglich Ausfluss gesellschaftlich-kultureller Prägungen sind.

Oben: Fahneninstallation
Unten: Schuh-Zyklus. Schuhe werden durch Bewegungspfeile in rhythmische Ordnung gebracht

Erfahrungsgemäß gibt es eine enge Beziehung zwischen zeitgenössischem Kunstschaffen und zeitgenössischem Kunstunterricht, auch wenn es dabei zeitliche Verschiebungen geben mag. Diese Einflüsse werden wirksam durch die künstlerischen Interessen der Lehrer und durch die Vorgaben der Lehrpläne. Zum künstlerischen Zeitgeist unserer Tage gehören Begriffe und die damit verbundenen künstlerischen Tätigkeiten wie Land-art, Aktion, Installation etc. Die Frage ist nun, ob dieses mit dem Zeitgeist verschwisterte öffentliche künstlerische Tun

Entsprechungen im privaten bildnerischen Ausdruck der Kinder, analog dem Zeichnen, Malen und Plastizieren, findet.

Holzabfälle als Bauelemente eines Tempels und Stadtensembles

Mit welchen Erlebnis- und Erfahrungsmustern haben wir es in diesem Zusammenhang zu tun?

Es sind Verhaltensweisen, die sich am ästhetischen Potential von Objekten (Objektdimension), z.B. Erden, Hölzern, Muscheln, Tannenzapfen, Blättern, Schuhen, Gläsern, Behältern, Verpackungen etc. und von Orten (Raumdimension), z.B. Terrassen, Treppen, Einfriedungen, Hügeln, Baumgruppen, Bächen, Höhlen, Teichen etc. orientieren.

Wie wirken sich diese spontanen bzw. geplanten Neustrukturierungen und Verfremdungen der uns umgebenden Wirklichkeit aus? Hier stehen die rhythmisch akzentuierten Reihungs- und Symmetrieeffekte, die auch Zeitabläufe (Zeitdimension) implizieren, an erster Stelle. Diese wiederum finden ihre ästhetisch-komplementäre Entsprechung in spielerisch-tänzerischen Bewegungsabläufen, die sich mit prosodischem Sprechverhalten und dessen ritualistischen Ausformungen verbinden können.

Prosodie, prosodisch: "Zugesang", Wortbetonungen mittels Lautgebung und Rhythmus; melodischer Gebrauch der gesprochenen Sprache.

Es kommt zu Akten der Spurensuche und des Spurenhinterlassens. Schnitte, Ritzungen, Pflügungen, Grabungen, Anhäufungen und Schichtungen entstehen. Laute, Lärm und Sprechen verbinden sich mit dem Atemrhythmus der Kinder. Elemente fließen, sprühen und stauen sich auf, sie teilen und bündeln sich, sie verzweigen sich. Es werden von den Kindern Markierungen gesetzt und in einen ästhetischen Gesamtzusammenhang gebracht. Duftschleusen mögen das Wahrnehmungsverhalten im gemeinsam geschaffenen synästhetischen Ensemble steigern. Im Schau- und Bewegungsplatz „Wald“ z.B. stellen Wurzeln, Steine, Pflanzen aller Art, Sträucher, Früchte, Äste, Blätter und Moos, Sonne, ja Wind und Wetter, die formalen und farblichen Materialien und Elemente für das Ausdrucksgebaren der Kinder dar.

Die "Milchecke" im Keller
Der Burgberg aus Sand

Die hier gezeigten Beispiele aus dem privaten Bereich von Grundschulkindern sollen die synästhetischen Wurzeln kindlicher Gestaltungskraft belegen.

Es wird deutlich, dass die anvisierte Ausweitung des bildnerischen Tuns im Sinne einer dem Kinde innewohnenden synästhetischen Kraft im privaten Leben der Kinder ohne kulturellen Anpassungsdruck ganz selbstverständlich geschieht. Deshalb sind die entsprechenden Projekte im öffentlichen Bereich der Schule ebenfalls durchaus kindgemäß und im Einzelfalle genuin schöpferisch.

Der Autor:
Prof. Dr. Max Kläger, Professor für Kunstpädagogik an der Pädagogischen Hochschule Heidelberg, hat zu kunstpädagogischen Themen und Forschungsprojekten mit den Schwerpunkten Kinderzeichnung und Kunst bei "geistig" behinderten Menschen eine Reihe von Büchern veröffentlicht:
Phänomen Kinderzeichnung, Baltmannsweiler, 1995/3.Aufl.
Malen und Zeichnen, München 1992
Krampus: Die Welt des Willibald Lassenberger, Baltmannsweiler 1992
Die Vielfalt der Bilder, Stuttgart 1993
Ordnungsprinzipien bildnerischen Handelns - Wege zum Verständnis von Kinderkunst, Baltmannsweiler, 1997 (im Druck)

Nachgeblättert:

Einfälle sind das ...
die einen begeistern mich, andere überraschen mich und sind erstaunlich, ich wollte sie gleich in meiner Klasse so ähnlich ausprobieren und wieder andere gefallen mir, auch wenn sie mich nicht in jedem Detail überzeugen –
zum Beispiel Schulhaus unter Wasser
(S. 70)

Wie schön das ist:
„Der Titel klingt nach einer Katastrophe."
„Schlagartig und ohne weitere Erklärung kündigt sich damit ein Vorhaben an, das die drei Bereiche anvisiert, von denen Hubert L. Dreyfus redet: (im Aufsatz von H.C. Rainer Büchner S. 310)
„die Rolle, die der Körper für die Organisation und Vereinheitlichung unserer Erfahrung spielt;"
– Kinder werden also leibhaftig ihre Arbeit und ihr Schulhaus neu erfahren können.
„die Rolle der Situation, die den Hintergrund abgibt, auf dem Verhalten zwar geordnet, aber dennoch nicht regelgeleitet ist;"
– Kinder werden wohl ihr Schulhaus nicht nur aus ihrem Klassenzimmer heraus oder vom Pausenhof her unter Aufsicht erleben.
„und die Rolle, die die menschlichen Bedürfnisse und Zwecke bei der Organisation dieser Situation spielen, so daß Gegenstände als relevant und zugänglich erkannt werden können."
– Kinder werden hier ihre gewohnte (schulische) Umgebung zeitweilig verwandeln können, sich als Verursacher neuer Wirkungen, ge –

staltend, erleben und neuartige Wahrnehmungen und ungewöhnliche Entdeckungen machen. Auch so kann eben Unterricht sein!
(Vgl. auch S. 312 im Aufsatz von R. Büchner)

Bravo, Herr Kollege, das gefällt mir!

Nur, so schnell möcht' ich das Schulhaus vor der Wasserflut nicht retten und auf „alten Bettleintüchern" landen, die „in 16 gleichgroße Felder geteilt" werden, um den Schülern die Aufgabe zu stellen, „diese Felder mit Farbvariationen zum Thema Wasser, also zur Farbe Blau zu füllen."

Noch gruselt mir vor der Katastrophe so schön, weil wir im Unterricht vorher noch von unserem sicheren trocknen Sitzplatz aus ein bißchen der allgemeinen Sensationsgier nachgeben dürfen: irgendwo in Afrika oder Indien sitzen Kinder dichtgedrängt auf langen schmalen Holzbänken in ihrem offenen „Klassenzimmer", lernen von der Tafel lesen, sprechen gemeinsam das Gelesene nach, während das Wasser steigt und schon die Füße umspült — was würden wir aus unserem Klassenzimmer, aus dem Schulhaus retten wollen, wenn das Wasser kommt — wie hoch ist es vor hundert Jahren vielleicht schon mal gestiegen, und Hubschrauber konnten nicht retten, in Passau, wo gleich 3 Flüsse zusammenlaufen, gibt's eine Hochwassermarke über der Tür eines Hauses. Können Kinder überhaupt an Rettung denken, wenn an der Küste eine Springflut kommt und Dämme einreißt?
Wie ist das, wenn eine Stadt im Meer versinkt, in einem Stausee, wenn nur der Campanile noch herausschaut oder Taucher nach Atlantis suchen? Wie war das damals, was ist von der 3. Klasse übriggeblieben, die gerade am Ufer Steine sammelte für die

Rechenstunde, — und wie würde es sein, wenn das Schulhaus schon unter Wasser gebaut würde, weil der kleine Wassermann mit seinen Freunden und kleinen Nixen auch etwas lernen möchten oder lernen müssen, wie man nicht im Schlamm stecken bleibt oder sich vor einem wildgewordenen Fisch schützen kann, der sich im Speicher versteckt hält?

In unserem Schulhaus könnte Wassersnot wirklich ausbrechen, wenn Wasserrohre einfrieren oder Dachfenster offenbleiben. Wo läuft das Wasser zusammen, wohin läuft es, läuft es zuerst aus den Fenstern? Zerbrechen die gleich? Auf solche Fragen weiß ich als Lehrer nicht zuerst eine Antwort, meine Schüler werden da Antworten selber finden — wenn sich echte Fragen stellen — aber ich bekomme von ihnen bestimmt nicht als Antwort: 16 gleichgroße Felder.
Vorher hab ich von einer „Aktion mit Folien" gelesen: das probieren wir aus, vielleicht stürzen aus den Fenstern ganze Wasserfälle, im Winter zu Eis erstarrt, nur hinaufklettern können wir nicht — wir nicht, aber kleine Figuren mit Pickel und Krallen, wir machen sie selber, sie sind unsere Stellvertreter.

Die Kassenzettelrollen sind teuer und gut, (allemal besser als das ewige DIN A 4) aber viel besser sind zerrissene Restrollen von Zeitungspapier, die der Werbeanzeiger nicht mehr in die Rotationspresse einspannen will — und mit nur blauer Farbe müssen die Streifen auch nicht bemalt sein, weil Rost in den Rohren (früher, vor 2000 Jahren, waren die aus Blei und die Leute sind mit 30 daran gestorben) oder ein Chemieunfall das Wasser anders färbt – Papier könnte man mit Holzbeizen färben, vorher vielleicht mit weißen Wachskerzen „unsichtbar" das stürzende Wasser „einzeichnen", was dann „zum Vorschein kommt", wenn die Wasserfarbe darübergelegt wird – war da nicht vorher etwas von „Wasser-Zeichen" zu lesen? Und Folien selbst könnten auch bemalt werden und in Fetzen gehen.

Und wenn wir schon beim Wasserschwall, beim Fallen, Spritzen, Stürzen, beim Rauschen und Rieseln sind, beim Überlaufen und Überkochen, Überschwemmen und Untergehen, dann nehm' ich mir die Idee vom Malen auf verschiedenen Unterlagen zu leihen und überlasse es den Kindern, was sie alles erfinden und entdecken, um zeigen zu können, was Wasser tun kann und wie das heißen könnte.

Vielleicht übermalen wir nach dem „wirklichen" Versinken und Überlaufen des Schulhauses – nicht nur „versteckt oder eingehüllt unter dem Aspekt Wasser" – auch Fotokopien von verschiedenen Gebäuden mit Lehm und Sand und billiger Zahnpasta – ein Erdrutsch, ein Sandsturm oder eine Lawine werden damit nicht nur „abgebildet!" – Die Zahnpasta als Mischweiß könnten wir dann noch brauchen, wenn „Der süße Brei" überkocht, auf dem Herd einer Hütte, die könnte schließlich platzen, in einer Kombüse, und das Frachtschiff würde wohl stehen und stecken bleiben, oder gar im 80. Stockwerk – würde soviel Brei den Wolkenkratzer umfallen lassen –? Was weiß ich.

Wenn Sie, Herr Kollege, die Schulhauskatastrophe nicht heraufbeschworen hätten, wär' mir dies alles nicht eingefallen, womit Leibhaftigkeit der Vorstellungen zu ermöglichen, Situationen und Bedürfnisse herzustellen und zu wecken wären, um die Kinder in eine jeweils eigene Vorstellungswelt zu entlassen. Danke für die Anregung und nix für ungut, wenn ich die 16 gleichgroßen Felder nicht bemalen wollte.

Ekkehart Hauser

(Der Autor hat an der Erziehungswissenschaftlichen Fakultät der Universität Erlangen-Nürnberg einen Lehrauftrag für die Didaktik der Kunsterziehung an Grund-, Haupt- und Realschulen.)

Lehrgangsnummern und -termine des Fortbildungsmodells "Kunsterziehung in der Grundschule" der Akademie für Lehrerfortbildung Dillingen

46/205a vom 27.06. - 01.07.1994 - 1. Lehrgangswoche
47/030 vom 19.09. - 23.09.1994 - 2. Lehrgangswoche
47/225 vom 23.01. - 27.01.1995 - 3. Lehrgangswoche
48/121 vom 18.04. - 21.04.1995 - 4. Lehrgangswoche
48/201 vom 19.06. - 23.06.1995 - 5. Lehrgangswoche

Teilnehmer

1 Adamietz, Bernadette, L
Volksschule 86830 Schwabmünchen, Museumsstraße 16
2 Armbruster, Kurt, L
Volksschule 86470 Thannhausen, Röschstraße 10
3 Busch, Carsten, L
Volksschule 96450 Coburg, Seidmannsdorfer Straße 72
4 Claßen, Werner, L
Volksschule 94522 Wallersdorf, Osenstraße 16
5 Daschner, Elfriede, L
Volksschule 93173 Wenzenbach, Roither Weg 15
6 Gabler-Mayer, Renate, L
Volksschule 86167 Augsburg, Soldnerstr. 35-36
7 Gerner, Michael , Sem-R
Volksschule 82327 Tutzing, Oberlehrer-Schmid-Weg 10
8 Graf, Christa, L
Volksschule 91174 Spalt, Dr.-Meyer-Straße 7
9 Hartmann, Claudia, L
Volksschule 89407 Dillingen, Konviktstr. 12
10 Hilbert, Franz, L
Volksschule 96149 Breitengüßbach, Schulstraße 12
11 Hofmann, Elke, L
Volksschule 97753 Karlstadt, Ostlandstraße 25
12 Kothmann-Loos, Angelika, L
Volksschule 97688 Bad Kissingen, Baptist-Hoffmann-Str. 14

13 Lachner, Nicola-Alexandra, L
Volksschule 85649 Brunnthal, Schulstr. 2
14 Meier, Waltraud, L
Volksschule 91522 Ansbach, Ernst-Kömer-Ring 1
15 Miehle, Roswitha, L
Volksschule 89438 Holzheim, Schulstr. 25
16 Plasa, Gisela, L
Volksschule 96052 Bamberg, Luitpoldstr. 24
17 Prost, Eleonore. L
Volksschule 97074 Würzburg, Von-Luxburg-Str. 3
18 Reitz, Silvia, L
Volksschule 92637 Weiden, Stresemannstr. 23
19 Riebesell, Ellen, L
Volksschule 85664 Hohenlinden, Pfarrer-Andrä-Str. 1
20 Rückerl, Elvira, L
Volksschule 92280 Kastl, Kolsterburg 6
21 Seitz, Dagmar-Inge, L
Volksschule 82390 Eberfing, Hauptstr. 2
22 Thom, Dorothea, L
Volksschule 94327 Bogen, Pilgerweg 2
23 Wagner, Konrad, L
Volksschule 90587 Veitsbronn, Retzelfembacher Str. 54
24 Weigand, Barbara, L
Volksschule 85416 Langenbach, Bahnhofstr. 4
25 Wortmann, Gerhild, L
Volksschule 81739 München, Rennerstr. 10
26 Wöhl, Marlies, L
Volksschule 94166 Stubenberg, Schulstr. 2